社会网络演变与农户创业推进的协同路径研究

高 静 著

本书受到国家社会科学基金一般项目"返乡创业赋能乡村产业振兴的长效机制与政策研究"(项目编号:21BGL078)、"西南大学创新研究2035先导计划"(项目批准号:SWUPilotPlan025)资助

科学出版社

北 京

内 容 简 介

创业是经济发展的重要推手。中国的乡村创业在国家战略部署与社会结构快速转型中，正从主体分类向乡村空间聚焦。城乡融合发展和乡村社会结构变迁中蕴含的丰富社会网络正成为农户创业的驱动力，而创业发展也不断推进社会网络的更替演变，二者似乎协同共进。为了检验这一研判，本书基于社会网络理论、协同理论等建立双螺旋结构的演进模型，并从实证和案例予以阐释，以期丰富乡村创业理论，有效提升创业实践成效。

本书既可以为从事乡村创业和乡村振兴研究的学者提供理论参考，也可以为各级政府决策部门决策提供参考依据，还可以为乡村创业实践的前行者引航指路。

图书在版编目（CIP）数据

社会网络演变与农户创业推进的协同路径研究 / 高静著. —北京：科学出版社，2022.12

ISBN 978-7-03-073159-3

Ⅰ. ①社⋯ Ⅱ. ①高⋯ Ⅲ. ①农户-创业-研究-中国 Ⅳ. ①F325.15

中国版本图书馆 CIP 数据核字（2022）第 169054 号

责任编辑：陶 璇 / 责任校对：贾娜娜
责任印制：张 伟 / 封面设计：有道设计

科学出版社 出版
北京东黄城根北街 16 号
邮政编码：100717
http://www.sciencep.com

北京虎彩文化传播有限公司 印刷
科学出版社发行 各地新华书店经销

*

2022 年 12 月第 一 版　开本：720×1000　1/16
2022 年 12 月第一次印刷　印张：12 1/2
字数：252 000

定价：116.00 元
（如有印装质量问题，我社负责调换）

作者简介

高静，女，管理学博士，西南大学经济管理学院教授，巴渝学者青年学者，中国软科学研究会理事。

主要从事农村区域经济发展、乡村创业研究。主持国家社会科学基金 2 项、国家社会科学基金重大项目子课题 1 项，其余省部级及横向课题 20 余项；发表学术论文 50 多篇，出版学术专著 5 部，获得省部级以上学术奖励 4 项，多项资政建议获得肯定性批示或政府职能部门采纳。多次指导大学生参与双创比赛并获得良好成绩。致力于研究乡村创业新业态，释放创业型经济活力，以期创造良好的乡村创业环境，以创业的致富聚才效应促进乡村全面振兴。

前　言

创业是经济发展的重要推手。为使经济持续发展，进而带动全球经济，中国应选择创业型经济的发展模式（费尔普斯，2013）。回顾中华文明的脉络，创业始于家国建立，创业兴于财富创造。在中国农村，农民发家致富的朴素愿望从未停止过。改革开放以来，20世纪80年代的万元户、90年代的乡镇企业，2000年后的返乡创业、2010年以后的淘宝店和电商村，以及2017年党的十九大以来乡村振兴战略推进农户创业生态演化，农户创业的形态不断变化，创业带来的致富增收、业态更新、农业产业升级、乡村振兴等都使得农户创业成为社会关注的焦点和学术研究的热点。国家积极出台多项政策，不断优化乡村双创环境，鼓励各类群体下乡、回乡创业。因此，如何促进农户创业推进经济价值和社会价值的实现成为政府关注的重点和学界研究的重点。

进入21世纪以来，中国的制度红利、人口红利、资源红利多源并发，社会结构发生重要变化，在这一时期，城乡关系从对立走向融合，农户也由乡村走向城市，农户家庭生计也从农业领域不断向外拓展。农村社会边界不断开放，城市与乡村、农民或市民的结构发生动态变化。在这一快速转型的社会背景下，农户拥有的社会网络趋向动态化、复杂化、多维化，由社会网络带给农户的新鲜信息、资金资本、技术技能都更加丰富，农户自然而然地开启了创业之路。在社会转型背景下，丰富的社会网络成为农户创业的重要推手；相应地，创业活动的推进也逐步扩展了农户的社会网络和提升了创业农户的网络质量，优质的社会网络能够带给农户更多的创业机会和创业资源，由此初步判断，社会网络演变与农户创业推进协同互促。

因此，本书从现实出发，以理论为基石，沿着"社会网络促进农户创业—农户创业改变社会网络—社会网络与农户创业协同推进"的框架展开研究，不断揭示社会网络与农户创业之间的内在逻辑。本书立足已有研究成果，应用经济学、管理学和社会学的分析工具，采用逻辑思辨法、实证模型分析与案例研究法，研究社会网络如何影响农户创业推进，农户创业推进又如何影响社会网络的演变，农户创业与社会网络演变是否协同，促进两者协同演进的内在力量和外在影响是什么。

基于上述问题的解决，本书的研究内容包括以下几个方面。

一是农户的社会网络推进创业进展的机理与效应检验。中华人民共和国成立以来，中国农村从封闭逐渐走向开放，农户的经济和社会行为发生重大变化，社会网络规模、异质性、信任程度随之变化。理论上，农户的社会网络对农户创业的影响主要体现在创业机会识别、创业资源获取、创业成长等方面。本书根据社会声望理论得到农户的社会声望评价标准，并采用定名法和定位法测度农户的社会网络结构和社会网络关系。研究发现，农户的社会网络规模、社会关系信任对机会识别影响显著；社会网络对不同资源获得的影响有差异，如社会网络规模是影响土地资源获得的重要因素。

二是农户创业推进社会网络演变的机理与效应。随着创业推进，农户获得一定的资本积累，也建立了一定的市场网络，创业农户的社会网络逐渐从本地向异地拓展，创业农户拥有的社会网络规模更大、网络成员结构更多元化、异质性更强，如果创业者的创业具有广泛的社会影响和良好的经济效益，创业农户就会更趋于走向中心。为了检验农户创业对社会网络的影响，一是通过计量实证研究创业者特质、创业农户成长特征对创业农户社会网络规模的影响；二是采用案例研究法进行剖析。研究发现，创业推进会促进农户的社会网络呈现"多层次轮轴式拓展、多元辐射带动式拓展"的特征。

三是社会网络与农户创业协同演进的内在逻辑。根据图谱理论、扎根理论（grounded theory，GT），采用 DNA 双螺旋结构的图谱分析方法，发现农户创业与社会网络演进的动力主要包括内在的创业农户的创业特质、社会网络能力（network capability）（简称网络能力），以及外在的创业环境协同。并且采用双案例研究得到农户在"创业机会识别—资源获取—创业成长……"的过程中，对应的社会网络也在进行"初始网络—创业网络—组织网络—产业网络……"的演变。

四是农户创业推进与社会网络演进的协同检验。分别在构建农户创业能力与社会网络评价的基础上，采用耦合协调度模型，检验两者之间的耦合协同关系。研究发现，社会网络和网络能力与农户创业活动不同阶段之间的耦合度和耦合协调度存在差异。总体而言，社会网络与农户创业推进存在的耦合度良好，但耦合协调度偏低。

五是如何提升农户的网络治理与构建能力。采用计量实证，检验创业农户的"网络建立能力、网络维护能力和网络发展能力"及创业农户特质对农户网络治理结果的影响。根据实证结果给出创业农户的社会网络治理内容和社会网络治理路径，并就此给出具体的融入策略，以期提升创业农户的社会网络治理质量，取得良好创业绩效。本书采用五个典型性案例，分别阐释在传统农户的本地创业、大学生回乡创业、城市青年下乡创业、农民工返乡创业、退伍军人回乡创业的创业案例中,如何协同推进创业活动与社会网络演变的内在机理,以期为政府制定相关政策提供理论参考。

目 录

第一章 导论 ··· 1
 第一节 研究背景 ·· 2
 第二节 研究问题 ·· 4
 第三节 研究方法 ·· 6
 第四节 数据获取 ·· 8
第二章 研究综述与理论基础 ··· 11
 第一节 相关概念 ··· 11
 第二节 理论基础 ··· 16
 第三节 研究综述 ··· 26
 第四节 理论分析框架 ··· 32
第三章 社会网络促进农户创业的功能与效用 ····················· 34
 第一节 社会网络的时代变迁 ·· 34
 第二节 社会网络影响农户创业的机理 ··························· 39
 第三节 创业农户的社会网络特征描述 ··························· 41
 第四节 社会网络对农户创业的功能 ······························ 44
 第五节 社会网络对农户创业的效用实证 ························ 51
第四章 农户创业推进社会网络演变的机理与作用 ·············· 64
 第一节 中国农户创业的历史沿革 ································· 64
 第二节 农户创业推进社会网络演变的机理 ···················· 70
 第三节 创业农户特质对社会网络规模的影响 ················· 75
 第四节 创业促进农户社会网络发展的案例剖析 ·············· 78
 第五节 研究结论 ··· 83
第五章 社会网络演变与农户创业推进的图谱 ····················· 84
 第一节 社会网络演变与农户创业推进的图谱生成 ··········· 84
 第二节 推进图谱演进的主要动力 ································· 87
 第三节 协同演进的图谱变化 ······································ 101

  第四节　协同演进的双螺旋图谱 …………………………………… 105
  第五节　研究结论 …………………………………………………… 107

第六章　创业农户社会网络与创业推进的协同测度 ……………………… 108
  第一节　方法选择 …………………………………………………… 108
  第二节　指标体系构建 ……………………………………………… 109
  第三节　耦合测度 …………………………………………………… 115
  第四节　研究结论 …………………………………………………… 119

第七章　创业农户社会网络的构建与治理 ………………………………… 121
  第一节　社会网络构建与治理的影响因素 ………………………… 121
  第二节　创业农户的社会网络经营与管理策略 …………………… 129

第八章　社会网络演变与农户创业协同的案例透视 ……………………… 137
  第一节　传统农户的本地创业 ……………………………………… 137
  第二节　大学生回乡创业 …………………………………………… 141
  第三节　城市青年下乡创业 ………………………………………… 146
  第四节　农民工返乡创业 …………………………………………… 151
  第五节　退役军人回乡创业 ………………………………………… 157

第九章　研究结论与启示 …………………………………………………… 163
  第一节　研究结论 …………………………………………………… 163
  第二节　政策启示 …………………………………………………… 165

参考文献 ……………………………………………………………………… 168
附录 …………………………………………………………………………… 181
后记 …………………………………………………………………………… 188

第一章 导 论

创业是经济发展的重要推手。为使经济持续发展，进而带动全球经济，中国应选择创业型经济的发展模式（费尔普斯，2013）。以要素投入驱动的外生式经济发展模式带来的资源环境压力也迫使中国经济必须转型。2008年，全球经济危机爆发，资源投入式的经济增长方式受到重大冲击，进一步加速了中国进入转型期。2012年，党的十八大报告提出创新驱动发展战略，经济发展驱动力提档换速，经济结构进入调整的阵痛期。中国经济增长由高速增长转为中高速增长，经济发展步入"新常态"。国家统计局数据显示，进入21世纪以来，2012年中国的经济增长率首次低于7.8%，且呈不断下降的趋势，2019年中国的经济增长率仅为6.1%。中国人口红利逐步消失、资本边际生产力不断下降，在此背景下，创新创业已成为推动中国经济结构转型升级、实现经济新常态下新发展的助推器。推进大众创业、万众创新，是发展的动力之源，也是富民之道、公平之计、强国之策，对于推动经济结构调整、打造发展新引擎、增强发展新动力、走创新驱动发展道路具有重要意义，是稳增长、扩就业、激发亿万群众智慧和创造力，促进社会纵向流动、公平正义的重大举措。农村经济的发展始终是中国经济的重要板块，对于实现中国经济转型至关重要。中国作为农业大国，农户是农业生产经营的主要组织形式，推动农户创业是促进农村经济增长、实施创新驱动发展战略的重要载体。党的十九大报告提出实施乡村振兴战略，大力推进农村"双创"工作，尤其是创业活动。自2004年以来，中央"一号文件"持续锁定"三农"问题，颁布了多项"惠农"政策，指出要"鼓励外出农民工、高校毕业生、退伍军人、城市各类人才返乡下乡创新创业，支持建立多种形式的创业支撑服务平台，完善乡村创新创业支持服务体系"[①]。在国家政策的推动下，农业农村发展取得了显著成效，但农村人口持续向城镇化转移，乡村衰落的步伐仍未停止，城乡之间仍然存在发展鸿沟，中国农村并

---

① 中共中央 国务院关于坚持农业农村优先发展做好"三农"工作的若干意见. http://www.moa.gov.cn/xw/zwdt/201902/t20190219_6172153.htm，2019-02-19.

未形成内生性、可持续性发展机制。习近平总书记强调"创新是社会进步的灵魂，创业是推动经济社会发展、改善民生的重要途径"①。党的十九大报告中提出"实施乡村振兴战略。农业农村农民问题是关系国计民生的根本性问题，必须始终把解决好'三农'问题作为全党工作重中之重"②。农民作为农村的主体力量，农户作为农业生产经营的基本单位，是农村经济内生发展的主要动力，大力推进农村"双创"工作，尤其是创业活动，充分调动广大农民群众的积极性和创造性，对实施乡村振兴战略具有重要意义（何婧和李庆海，2019）。现代经济理论着重强调了创业资源与资源获取能力在整个创业过程中占据重要地位，并指出异质性的创业资源对创业活动的重要影响。但农户的物质资本、人力资本和金融资本都较为匮乏，而中国农村基于"亲缘、血缘、地缘"的社会关系再加上劳动力的自由流动嵌入的市场网络、非农网络，让农户拥有了丰富的社会资本，以关系网络为载体的社会资本有可能缓解农户所面临的资源约束（高静和张应良，2013）。社会资本中复杂的人际连带关系，不仅可以通过弥补农户贷款抵押或担保物的缺失，还可以通过缓解借贷双方信息不对称状况，促进农户参与融资（曹瓅和罗剑朝，2019）。同时，农户创业活动的展开，又促使创业农户融入更广阔的社会关系，拥有更具复杂、动态、优质的社会网络。农户的网络能力和周围的创业环境促使农户不断调适着社会网络与创业推进的动态平衡。

基于此，本章首先阐释选题背景，凝练科学问题，阐释农户的社会网络如何促进创业推进，农户创业如何促进其社会网络拓展，农户创业与社会网络演变的协同机理及如何提升农户的社会网络治理能力四个科学问题；其次，介绍研究方法和技术路线；最后，介绍数据来源及调研方法，为后续研究的展开奠定研究框架和研究基础。

第一节 研究背景

创业是经济发展的重要推手，发达国家的经验研究表明，创业活动为区域

---

① 致2013年全球创业周中国站活动组委会的贺信. http://www.moe.gov.cn/jyb_xwfb/xw_zt/moe_357/s7865/s8417/s8420/201410/t20141024_177252.html，2013-11-09.

② 习近平：决胜全面建成小康社会 夺取新时代中国特色社会主义伟大胜利——在中国共产党第十九次全国代表大会上的报告. http://www.gov.cn/zhuanti/2017-10/27/content_5234876.htm，2017-10-27.

发展提供了新的活力和持续动力，对经济增长具有多方面的积极作用。近年来，随着国际、国内环境的变化，我国国内生产总值（gross domestic product，GDP）增速逐渐放缓，从 2007 年的 14.16%下降至 2018 年的 6.6%，经济发展方式转变的问题被提上党和国家的议事日程。为更好地发挥创新驱动的作用，使经济持续发展，进而带动全球经济，我国应选择创业型经济的发展模式（费尔普斯，2013）。回望全球经济发展历程，20 世纪 50 年代以来在资本聚集与新一轮技术革命的联动作用下，企业创业浪潮云起。特别是 20 世纪 70 年代后期，创业活动对促进经济增长、就业和创新的作用日益明显。Bygrave（1998）通过实证研究发现美国经济取得成功的秘密是其拥有一种创新与创业的文化，创业精神和创业活动是推动美国经济最重要的战略优势。Audretsch 和 Thurik（2001）对 OECD（Organization for Economic Co-operation and Development，经济合作与发展组织）国家的统计分析表明，拥有较多小企业的国家具有较高的经济增长率和较低的失业率。2017 年出版的《全球创业观察》（Global Entrepreneurship Monitor，GEM）的发展报告中指出：创业活动和 GDP 之间具有高度正相关关系，创业活动带来的良好经济效应和广泛社会效应引起了学界、政府与企业界的极大关注。

自改革开放尤其 20 世纪 80 年代中期社会经济体制改革以来，私营经济迅速发展，乡镇企业尤为突出。到 20 世纪 90 年代初期，全国掀起创业热潮。近年来，在经济发展新常态下，创新型创业活动及其组织和制度创新，成为推动我国经济结构性变革及可持续发展新的动力来源和实现机制。2014 年，我国经济进入转型发展时期，经济发展新常态下，"大众创业、万众创新"作为经济发展的主要驱动力，创业作为一种新的产业经济发展模式，受到人们的关注及推广，成为我国社会经济增长的有力支撑，是培育和催生经济社会发展新动力的必然选择，是激发全社会创新潜能和创业活力的有效途径；2017 年党的十九大报告提出了乡村振兴战略，为乡村经济发展注入了活力，激发了乡村的竞争优势，农村发展迎来重要历史契机，传统农户的本地创业、农民工返乡创业、大学生回乡创业、城市青年下乡创业、退伍军人回乡创业等，农村创业百花竞放，百业兴旺。创业促进了农业产业供给侧结构性改革，农户收入质量提升及乡村善治日益凸显。创新创业也能充分利用农村现有资源，变革农业传统生产方式，为农村经济发展注入新的活力。因此，创业活动和创业研究受到政府和学界的重视。诚然，有诸多因素影响创业推进，但社会网络的独特解释力又成为近年创业研究的重点内容（金迪和蒋剑勇，2014）。尤其是在我国城乡关系变迁、互联网技术普及、自媒体兴起等社会背景下，农村社会结构、农户的社会网络都发生重大变化。因此，从社会网络视角研究创业将会得到有益结论。

在我国，农户作为大众创业的重要主体，对农户家庭收入持续增长、"三农"问题破解、乡村振兴意义重大。农户创新创业是推动农村产业发展，实现产业兴旺的重要突破口，能够助力传统农业产业升级，促进非农业产业协同发展，实现乡村地区产业的纵向延伸及横向扩展，进而拉动农村经济整体增长。农户家庭的劳动力城乡流动、互联网的时空联通及国家政策的激励使农户家庭社会网络发生重大变化。创业活动不仅仅取决于外部环境，往往还取决于自身的社会网络，社会网络对农户创业意愿、创业活动开展及创业成长都具有重要影响，在创业过程中，家庭往往很难直接获取创业所必需的物质资本、人力资本及相关信息，特别在正式制度不够完善的农村地区，非正式制度起着较为关键的作用。Francis 和 Sandberg（2000）认为创业者拥有可利用的强联系社会资源越丰富，创业的可能性及取得成功的可能性也越大。同时，在推进创业过程中，农户的社会网络也随创业进展而拓展升级，又能够为农户创业带来更多机会和资源，两者相互影响，螺旋式推进。因此，研究两者之间的协同推进机制对提高农户的网络能力、提升创业绩效意义重大。因此，本书主要研究大众创业导向下创业农户的社会网络特征，勾勒社会网络演变与农户创业推进的协同路径，完善农户创业的理论框架；研究农户创业过程中的社会网络效应，提高农户的网络构建和治理能力，提升创业效益；研究支持农户创业的社会网络环境，有助于政府提出支持农户创业的新主张，践行党的十九大报告中指出的"加快建设创新型国家"，"激发和保护企业家精神，鼓励更多社会主体投身创新创业"[①]。

第二节 研 究 问 题

广大农户的创业热情与政府优越的政策支持促进了中国农户创业的蓬勃发展。从本地农户创业，到农民工返乡创业、城镇人员下乡创业，农户创业的主体逐渐多元化，截至2018年底，各类下乡返乡创业人员已达700万人，平均每一个实体企业可带动7~8人就业，创业人员的平均年龄为44.3岁，学历是高中、职高或者大专的比例为40.7%，82%的创业领域主要集中在产业融合发展领域，可以判断，创业人员的素质良好，创业的社会绩效显著。但在农户创业发展良

---

① 习近平：决胜全面建成小康社会 夺取新时代中国特色社会主义伟大胜利——在中国共产党第十九次全国代表大会上的报告. http://www.gov.cn/zhuanti/2017-10/27/content_5234876.htm，2017-10-27.

好的态势下,诸多问题依然存在。与城市创业者相比,农户的创业资源依然不足,调查显示:80%的创业者融资困难,70%的创业者找不到合适的技术管理人员,65%以上的创业者表示销售是最大难题。对于农户而言,资金、人力、技术都是不可缺少的创业要素,创业者的竞争优势与创业绩效既受到创业者自身所具有的资源与获取能力的影响,还受到那些嵌入在社会网络中异质性资源的影响,创业者与外部组织之间各种不同形式的联系能给企业带来竞争优势,建立、维护和发展与外部组织之间的联系显得日趋重要,社会网络已逐渐成为不同创业者从事创业活动具有不同效果的原因所在。与历史对比,农户的社会网络资源逐渐丰富,社会网络带来的信息获取、资源集聚和市场拓展都在创业实践中鲜活生动。那么,农户的社会网络是如何变化的?当前社会网络的特点是什么?什么样的社会网络能够促使农户创业推进?社会网络驱动农户创业的内在机理是什么?同时,我们不禁思考,在创业成长过程中,农户的社会网络边界也在不断变化,农户的网络能力得到提升,如何有效管理社会网络,既要保证网络拓展促进创业成长,又要防止身陷"盘丝洞",防止网络依赖带来的创新制约和创业成本提升。

基于上述思考,本书的科学问题有四个。

一是农户的社会网络如何推进其创业进程。农户创业与改革开放同步开始活跃,本书简要回顾改革开放以来,农村社会变革对农户创业网络变化的影响,再通过调研数据,统计分析创业农户的社会网络特征,把握创业农户拥有的社会网络资源、社会资本。然后,通过创业过程的时间断面,分析社会网络促进农户创业的机理、效应。

二是农户创业如何促进其社会网络拓展。随着创业推进,农户的网络边界逐渐拓展,创业过程如何促进农户社会网络结构、关系及社会资本的变化。

三是农户创业与社会网络演变的协同机理。两者之间不是单一的因果关系,而是协同互动,初始社会网络促进了农户创业意愿、机会识别,随着创业开展,农户的社会网络结构特征呈多样化、密集化特点,在创业拓展阶段,农户的社会网络又从社会网络转变为产业网络……这一不断循环上升的过程,揭示了农户创业与社会网络呈"双螺旋"图谱方式演进,本书尝试通过案例研究揭示这一演进过程。

四是如何提升农户的网络能力。网络能力是创业者能力结构的重要组成部分。创业者的网络能力决定了社会网络拓展与创业成长之间的良性互动。本书尝试通过案例访谈界定创业农户的网络能力维度和构成要素,准确测度创业者的网络能力,并采用计量方法探索提升创业农户网络能力的关键要素。

第三节 研 究 方 法

一、方法介绍

本书综合运用逻辑思辨法、理论模型分析法、问卷调查与深度访谈法、计量分析法和案例研究法研究农户创业与社会网络相互促进的演进机理,并提出促进创业农户网络能力提升的对策建议,以期促进农户创业蓬勃发展。本书力求定性与定量研究相结合、规范研究与实证研究相印证,并运用相关数理分析工具进行主要内容研究。

(1)逻辑思辨法。主要回顾创业与社会网络研究的相关理论,归纳和评述本书相关的研究文献,得出农户创业推进与社会网络演进的逻辑,形成本书的理论框架。

(2)理论模型分析法。主要运用创业理论、社会网络理论、嵌入理论及协同理论创建农户创业推进与社会网络演进之间的逻辑架构,并提出相应研究假说。

(3)问卷调查与深度访谈法。在理论梳理和文献研读的基础上,科学制定调研问卷,搜集农户创业的基本数据,包括创业农户的社会网络、网络能力、创业成长绩效等数据。同时,本书设计访谈提纲进行深度访谈,获得更翔实的第一手数据资料,作为本书的典型分析案例,检验研究结论的适用性。

(4)计量分析法。首先,通过统计性描述分析农户创业的个体特征,如年龄、学历、身份特征等,掌握农户创业的基本情况;其次,分析农户创业指标,了解本书主要变量的数据分布情况;最后,采用计量分析的研究规范检验本书的理论模型与研究假说。

(5)案例研究法。案例研究贯穿本书的始终。从案例中提出研究问题,在研究假设中剖析案例可能蕴含的主要研究假设,在研究结论中佐证实证研究的结果,做到理论与实践相结合,大样本统计研究与典型案例研究相结合,使得本书内容更为丰满,所得结论禁得起实践检验。

二、逻辑思路

围绕以上内容设计,本书的思路如下:第一,研究相关理论,通过对创业理论、社会网络理论(social network theory)、协同理论等的梳理,阐释其与本书的关系,奠定本书的研究基础;同时,梳理已有研究文献,把握研究现状,厘清本书的创新性空间。第二,阐释社会网络对农户创业的主要功能和机理。通过简要回顾中国农村社会网络变迁的路径及影响因素,把握其演变脉络;重点阐释社会网络在农户创业推进过程中的作用,通过统计分析刻画农户的社会网络基本特征,通过计量分析,阐释农户的社会网络特征对农户创业活动的边际影响。第三,分析农户创业对农户的社会网络和社会地位获得的影响。简要回顾中国农户创业的历史脉络,阐释农户创业推进其社会网络演变的机理,并用统计分析和计量实证检验这一机理路径。第四,根据图谱分析原理,阐释农户创业与社会网络演进两者之间协同推进的内在机理,以期得到两者之间协同推进的一般规律。第五,根据研究结论,提出如何提升农户的网络能力,以期提升农户创业绩效,并提出相应政策启示。

根据上述表达,本书的逻辑思路如图 1-1 所示。

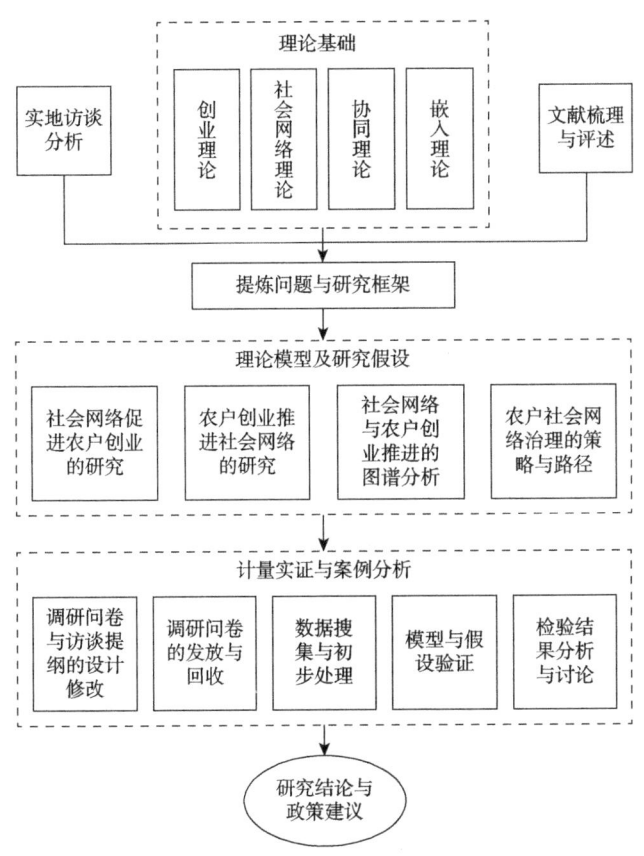

图 1-1 本书的逻辑思路

第四节 数据获取

一、问卷设计

科学的设计原则是保证问卷设计质量的基本前提，本书确定了问卷设计的六个原则：①问卷的内容结构要与研究的概念框架相呼应；②问题题项易懂易答；③尽量不涉及个人隐私；④前面的问题不要影响后续问题的填答；⑤确定哪些是封闭式问题，哪些是开放式问题；⑥进行预测。

合理的问卷设计流程是保证数据质量的重要基础。本书采取如图 1-2 所示的流程进行问卷设计。对图 1-2 流程中的五个阶段详述如下。

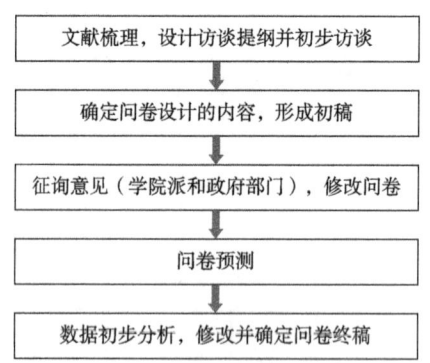

图 1-2 问卷设计流程

第一阶段，文献梳理、设计访谈提纲并初步访谈（详见附录 1）。在对创业机会识别、农户创业等国内外文献分析的基础上，借鉴经典文献的理论构思及被广泛引用的实证量表，在此基础上形成访谈提纲，并到重庆农民创业园、北碚静观花木中心及"阳光工程"培训班进行试调研。

第二阶段，确定问卷设计的内容，形成初稿。根据本书的研究内容，确定问卷由创业农户基本情况、机会识别、农户信息能力、农户社会网络及农户创业环境五个部分构成。由于测度题项的设计基于已有研究中被证实具有较高信度和效度的量表，结合初步的调研结论，形成了问卷初稿。

第三阶段，征询意见（学院派和政府部门），修改问卷。通过笔者所依托的西南大学农林经济管理研究中心团队的学术周例会,向该领域的资深教师、博士研究生寻求建议,由于本书研究的政策导向性明显,同时向重庆市农业农村委员会农村合作经济指导处的领导征求意见,根据学界和政府部门的意见,进行问卷的修改,由此形成问卷第二稿。

第四阶段,问卷预测。形成问卷第二稿以后,笔者于2016年4~5月在重庆西南大学培训与继续教育学院借助"阳光工程"培训班的31位学员和北碚静观镇的12位花木合作社的创业农户进行了问卷的预调研。

第五阶段,数据初步分析,修改并确定问卷终稿。首先,根据该次收集的有效问卷进行量表的初步检验分析,并由此对问卷修改完善;其次,通过学术周例会,征求同行的意见;最后,对排版、格式等细节进行完善,确定问卷终稿,见附录1。

二、数据获取方式

本书的宏观数据主要来源于2000~2016年的《中国农村统计年鉴》及《新中国六十五年统计资料汇编 1949—2014》;微观数据来源于研究团队在2016~2019年进行的数据调研,主要包括案例数据和微观数据。调研方法采用分层等距抽样、样本访谈和会议座谈三种方式。分层标准中,根据"农业资源禀赋、区域经济发展和国家农户创新创业基地"分出样本区县,从区县中,根据收入水平、确定样本村,然后进驻村组,通过当地村民委员会的了解,确定创业农户。

入村之前,由村主任介绍村组织的基本情况,如果该村的创业农户有10%以上,就将其确定为样本村。然后由村级负责人提供创业农户的花名册,最后从村组织中选取创业农户,每3户中抽取1户,如果这1户当时不在,则通过临近农户替代。调研分两个阶段:第一阶段为试调研,时间是2016年7月,地点为重庆,根据搜集的66份数据修正后确定最终问卷。第二阶段是正式调研,时间是2016年9~11月,主要在东部省(市)开展;2017年3~8月,课题负责人及团队成员入村入户调研,最后形成的数据涉及我国7个省(市)、15个市、39个县(含区)、126个村,样本区域占比合理,没有偏倚;数据获取方式主要包括创业农户的结构式问卷访谈,村级负责人的访谈。这一调研方式,能够多层次反映与反馈创业农户的实际情况,增加研究结论的现实解释力。收回的数据经过调研员互审、团队负责人复审、课题负责人终审,三轮复核后确定有效问卷,如表1-1所示,最终获得有效问卷446份,能够较好地反映农户创业的实际情况,为本书提供了可靠的数据支持;同时,课题组访谈了5位典型创业农户(表1-2),通过他们的典型案例分析,理论与实践融合,发现可推可学的经验或规律。

表 1-1　数据获取结果与样本统计性描述（n=446）

统计特征	选项	人数	比例	统计特征	选项	人数	比例
是否户主	是	296	66.37%	地理	江苏	31	6.95%
	否	150	33.63%		浙江	59	13.23%
性别	男	327	73.32%		山东	49	10.99%
	女	119	26.68%		安徽	45	10.09%
年龄	25岁及以下	18	4.04%		四川	63	14.13%
	26~35岁	122	27.35%		重庆	107	23.99%
	36~45岁	172	38.57%		河南	92	20.63%
	46~55岁	90	20.18%	组织形式	家庭农场	64	14.35%
	56岁及以上	44	9.87%		合作社	141	31.61%
受教育程度	小学及以下	4	0.90%		农业企业	18	4.04%
	初中	34	7.62%		种养大户	107	23.99%
	高中	254	56.95%		社会化服务	33	7.40%
	本科	107	23.99%		其他	83	18.61%
	研究生及以上	47	10.54%	创业次数	第一次	285	63.90%
政治面貌	群众	257	57.62%		第二次	118	26.46%
	中共党员	172	38.57%		第三次及以上	43	9.64%
	民主党派	17	3.81%				

注：由于舍入修约，数据有偏差

表 1-2　5位典型创业农户

创业农户项目	基本情况	创业领域	创业进展
安徽固镇县连城玉鹏蔬菜专业合作社	殷先生，2007年成立合作社，2013年成立家庭农场，2015年经营蔬菜深加工	经济作物蔬菜	贩卖蔬菜→成立合作社→蔬菜加工产业
云阳县大果水晶梨专业合作社	杨先生，2005年成立合作社，2011年被评为国家示范社	经济作物大果水晶梨	辞职返乡创业→成立合作社→异地产业扩张
重庆红曼农业开发有限公司	魏女士，2013年成立"红曼公司"，2019年开发田园综合体休闲旅游产业	农业开发、农村电商、乡村旅游	辞职创立"淘乡村"→建立电商平台→创办田园综合体
重庆市万州区茅谷桃果专业合作社	张先生，2000年成立家庭农场，2012年"茅山贡桃"被评为名牌农产品	桃树种植为主、农家乐为辅	机会识别→返乡创业→融入市场→建立合作社
退役军人的乡村田园创业	翁先生，2014年引进水果玉米，技术改良开启创业之路	经济作物水果玉米	退伍创业→建立全国种植基地→品牌营销+网络销售

第二章 研究综述与理论基础

本章沿着第一章的研究框架，对农户创业、社会网络、关系与社会资本等相关概念辨析并界定，梳理社会网络理论、协同理论、嵌入理论、创业理论等农户创业理论，为后续研究提供坚实的理论基础。本章对相关文献进行全面梳理和总结，包括创业者社会网络、社会网络对农户创业的影响、创业者网络能力研究等。虽然学者对社会网络与农户创业的相关研究已十分丰富，但仍有改进的空间。一是已有研究忽视了宏观环境的影响；二是对于创业者网络能力的概念提取与量化没有统一标准；三是忽视了创业对于社会网络的作用；四是没有阐明社会网络与农户创业两者之间的促进作用机理。基于此，本书在现有研究的基础上，结合当前实际，提出社会网络与农户创业之间协同作用的理论框架。

第一节 相关概念

一、农户创业

农户创业的系统研究首先需要界定农户创业的概念。西方学者对创业的研究，主要集中在空间区分，强调创业行为的外在环境对创业的影响，因此将创业分为城市创业（urban entrepreneurship）和农村创业（rural entrepreneurship），并直接使用农村创业概念来研究农户或农民创业问题。Stathopoulou 等（2004）认为从创业过程分析，农村创业与城市创业并没有本质上的差异，只是两者在创业机会的特征上有所不同，因此开发不同的创业机会面临的约束和限制有差异，最终影响了城乡创业的过程和绩效。Wortman（1990）把农村创业定义为"在农村创建新组织以生产新的产品或提供新的服务，或者创建新市场或采用新技术"。国内文献中，对农户创业的概念界定因主体较多，所以内容比较丰富，从表2-1可以看出对农户创业的定义主要体现出以下几个特点：其一，依托家庭组织。这是由目前中国农村的现实情况决定的，农户创业的人员少、起点低、风险大，只有依靠家庭共同参与才能满足创业后企业的分工，共同承担创业的风险。其二，创业的过程是改变生产要素组合。无论是扩大种养业规模，还是延伸农业产业链条的创业，其本质都是原有资源（可控的和非可控的）重新组合。例如，合作社的创业模式，通过合作的方式，在合作社成员内部重新配置资源，创新了农业经营模式。其三，目的是增加财富。这恰是目前农户创业多为生存型与机会型创业并存的原因所在。80%以上创业者的目的主要是通过财富的增加改变家庭生活状况，让自己和家人生活得更好，而不是为了解决基本生活问题。

表 2-1　农户创业的概念界定

文献	定义	关键词
郭军盈（2006）	是指农民依托家庭组织或者创建新的组织，通过投入一定的生产资本，依托农村，通过扩大现有的生产规模或者从事新的生产活动开展一项新的事业以实现财富增加并谋求发展的过程	依托家庭；开展新事业；实现财富增加与发展
吴昌华等（2006）	辨识、开发和利用机会能力强的农民在寻找和开拓市场空间的基础上，通过重现有生产要素、创新经营方式和开辟新的生产领域，以达到自身利益最大化和扩大劳动力就业的目的	寻求开拓市场空间；开辟新的生产领域；利益最大化
韦吉飞（2010）	是指农民以家庭为依托，通过组织城乡资源，开展以实现财富增加和谋求发展机会为主要目的的商业经济活动	家庭为依托；谋求财富，增加发展机会
彭艳玲（2016）	农户依赖一定的组织形式，进行识别机会、组织和利用资源，实现价值创造的过程，其包含对生产经营活动的创新与改进	依赖组织形式；对生产经营活动的创新与改进
张梓榆（2018）	以家庭作为基本决策单位的市场经济活动，参与组织，进行识别机会、组织和利用资源，实现价值创造的过程	以家庭作为基本决策单位；实现价值创造

资料来源：笔者整理而成。

在政府的创业支持政策体系中，一般将农户创业归类为微企创业（重庆、四川等多地的政策规定）、非正规创业（于晓宇等，2012）及新型经营组织的范畴（如合作社、家庭农场）。结合《国务院关于强化实施创新驱动发展战略进一步推进大众创业万众创新深入发展的意见》（国发〔2017〕37号），本书从下面四个维度界定农户创业，并进行简要说明。

（1）依托家庭组织。农村经济家庭经营的特点，是由农业的不完全分工特点决定的。农村家庭的成员结构不可能像企业组织一样完全分工，农业的生产特点也不需要完全分工，故家庭成员都是根据各自特点共同参与到生产过程中，这也是城镇居民创业和农户创业的主要区别之一。

（2）创业地点在农村或乡镇。规定地点在农村，这主要区别于现在另外一个研究领域——农民城乡流动过程中的城际创业。

（3）创业者雇用创业人数在10人以内。

（4）创业者家庭收入的80%以上来自经营性收入。

其中，（3）（4）的规定主要是根据农业农村部和重庆市关于微企创业扶持和新型农业经营主体摸底调查中的规定来定义的。在此不多阐释。

特别需要说明的是，这里的创业不再强调创业者的户籍。本书将农户创业的类别分为以下三类（表2-2）。

表2-2 创业农户类型、资源禀赋及创业优势

创业农户类型	资源禀赋	创业优势
农村实用人才型	技术、土地、以家庭和亲属关系及社群为主的社会资本	农业技术，本地的社会资本
农民工返乡创业型	资金、土地、技术、建立在情感和亲密程度基础上的以面子为主的社会资本	相对充裕的资金，社会资本及农业技术
城镇人员下乡创业型	资金、新理念、建立在情感和亲密程度基础上的以面子为主的社会资本	大量资金及新的发展理念

二、社会网络、关系与社会资本

20世纪60年代，西方学者优先提出社会网络理论，并指出社会网络是由个体或组织（称为节点）所构成的社会结构，从而将特定类型的互相依赖关系相连接，这种特定的关系包括基于家庭的亲情关系，或者社会活动形成的具有共同信仰、兴趣和社会地位的群体关系。本书的重点是以创业农户为中心的个体与个体、个体与组织两个方面，因此，我们将社会网络分为两种：一种是建立在个体的社会关系基础上的社会网络，如亲友网络、朋友网络等；另一种是以组织形态存在的社会网络，这种社会网络作为前者的完善手段，本书称之为社会支持网络。

农户创业的社会网络强调的是在农户创业过程中，由农户和组织构成的社会网络对农户创业活动的功能和效用。

Aldrich和Zimmer（1986）最早提出采用社会网络理论来研究创业行为。Greve和Salaff（2003）研究认为，社会网络主要通过影响创业者的社会结构，从而影响创业者获取、动用资源的质量和层次。这一观点是将社会网络作为工具性网络，是创业者获取创业资源的重要途径。通过独特的社会关系网络，创业者不仅可以降低获取资源的成本，并且能获取他人难以获得的稀缺资源。例如，针对农村劳动力流动决策的一系列文献证实，以宗族、亲友为代表的社会网络对农民外出务工具有正向影响，并且主要是通过社会网络提供流动资金来实现的（郭云南等2013）。社会网络与农户创业活动之间存在密切联系。黄洁和买忆媛（2011）在对

农村微型创业企业的研究中发现，嵌入地方社会的商业网络对企业绩效具有显著的正向影响。从现实研究看，创业的资金来源（Birley，1985）、首份订单（Aldrich and Zimmer，1986）、核心雇员（边燕杰和张磊，2006）等都主要源自创业者的社会网络关系。总的来说，社会网络是创业者获取创业必要资源乃至稀缺资源的重要途径（Hoang and Antoncic，2003）。在中国研究情境下，Zhao和Aram（1995）认为，创业者的社会网络表现形式包括两个方面：创业者对关系网络的利用范围（即所利用的外部联系人的数量）和对关系网络的利用强度（与外部联系人之间交流的频率）。考虑中国情境，中国的关系网络有别于西方学者的社会网络，主要是因为中国社会的社会网络或关系扎根于儒家文化中，儒家社会理论认为家庭是基本的社会单元，而亲属关系则是一个主体的最重要的社会连接（Tsui and Farh，1997）。不过，人们在日常事务中不会仅仅依赖于家庭关系，因此，关系作为一种机制，其亲属的连接可以在非亲属关系中创造和培养信任。在我国转型经济背景下，关系网络在商业活动方面的作用尤为突出，这是因为在市场制度体系尚不完善的条件下，利用社会关系网络能降低制度缺陷所引发的不确定性和交易成本（Batjargal，2007）。

有学者将关系定义为延伸的家庭关系所构成的网络，或者为了功用性的目的而存在的关系连接，或者由于存在特殊关联而形成的特定关系（Tsui and Farh，1997）等。在中国，最早对关系进行初步概念化的是学者费孝通，他认为，中国人的人际交往是"自我中心主义"，即以自己为中心，按照与他人交往的亲疏远近来划分关系圈。边燕杰（2004）对关系的研究进行了较为全面的阐述，提出了三种不同的关系性质研究的理论模型，并对每一个模型中关系的定义、基础，以及关系资本的来源、基础和积累方式做了解释，如表2-3所示。

表2-3 关系模型

概念	模型一	模型二	模型三
关系的定义	家庭义务延伸的网络	特定功用性纽带的交换网络	非对称化交易的社会交换网络
关系的基础	家庭、亲属关系、社群	家庭、亲属关系、社群、工作网络	各种各样的亲属与非亲属的关系
关系资本的来源	对家庭和类家庭履行道德义务的声望	建立在互相信任与忠诚基础上的面子	建立在重复的、非对称化交换基础上的面子
关系资本的基础	建立在情感和亲密程度基础上的面子	培养包含各种有利于互惠交换的资源	增强在更广泛社会网络中关系的中心性地位
关系资本的积累方式	扩展家庭的情义关系	培养包含各种有利于互惠交换的资源	增强在更广泛社会网络中关系的中心性地位

孙立平（1996）利用二分法，把关系分为普遍主义关系与特殊主义关系、表达型关系与功用型关系，并从这一分类及其组合梳理中国社会关系演变的脉络及

基本趋势，由此提出四种具体的关系类型（表2-4）。

表2-4 关系的四种类型

类型	特殊主义	普遍主义
表达型	朋友	同志
功用型	关系	西方式

与西方学者的社会网络理论类似，关系也被看作一种嵌入性的资源或者嵌入社会关系中的"社会资本"。甚至诸多学者将中国语境下的关系等同于西方情境下的社会网络，但也有学者认为关系是一种独特的中国现象，不同于社会网络理论。边燕杰和丘海雄（2000）认为，中国的关系是一种具有高互动频率、高亲密性、持久的感情依附，以及重复的资源交换所形成的二元情感联系。

综合而言，社会网络与关系存在以下三点区别，如表2-5所示。

表2-5 社会网络与关系的区别

区别	社会网络	关系
互动的个体数量	两个个体之间的联系	多于两个个体的联系，如一个网络常常包含多对连接
研究方法	动态的观测，关系随时间变化	静态的分析，具有稳定性
地域差异	西方国家	中国语境特有，人与人之间的社会化连接形式

"社会资本"是从新经济社会学中演化而来的重要概念，因为社会资本对于社会经济现象的强大解释力一直备受关注。就其内涵而言，已有研究主要从资源、结构功能、能力、关系网络等多个角度对社会资本进行了解读。1916年，美国学者Lyda J. Hanifan首次使用社会资本概念，他认为社会资本是一个社区的联系纽带，如社区中的个体和家庭中的社会交往过程中所产生的良好愿景、伙伴关系、同情怜悯、往来互动……这些东西能产生社区中的社会纽带。但真正意义上研究社会资本的是法国社会学家皮埃尔·布迪厄（Pierre Bourdieu），他于1979年在《区隔：品位判断的社会批判》一书中提出："社会资本是关于社会资源的集合。"这种社会资源包括各种显性和隐性的资源，它来自一种相互认可的、持久的社会网络关系，而这种社会网络关系或多或少是制度化的。Bourdieu（1980）认为社会资本是"实际或潜在资源的集合，这些资源与其相互默许或承认的关系所构成的持久性网络有关"。Portes和Sensenbrenner（1993）则将社会资本看作"个人通过他们的成员身份在网络中或者在更宽泛的社会结构中获取稀缺资源的能力"。Nahapiet和Ghoshal（1998）从关系网络视角将社会资本定义为"镶嵌在个人或社会个体占有的关系网络中、通过关系网络可获得的、来自关系网络的实际或潜在资源的总和"。Putnam（1993）认为社会资本的三个关键要素是社会网络、信任和

规范，并且后两个要素又产生于个体在社会网络的交往行动中。因此，多数文献在探讨社会资本的效应时更关注社会网络的作用并将其作为核心测量指标（Granovetter，1985）。

从社会网络的视角分析，社会资本是指嵌入在社会网络中、在有明确目的的活动中可以获取并加以动员的资源总和。由此可以看出，社会资本表现为三个方面的特征，分别是工具性、嵌入性与可达性。作为一种资本，社会资本对于资本投入的主体要产生经济性回报，但是运用社会资本时，需要区分个体层次与群体层次。在个体层次上，指的是个体在所嵌入的社会网络中，能够获得的资源；在社会网络的研究中，则指的是个体网络，如创业农户在村社创业中，能够从周边亲邻获得的资本和土地支持。与之对应，在群体层次上，则是将群体作为一个行动单位来考虑，在总体上可以动员的资源总和；在社会网络的研究中，则对应的是整体网络，如某个村社具有的所有土地资源数量。

由于对社会资本的解读不同，研究者从不同的视角来对其进行衡量，如表2-6所示。从关系维度上看，可以衡量个体在特定人群中发展起来的个人强弱关系；从认知维度上看，则要衡量个体所处"圈子"的认知范式，如是否拥有共同的经历、共同的语言、共同的立场和观点等。

表2-6 社会资本的分类

学者	分类结果	维度
Bourdieu（1980）	微观层次社会资本、中观层次社会资本和宏观层次社会资本	3
Coleman（1988）	社会关系内部的信息网络、义务与期望、价值观和信任、规范和多功能组织的创建	5
Nahapiet和Ghoshal（1998）	可以衡量是否存在与其他个体间的直接或间接联系，以及这些联系的形式和数量	3

第二节 理论基础

一、社会网络理论

回顾创业研究的脉络，哈佛学派最早关注创业者的特质，以求揭示创业者特质和创业行为之间的关系，然而这个研究多年并未得到结论。1990年后，创业研究的视角从以创业者为中心转换到创业者所嵌入的社会制度背景上来，其中受到特别关注的就是对创业者嵌入社会网络的研究（Birley，1985），并形成了以奥尔德里奇为核心的研究团队，依此形成的研究方法称为"创业研究的网络方法"。

社会网络的研究源于人类学家对人际关系研究时，传统角色地位结构功能理论失效而催生的新理论。人类学家拉德克利夫·布朗（Radcliff Brown）在1940年提出"社会结构"的命题，并提出了"社会网络"这个重要的概念。人类学家Barnes（1954）提出人际关系网络是影响人类行为的真正因素。随后有学者继续致力于社会网络的研究，但并没有引起注意，直到20世纪60年代社会网络理论逐渐被各领域学者广泛接受，自White（1970）以来，社会网络研究自成体系，学术界也开始从网络视角对经济问题进行研究。Mitchell（1969）、Tichy和Fombrun（1979）认为社会网络理论的基本观点是社会情境下的人由于彼此间的关系纽带而以相似的方式思考和行事。社会网络理论研究既定的社会行动者（包括社会中的个体、群体和组织）所形成的一系列关系和纽带，将社会网络系统作为一个整体来解释社会行为。Granovetter（1985）从嵌入角度进一步指出经济行为必须嵌入一定的社会结构中，而核心的社会结构就是人们生活中的社会网络，嵌入的网络机制是信任；信任来源于社会网络，嵌入社会网络之中，因此，人们的经济行为也嵌入社会网络的信任结构之中。经过60多年的发展，社会网络理论逐渐深入社会科学，甚至自然科学的诸多领域。但依据研究风格的不同，逐渐形成了两大派系，一是以林顿·弗里曼为代表的研究群体。他们注重用计量方法分析人际互动和交换模式，提出了网络密度、网络强度和中心性等概念。二是以格兰诺维特（Granovetters）、怀特、林南和伯特（Burt）等为代表的研究群体。他们沿袭了英国人类学家的研究传统，主要研究社会网络结构对行为主体的影响，其基本观点认为人与人、组织与组织之间是一种客观存在的社会结构，这种社会结构影响网络内主体的行为。从本书的主旨看，我们关注的是第二类研究，主要有伯特的网络结构理论、格兰诺维特的弱关系理论等，具体见表2-7。

表2-7 社会网络理论

文献	理论观点	主要内容	评价
Granovetters（1973）	弱关系力量	根据主体之间互动频率、感情力量、亲密程度和互惠交换的不同程度，可以把关系划分为强关系和弱关系两种类型。两者在人与人、组织与组织、个体与社会系统之间发挥着不同的作用。强关系维系着群体、组织内部的关系；弱关系在群体、组织之间建立了纽带联系，充当着"信息桥"	弱关系因网络的异质性获得更广泛、多样的信息，在创业初期对于机会获取具有重要作用

续表

文献	理论观点	主要内容	评价
Granovetter（1985）	嵌入性理论	经济行为嵌入在人们核心的社会网络中。嵌入的网络机制是信任，经济交换行为发生的基础是双方必须建立一定程度的相互信任，而信任的获得和巩固需要交易双方长期的接触、交流和共事。如果信任感降到最低程度，则每一次交易的进行都必须建立在双方获得必要的监督保证的基础上，那么交易成本就会大大提高	同弱关系假设相比，嵌入性概念强调的是信任而不是信息
Lin（1982，1990）	社会资源理论	财富、权力等许多社会资源是嵌入在个人社会网络中的，这些资源并不能为个人直接拥有，需要通过其个人社会网络中的直接或间接的社会关系来获取，获取资源的行为本身又进一步加深了社会资源在社会网络中的嵌入程度。提出三大假设：①地位强度假设：人们的社会地位越高，摄取社会资源的机会越多；②弱关系强度假设：个人的社会网络的异质性越大，通过弱关系摄取社会资源的概率越高；③社会资源效应假设：人们的社会资源越丰富，工具性行动的结果越理想	扩展了企业拥有资源的概念，将外部的资源与企业内部占有的资源联系起来。强调社会资源在社会网络中的嵌入性特点，因此理论本身只涉及嵌入在关系中的资源而不涉及关系的强度
Burt（1992）	结构洞理论	界定了两种迥异的社会网络联结：第一种是网络个体两两之间均存在联结关系，无任何关系间断现象，从而整个网络表现为"无洞"的封闭式结构；第二种是某单独网络个体或某部分网络个体与其他网络个体无直接联系或完全无联系，从而使得整个网络结构中出现"空洞"，此类型网络也称为开放式网络。绝对的"无洞"和结构"空洞"网络均不存在，这两种类型的网络分别是两种极端情况	结构洞型社会网络的竞争者具有更多的关系优势，并可获得更大的利益回报
Watts和Strogatz（1998）	小世界网络理论/复杂网络理论	小世界网络和无标度网络的提出掀起了复杂网络的研究热潮。复杂网络主要是指具有复杂拓扑结构和动力学行为的大规模网络，它是由大量的节点通过边的相互连接而构成的图。用平均路径长度、聚散系数和度分布描述网络特征	从动态视角出发，基于统计物理的方法论，关注规模较大的网络，并探讨网络的拓扑结构和动态发展的规律

资料来源：经文献研读整理所得

社会网络个体倾向调整个体在社会网络中的位置，使得其在更多的"结构洞"中具有桥梁作用，获得更多的具有异质性特征的有用信息，结构洞能够为中间人获取"信息利益"和"控制利益"提供机会，从而比网络中其他位置上的成员更具有竞争优势（Burt，2002）。一般认为社会网络中的位置中心性反映了成员的突出程度和在网络中话语权的大小（Brass and Burkhardt，1993）。基于关系视角的社会网络理论主要指弱关系理论、嵌入性理论和社会资源理论等。格兰诺维特是弱关系理论的主要代表，他首次提出"关系力量"的概念并认为弱关系在传递信息方面具有很大的优势，与之不同，边燕杰和邱海雄（2000）基于中国情景下，提出的强关系理论实际是格兰诺维特弱关系理论在中国的应用。林南在格兰诺维特的弱关系理论的基础上提出了社会资本理论，认为弱关系是摄取社会资源的有效途径，并推导出著名的三大假设（表2-7）。最近产生的复杂网络理论已在社会学领域中应用。

二、协同理论

德国物理学家哈肯（Haken）教授在1971年发表的《协同学：一门协作的科学》中第一次提到协同理论，并创立"协同学"。哈肯认为自然界存在各种各样的系统，社会的或自然界的，有生命的或无生命的，宏观的或微观的等，这些看起来完全不同的系统，却具有深刻的相似性。不同空间跨度的、不同时间维度的各个系统结构千差万别，尽管它们的属性不同，但在整个环境中，各个系统间存在着相互影响而又相互合作的关系，同时也存在着一系列稳态与非稳态的相互转换。协同理论则是在研究事物从旧结构转变为新结构的机理的共同规律上形成和发展的，它的主要特点是通过类比对从无序到有序的现象建立了一整套数学模型和处理方案，并推广到广泛的领域。它基于"很多子系统的合作受相同原理支配而与子系统特性无关"的原理，设想在跨学科领域内，考察其类似性以探求其规律。哈肯在阐述协同理论时指出："我们现在好像在大山脚下从不同的两边挖一条隧道，这个大山至今把不同的学科分隔开，尤其是把'软'科学和'硬'科学分隔开。"协同学指出，一个整体性系统下包含许多子系统，一个稳定的系统，其子系统都是按照一定的方式协同而有次序地活动。协同理论将一切研究对象看成由许多子系统构成的系统，这些子系统之间通过物质、能量和信息交换等方式相互作用，通过子系统之间的相互作用，整个系统能够形成一种整体性协同效应，或者演变为一种有序的新型结构（表2-8）。协同学的科学价值主要在于尝试通过一种统一的观点去处理复杂的系统问题，此外，哈肯提出了"功能结构"的概念。其认为功能和结构是互相依存的，当能量流或物质流被切断的时候，所考虑的物理和化学系统要失去自己的结构；但是，大多数生物系统的结构却能保持一个相当长的时间，这样生物系统颇像是把无耗散结构和耗散结构组合起来了。他还进一步提出，生物系统是有一定"目的"的，故把它看作"功能结构"更为合适。日本战略学家也对协同的概念从"互补效应"和"协同效应"两个方面做了深入的剖析，使其概念更加系统全面，认为战略的成功蕴含了系统内部各资源的契合、资源与外部环境的协同及战略自身各要素的协同；随着时间的推移，有必要对各要素进行调整，即动态的战略协同。协同理论主要包括协同效应、伺服原理和自组织原理三方面。

表 2-8　协同理论

协同理论	主要内容	关键词
协同效应	是指复杂开放系统中大量子系统相互作用而产生的整体效应或集体效应。协同作用是系统有序结构形成的内驱力。任何复杂系统，当在外来能量的作用下或物质的聚集态达到某种临界值时，子系统之间就会产生协同作用。倘若某个系统中独立运动占支配地位，则该系统就会呈现出混沌的无序运动状态；假如各子系统相互协作，则整体运动占主导地位，系统便会表现为规则的有序运动状态，从混沌中产生某种稳定结构。这种状态被称为"协同效应"	有序运动、无序运动
伺服原理	它从系统内部稳定因素和不稳定因素间的相互作用方面描述系统的自组织过程。其实质在于规定了临界点上系统的简化原则——"快速衰减组态被迫跟随于缓慢增长的组态"，在系统运作过程中，系统在接近不稳定点或临界点时，占主导地位的序参量支配着其他子系统和要素，又被子系统和要素支持，以维持自身的支配地位，即快变量服从慢变量、序参量支配子系统的行为	序参量支配、控制参量
自组织原理	自组织是相对于他组织而言的。他组织是指组织指令和组织能力来自系统外部，自组织是指系统在毫无外部指令的情况下，其内部子系统之间能够按照某种规则自动形成一定的结构或功能，具有内在性和自生性特点。子系统或各要素处于无序状态中，通过充满随机性的涨落自发朝着某个方向发展，随即产生序参量支配各子系统、各要素运作，而后席卷更多子系统朝着规定的方向运动或发展，从而呈现为有序状态	自组织、他组织

农户创业过程中，社会网络能够为农户提供资源支持和情感鼓励；同样，在创业推进过程中，农户的社会网络不断拓展、优化，创业者建立了市场关系，融入了产业网络，获得政府的培训和项目支持，建构起良好的政务网络；与产业地农户联合生产，获得本地资源网络的支持。社会网络发展与创业推进协同共演，发展成为良性生态体系。结合协同学的理论基石和农户创业实际，本书将"协同"定义为在农户创业系统内部，农户社会网络和创业过程协同推进，在结果上实现两者的相互促进和协调发展。

三、嵌入理论

所谓嵌入，是指一个事物根植于另一个事物的一种状态，也可以用来描述两种事物之间的联系程度。嵌入理论强调经济活动存在与非经济因素相关的不确定性的经济社会学理论。其核心是经济活动融于具体的社会网络、政治构架、文化传统和制度基础之中，已被广泛用于经济地理学分析。嵌入理论是新经济社会学研究中的一个核心理论，着眼于从社会视角对经济活动进行分析，利用社会网络这一中介，建立了经济学与社会学之间跨学科研究的分析框架。

1944 年，Polanyi 首次提出嵌入的概念，并将此概念用于经济理论分析。他认为，就社会而言，经济行动是社会活动的一部分，因此经济是一个制度化的社会过程，个人的经济行为嵌入和限定在社会制度中，必然同时受经济动因和非经济动因的双重制约，将非经济的制度包括在内是极其重要的，同时，经济并非像经济理论所描述的一样独立而自由，经济作为一个制度过程，嵌入在政治、宗教和社会关系多维综合的复杂动态关系中，因此，自由竞争的市场理论将经济脱嵌于社会独立分析是不合理的。

1958年，格兰诺维特在波兰尼的基础上发表了重要的文章《经济行为与社会结构：嵌入性问题》，标志着嵌入理论的正式提出。同波兰尼的观点类似，格兰诺维特称理性选择的理论框架为低度社会化，但相较于波兰尼所强调的将社会结构视为社会群体的集合，将社会群体以阶级、地位、种族、年龄、性别、地域与宗教来加以区分，格兰诺维特称这样的宏观分析为过度社会化，这样的分析只看到了社会文化对个人的制约，而忽略了个人行动的自主意识。格兰诺维特的嵌入理论也持同样观点，他认为经济行为有机地嵌入在社会网络中，经济行动者既不完全独立于社会网络，也不完全依附于社会网络，这种理论调和了低度与过度社会化的观点，同时也避免了"社会性孤立"的研究设想。

1992年，格兰诺维特根据嵌入机制，将嵌入分为关系性嵌入与结构性嵌入两种类型。关系性嵌入主要是指个体的经济行为与他人互动所形成的关系网络，结构性嵌入则是指群体的行为根植于更为广阔的社会关系网络之中。格兰诺维特认为，正是这两种嵌入网络，使得经济行为主体之间产生了信任与互动，降低了机会主义发生的概率，能够确保交易顺畅进行。本书主要从关系和结构两个视角来研究农户创业行为。

四、创业理论

创业是创业者对自己拥有的资源或通过努力对能够拥有的资源进行优化整合，从而创造出更大经济或社会价值的过程。创业是一种需要创业者组织经营管理、运用服务、技术、器物作业的思考、推理和判断行为。根据杰弗里·A.蒂蒙斯（Jeffry A. Timmons）所著的创业教育领域的经典教科书《创业创造》（*New Venture Creation*）的定义：创业是一种思考、品行素质、杰出才干的行为方式，需要在方法上全盘考虑并拥有和谐的领导能力。回顾创业研究的历程，自18世纪法国经济学家理查德·坎蒂隆（Richard Cantillon）第一次提出"entrepreneur"词语，标志着创业进入研究者的视野。之后，众多学者加入创业研究中，从不同的角度去研究创业，为创业研究做出了伟大的贡献。时至今日，创业仍是一个极具创新性与挑战性的新兴研究领域，研究者试图透过创业现象揭示创业的黑洞，不断逼近创业的本质。由于创业的相关理论庞杂而丰富，结合本书的研究方向，这里重点介绍创业环境理论、创业机会识别理论和创业资源理论。

（一）创业环境理论

在创业过程中，创业者与新创企业不可避免地会受到许多外部条件的影响，我们称这些外部条件为创业环境。环境为创业之源泉，环境是创业的资源库，社会结构的变迁、政府的政策规划及人们的消费观念变革等外部环境的动态变化产生或创造创业机会，也推动创业者不断识别机会，并在机会开发利用的过程中获得经济价值。Gartner（1985）认为创业环境是影响创业者整个创业活动的一系列外部因素及其所组成的有机整体；Gnyawali 和 Fogel（1994）则提出，创业环境是对人们创业意愿产生及新创企业成长发挥作用的一系列综合因素的总和；创业机会隐藏于外界环境之中，要有效识别机会，创业者必须对不断变化的环境迅速做出反应。尤其是战略选择和决策制定也需要与环境相匹配（Hrebiniak and Joyce，1985）。因而，创业者在机会识别过程中，必须充分重视环境的变化。

环境是一个外延很大的抽象概念，通常在谈论环境时，我们首先想到的是环境要素，环境对创业的影响往往通过创业者与环境构成要素间的各种联系来实现。学术界对此进行了丰富的研究，提出了各自的见解（Porter and Sensenbrenner，1993；Gartner，1985；Gnyawali and Fogel，1994；池仁勇，2002）。Gnyawali 和 Fogel（1994）也进一步把创业环境构成要素归纳为政策环境、融资环境、服务环境和文化环境四个层面。GEM 对创业环境构成要素的界定较为明确，它将创业环境要素分为金融支持、政府政策、政府项目支持、教育与培训、研究开发转移、商业和专业基础设施、进入壁垒、有形基础设施、文化与社会规范九个方面，广为全球所普遍采纳。本书主要尝试将众多文献中对创业环境构成要素的不同描述与分析进行系统归纳和总结，给出创业农户的环境。对农户创业而言，需要政府的政策支持，包括税收优惠、商务办理、用地规划等方面；更需要社会组织予以法律支持、人才支持、技术服务及资本支持；农户创业根植于农村空间，需要土地载体、物流仓储、交通运输等方面的支持。因此，本书将前两个层面归结为创业的"软环境"，包括政策支持、融资环境和创业氛围等；将第三个层面实物性的环境支持归类为"硬环境"，主要包括基础设施和物流市场建设。在农户创业过程中，便利的基础设施能够降低创业成本，以农业生产性设施为例，一般情况下，在重庆山地农业发展过程中，建设 1 亩①普通大棚的成本在 1.5 万元左右，政府为了鼓励农户创业，会给予 50%~70%的补贴。同样地，创业孵化园区能够提供良好的创业公共服务，促进创业项目健康孵化成长。

---

① 1 亩 ≈ 666.67 平方米。

（二）创业机会识别理论

创业者特质理论揭示了"谁是创业者"这一问题，但这并不能解释仍存在许多员工具备创业者的大部分特质却并不是创业者的现象。基于此，不少学者跳出创业者特质理论的"循环圈"，转向创业过程的研究。他们认为创业本质上就是建立新企业的过程，而这个过程中最关键的要素就是创业者和机会。在打破原有经济均衡迈入新的经济均衡过程中，创业者会识别潜在的市场需求和未充分利用的有限资源，通过价值创造的方式将市场需求和资源结合在一起，建立新的生产方式来满足市场需求，最终获得利润。因此，价值创造的核心在于市场机会的有效识别和行动。

Schumpeter（1934）最早对创业机会的概念进行剖析，认为创业机会是市场需求出现空白的一种客观存在的市场状态，创业机会与经济价值息息相关。在创业领域被誉为创业学之父的 Timmons（1999）指出，创业机会对创业者而言是一种能力，它有助于创业者识别市场空白并抵御市场风险。Scott Shane 和 Ardichvili 是创业机会学派的先行者。Shane 和 Venkataraman（2000）在其"Academy of Management Review"（《美国管理学会评论》）论文上指出，创业研究应该立足于未来，强调研究创业机会从何而来及如何被发现和开发，而不是只研究"什么人是创业者"，同时，Shane 明确了创业研究的三个问题：①机会在哪里？②机会被谁看到？③如何将机会转变成实际行动？有学者强调了机会识别对创业活动的重要性，Kirzner（1973）提出创业机会的发现是创业的核心问题，Shane 和 Venkataraman（2000）运用机会来定义创业的概念，认为机会识别是创业活动的必要条件，其机会属性决定着价值创造的潜力。创业机会识别是创业领域的关键问题之一，从创业过程角度来说，它是创业的起点。创业过程就是围绕着机会进行识别、开发、利用的过程。识别正确的创业机会是创业者应当具备的重要技能。创业机会识别之所以受到如此重视，是因为创业是基于创业者资源禀赋演变为机会驱动行为的过程，创业机会的理论拓展是对早期基于"创业者特质"所进行的创业研究的扬弃。奥地利学派从经济学的一般均衡理论出发，认为企业家通过创造性破坏打破市场均衡，创造市场机会（Schumpeter，1934；Alvarez and Barney，2007）；与此不同的是，也有学者认为机会存在于不均衡的市场之中，具有警觉性的创业者能够发现非均衡市场中被忽略的创业机会（Kirzner，1973；Shane，2000）；这就是创业机会的"识别"模式与"创造"模式的差异。从能力视角看，学界也有从创业环境的视角去研究创业机会的，Duncan 等（1972）指出外部环境的不确定性是创业机会产生的主要源泉。动态的环境主要产生于市场的不平衡，创业者要弥补这种市场不均衡，就触发了创业行为。具体到机会产生的环境范畴，Gartner（1985）发现影响创业机会形成的关键环境因素来自政府政策、行业成长空间、对手竞争威胁等方面。刘常勇（2002）根据中国情景，指出创业机会的来源主要有三个方面：改良现有的产品或服务获得价值增值，追随新的趋势潮流跻身于新市场，恰当的进入时机。同时，也有学者对创业机会识别的效果进行了评价，包括机会的创新性、实践性/可取性。

（三）创业资源理论

创业资源作为创业活动开展必备的关键要素与基本前提条件，在整个创业活动中起着十分重要的作用。创业资源是指新创企业在创造价值的过程中需要的特定资产。创业资源的种类很多，从资源的形态看，包括有形资源和无形资源。例如，创业过程中的土地载体是典型的创业农户需要的有形资源，社会资本是现代商业体系中极为有用的无形资源，如创业者在某一展览会认识了一个拥有优良育苗的技术团队，通过优良种苗的种植，开启了创业之路。从对创业过程的影响看，创业资源可以分为物质资源和非物质资源。物质资源包括资本、土地、技术等，非物质资源包括积累的商业技术、技术技能及情感支持和政府政策。例如，"大众创业、万众创新"的国家战略就属于典型的非物质资源，就是这样的创业政策带来草根创业者的勃勃生机。创业者获取创业资源的最终目的是组织这些资源，追逐并实现创业机会，提高创业绩效和获得创业成功。无论是要素资源还是环境资源，无论它们是否直接参与企业的生产，它们的存在都会对创业绩效产生积极的影响。对于创业者而言，置身于同样的资源条件下，有些人成功发现并开发了创业机会，有些人却没有，这主要是因为在"通廊理论"中，创业积累的经验、知识及拥有的社会资本等照亮了创业者的机会通廊。许多学者对创业资源进行了研究，发展了很多创业资源理论，包括资源基础理论、资源依赖理论、资源优势理论、资源整合理论和资源拼凑理论，这里重点介绍前两种理论。

1. 资源基础理论

资源基础理论、竞争位势理论与动力能力理论是企业战略管理的基本理论。20世纪80年代，以波特为代表的哈佛学派提出的竞争位势理论重点关注企业外部的市场结构，但忽略了企业内部的剖析。资源基础理论正是对其的有益补充。资源基础理论认为企业的竞争优势来源于企业内部的资源，这一观点从根本上挑战了产业组织理论的基本假设，并最终获得学术界认可。资源基础理论的基本思想是把企业看成资源的集合体，将目标集中在资源的特性和战略要素市场上，并以此来解释企业可持续的优势和相互间的差异。该理论从企业内部资源异质性解释企业绩效的差异，这一理论体系形成的最初原因来源于巴尼对社会不公平现象的思考，从1983年到1991年，历时9年的研究，最终奠定资源基础理论的基石。

Barney（1991）认为资源是指企业能够控制或使用的资产、组织过程、企业特质、信息、知识等，是企业为了提升自身的经营效率和经济效益而用来实施或创造战略的基础。Wernerfelt（1984）也认为企业在资源方面的差异是企业获利能力不同的重要原因，也是拥有优势资源的企业能够获取经济租金的原因。作为竞争优势源泉的资源应当具备以下五个条件：①有价值；②稀缺；③不能完全被仿制；④其他资源无法替代；⑤以低于价值的价格为企业所取得，强调了资源的异质性。他认为，各种资源具有多种用途，其中又以货币资金为最。企业的经营决策就是指定各种资源的特定用途，且决策一旦实施就不可还原。因此，在任何一个时点上，企业都会拥有基于先前资源配置基础上进行决策后带来的资源储备，这种资源储备将限制、影响企业下一步的决策，即资源的开发过程倾向降低企业灵活性。农户创业过程中，资源的异质性主要表现为拥有独特的技术、人力资本或者有效的市场网络。例如，农村技术人才创业，主要是依靠拥有的农业种养技术，成长为种养大户；或者大学生创业者，主要是由于和当地创业者相比，拥有高等教育带来的系统性知识。

2. 资源依赖理论

资源依赖理论属于组织理论的重要理论流派，是研究组织变迁活动的一个重要理论，萌芽于20世纪40年代，在70年代以后被广泛应用于组织关系的研究，其与新制度主义理论并列为组织研究中两个重要流派。资源依赖理论关注企业与环境的互动关系，代表人物有杰弗瑞·菲佛（Jeffrey Pfeffer）。20世纪60年代末到70年代初，美国企业面对平权运动的行为存在差异，菲佛正是基于对此的观察，结合当时管理学界广泛关注的环境对组织影响的背景，于1978年与萨拉尼克（Salancik）合作出版了《组织的外部控制》一书，被认为是资源依赖理论的代表作。在此基础上，Burt（1983）将其运用于产业分析，提出"结构自主性"模式来解释共同抉择和企业绩效，认为只要社会网络中的行动者避免依赖其他人，处在相对稀疏的位置并受到处在网络相对拥挤位置行动者的依赖，那么他将会受益。Baker（1990）探讨了企业如何处理与其他企业的资源依赖关系，各企业之间的资源具有极大的差异性，而且不能完全自由流动，任何企业都不可能完全拥有所需要的一切资源，在资源与目标之间总存在着某种战略差距。因此，为了获得这些资源，企业就会同它所处的环境内控制着这些资源的其他组织化的实体之间进行互动，从而导致组织对资源的依赖性。因为这种依赖性，组织会试图支配它们的环境，并计划它们对偶发事件的反应；努力追求亲密的关系；避免对市场的依赖和对技术化机会的依赖。研究表明，企业会主动处理与那些控制着重要资源企业之间的关系。资源依赖理论强调组织本身无法生产自身所需资源，需要从周围环境中获取资源才能实现生存和发展，需要与周围环境相互依存、相互作用才能达到目的。它包括三层含义：组织与周围环境处于相互依存之中。除了服从环境之外，组织可以通过其他选择，调整对环境的依赖程度。环境不应被视为客观现实，对环境的认识通常是一个行为过程。资源依赖理论强调组织权力，把组织视为一个政治行动者，认为组织的策略无不与组织试图获取资源、试图控制其他组织的权力行为有关。资源依赖理论也考虑组织内部因素。

第三节 研究综述

一、创业者社会网络

创业者，是指创建新企业与新组织机构的人。法国经济学家Cantillon（1755）首次将"创业者"引入经济学。随后，法国经济学家Say（1800）首次定义了创业者：创业者是经济活动过程中的代理人，通过将资源从生产率较低的区域转移到生产率较高的区域，进而获得效率增值的群体。社会网络作为社会学研究的主要论题，最初被定义为"以行为主体为核心而展开的社会关系的总称"。社会网络被比喻成一种丰富的用来获取信息和资源的有效工具（Kallinikos，1995），它比单纯靠组织内部和市场获取资源更灵活，因为单纯靠组织内部和市场被认为是大量管理方法的两个极端（Williamson，1985）。随着对社会网络和创业研究的深入，社会网络被引入创业领域中。已有文献从"结构维度、关系维度和认知维度"（Nahapiet and Ghoshal，1998）对创业者的社会网络进行研究。因研究目的的不同，学界关于社会网络的维度划分各异。对于创业农户的社会网络而言，更多是从关系维度和网络结构维度展开研究的。

随着社会网络研究的开展，许多创业领域的学者注意到社会网络的作用，创业者在创业过程中需要做出决策、识别机会及开展创业活动，社会网络带来的市场资源和信息，在很大程度上有助于新创企业的成立和发展。已有文献充分肯定了社会网络对于创业活动的促进作用。一是创业者的社会网络主要体现为工具性功能，通过社会网络，创业者获取必要的资源与信息，以弥补新创企业的资源、信息和经验的不足；二是创业的社会网络和网络活动能够对创业绩效产生积极影响（Hite and Hesterly，2001；Hoang and Antoncic，2003）。Hills等（1997）在研究中指出，社会网络对创业者创建企业尤为重要，往往象征着更大的创业机会识别可能性。由于大多数创业者缺乏创业经验，往往不会拥有过多的创业资源和机会识别能力，这时候，构建社会网络能够帮助其提升机会识别的效率和效果。研究认为，创业者必须不断搜索和识别创业机会，只有这样，才能将创业活动进行下去，在这一过程中，社会网络的作用不容忽视。这是由于，社会网络对于创业者而言是重要的信息传递渠道，也就是说社会网络能够将创业者与创业机会连接起来，提升创业者识别出创业机会的可能性。创业信息、创业资源及创业机会都依赖于创业者所处的社会网络，社会网络能够为创业者提供有价值的创业机会（Shane and Venkataraman，2000）。但也有学者认为，社会网络活动需要大量的时间，并付出一定的经济成本，社会网络和创业绩效间存在的并不是简单的线性关系而是倒"U"形关系（Watson，2007；蒋剑勇和郭红东，2012），当维护或拓展社会网络的成本超过带来的收益时，网络拓展会抑制创业绩效。因此，适度地进行社会网络嵌入、获得社会资本可以使组织更容易获取创业资源和知识，因为社会过度的网络关系嵌入会导致组织产生认知偏差或形成锁定效应，组织的认知偏差会在社会网络关系嵌入过度与创业资源获取之间产生抑制作用（杨震宁等，2013），创业者应当在社会网络中投入适度的精力，因此面临丰富的社会网络"盘丝洞"，创业者应该提升从组织识别资源的能力。

之所以产生这种差异，主要是由于对社会网络的分类存在差异，有的学者将创业者社会网络分为个人网络与商业网络。个人网络是指创业者与亲戚朋友等的私人关系，主要是基于生活日常建构的；商业网络则是指由于从事一定的商业活动，而与顾客、供应商、竞争者、金融机构及政府官员等建立起来的，以组织生存与发展为目的的关系（Ellis，2011）。个人网络与商业网络对市场信息获取与利用的过程具有不同的作用，对于市场信息的获取，商业网络具有更加积极的作用，因为能够获得更多异质性的新鲜信息，但对于获取信息的开发利用，个人网络则具有更加积极的作用，主要是由于信息的开发需要资源支持（李颖等，2018）。

此外，也有学者从过程观察，研究了连续创业者的社会网络（彭华涛，2014），普遍认可连续创业者比首次或缺乏早期创业经历的创业者更能获得成功，连续创业者创办新企业的成功率与社会网络的作用密不可分。也有学者从创业群体的资源禀赋出发，研究草根创业者的社会网络，发现草根创业者的强/弱关系的社会网络对创业机会的识别具有显著促进作用，其中弱关系的社会网络对识别创业机会的影响程度要高于强关系的社会网络（苗莉和何良兴，2015）。结构洞理论方面，罗纳德·伯特提出了两种社会网络连接结构，这两种结构有着对比的差异。第一种社会网络结构表现为任何网络成员两两之间的联系没有被隔断，仅存在着链接，从而整个网络呈现一种封闭式的结构，没有任何"空洞"存在；第二种社会网络结构表现为网络结构中存在着"空洞"，也就是某单个网络个体与其他网络个体之间没有直接联系或者完全没有联系。一些研究结果显示，如果竞争者的社会网络中存在着"空洞"，那么这种类型的竞争者具有更多的关系优势，能够在竞争中获得更多的利润回报（Burt，1992）。

二、社会网络对农户创业的影响

（一）社会网络对农户创业的推进作用

农户创业是农村经济发展的重要支撑力量，对转移农村富余劳动力、促进农业产业升级和增加农民收入等有着重要作用。但与城市创业者相比，农户创业缺乏金融资本和人力资本，但是，中国农村的传统关系使得农户具有良好的社会网络，在一定程度上促进了农户创业。当前对于农户创业的研究主要集中在创业机会识别、创业资源获取与创业企业绩效等方面。

在创业机会识别方面，学界普遍认同创业机会识别的关键在于获取创业机会的信息，而社会网络作为信息来源的载体，在机会识别中扮演着重要的角色（Birley，1985；Shane，2000；高静等，2013；蒋剑勇等，2014）。学界普遍认为对于创业农户而言，规模较大的社会网络可以获得更多的信息，从而提高识别创业机会的概率；强关系的社会网络更有利于创业机会的识别（郭红东和丁高洁，2012；蒋剑勇等，2014），强关系源于长时间、高频率的互动，在这种社会网络中出现的问题更容易得到解决。一方面，知识的传递提高了创业者解决问题的能力；另一方面，时间与精力的投入为各方带来了高程度的互信互惠，信息更透明。相反，有的学者认为弱关系的社会网络更有利于创业机会的识别（苗莉和何良兴，2015），也有学者认为强/弱关系的社会网络对创业机会的识别都起作用，强关系的社会网络由于家庭背景、知识结构和思维模式相近，所传递的信息多为同质性的，少有新鲜信息输入，更有助于复制型的创业机会识别，而弱关系的社会网络能够为创业者提供多样化的异质性信息，更有助于创造型的创业机会识别，从而获得更高的创业价值（高静等，2013）。

从创业资源获取方面，高制度信任环境下社会网络关系只是对正式制度的一种补充；在低制度信任环境下，社会网络关系则具有主导作用，低制度信任环境会对市场进入、企业成长和自由竞争造成障碍。在这种情境下，网络关系成为不完善的正式制度的一种替代（朱秀梅等，2011）。强关系的社会网络有助于创业者获取同质资源，在一定程度上减轻创业者的创业压力，创业者需要强大的社会关系来减少创业成本；而弱关系的社会网络则为创业者带来广泛的异质信息（刘梦超，2018）。农村市场程度不够完善，政府服务缺位、公共服务体系不发达及效率低下的金融体系等，正因为这种低制度信任环境，社会网络在农户创业资源的获取方面才扮演着重要角色。从社会网络角度来研究，学者发现创业农户的网络规模越大，嵌入在网络中的资源就越丰富，创业农户就越能从个人社会网络中获取市场上难以获取的创业所需资源（黄艳等，2016）；创业农户的社会网络关系强度对获取创业资源有着正向影响，但是这种影响不是线性的，而是呈现倒"U"形（Watson，2007）。从资源角度来看，创业农户的资金资源主要来源于社会网络，这里的社会网络概念更多是指创业农户基于农村本底的亲情网络、强关系的社会网络；而管理、信息和技术资源主要来自产业网络，更类似于弱关系的社会网络（庄晋财和芮正云，2014）。

从创业企业绩效方面，社会网络关系强度、关系结构和关系功能均能促进企业提升创业绩效。影响农户创业绩效的因素有很多，内部因素主要包括农民创业者的人格特质和禀赋（Casson and Giusta，2007；郭红东和周慧珺，2013；张益丰和郑秀芝，2014），其中外倾性、情绪稳定和尽责性特质对农户创业绩效具有显著正向影响（罗明忠和陈明，2015），创业农户应该重视创业学习和创业能力的培养（蔡莉等，2014）；外部因素主要为外部创业环境，主要包括制度环境、创业资源等。更进一步，学者认为社会网络对创业农户的创业绩效影响显著（谢雅萍和黄美娇，2016），主要体现在两方面：其一，创业者的社会网络资源越丰富，越有利于其识别更多的创业机会，获取更有价值的客户资源、商业资源、物质资源等创业资源，从而为提高农户创业绩效创造良好条件；其二，创业农户通过社会关系网络，可以更加有效地识别创业机会和创业风险，做出更合理的创业决策，从而提高创业绩效。

（二）农户创业对社会网络的拓展作用

农民创业对其原有社会网络也有一定的影响。农户的社会关系网络规模相对较简单，主要来自日常接触与农忙换工，以亲缘、地缘关系网络为主，而农民的非农就业、创业，扩大了社交范围，随之出现了基于工作、业务建立起来的业缘关系，这种社会关系有别于农村以亲缘和地缘为主的先赋性初级关系，而是一种再构建的次级关系（钟涨宝和陶琴，2010）。因此，除了传统的亲缘、地缘关系，还兼具了与前者性质不同的新构建的业缘关系网络。此外，对于新型农民工而言，从原有的乡村生活脱离，向经济发达的城市转移，因而也会产生社会关系网络的转换问题（刘小童等，2018）。

三、创业者网络能力研究

在创业初期，创业者对创业资源和创业机会的获取都依赖于其社会关系网络，因此，初始社会网络的高效构建、快速发展和管理能力日益成长为创业者获得创业成功的关键因子（任胜钢和舒睿，2014），近年来，越来越多的学者将创业者的社会网络纳入了创业研究，并发现了社会网络独特的解释力。

Hakansson（1987）较早提出网络能力这一概念，他将网络能力定义为某一个体提高其网络综合地位和处理特定网络关系的能力，关于网络能力较为正式规范的研究则始于里特（Ritter）和吉姆登（Gemünden）在2003年所发表的文章，将组织层面的网络能力定义为网络管理任务执行和处理企业关系的人员所需具备网络管理特质的程度，企业利用这种能力可以避免网络关系冲突，发挥网络优势，进而影响企业绩效。国外学者一般会将网络能力视为创业能力的组成部分，而创业能力可以细化为由创业者拥有的，促使创业成功的一系列知识、技能和态度的集合，与其他创业能力不同的是，创业者的网络能力具有动态性特征（Lans et al.，2010）。研究关系网络的学者普遍认同网络能力是企业的一项重要核心竞争力，国内学者对网络能力的界定也极为丰富。徐金发等（2001）指出，网络能力是关于企业发展和管理外部网络关系的能力，其本质是通过寻求和运用网络资源来获得竞争优势；朱秀梅等（2010）将网络能力界定为在网络导向驱动下，利用一定的关系技巧和合作技巧，进行一系列网络构建和网络管理活动的能力。前者主要强调网络能力的工具性作用，后者则聚焦在社会网络本身，强调网络能力对社会网络的改进。

创业者的网络能力是一个多维度的概念（Mitchelmore and Rowley，2013），不同学者对网络能力内涵的认知不尽一致。Walter等（2006）用网络能力这个提法来界定企业利用、开发、维护组织间网络关系从而获得合作伙伴所控制资源的能力。根据他们的观点，网络能力包含协调、关系技能、合作伙伴知识和组织内部沟通等四个维度。国内学者也逐渐开展了对网络能力的相关研究。徐金发等（2001）是国内较早系统研究网络能力的重要学者，他们在对网络能力的本质、构成及相关影响进行一一剖析的基础上，提出企业发展网络能力对于提高竞争优势具有十分重要的意义。邢小强和仝允桓（2006）系统地梳理了网络能力的结构层次，分析了不同层次网络能力的特征并总结了网络能力的各类影响因素。朱秀梅等（2010）认为网络能力是在网络导向驱动下，利用一定的关系技巧和合作技巧，进行一系列网络构建和网络管理活动的能力。陈聪等（2013）以农民工为研究对象，将网络能力划分为网络开发能力和网络经营能力，并以资源获取为中介变量，发现创业农民工的网络开发能力和网络经营能力直接影响他们的创业机会识别和资源获取，能否通过创业网络捕捉机会资源直接影响到农民工新创企业的成长。李伟铭等（2013）借鉴里特和吉姆登设计的量表，结合中国文化背景，将网络能力划分为特定关系任务执行、跨关系任务执行、专业资质和社会资质四个维度，并得出了网络能力是一个复杂的高阶多维度概念，且对新企业的成长性绩效产生正向的积极影响。任胜钢和舒睿（2014）将创业者的网络能力分为三个维度，即网络愿景能力、网络构建能力和网络管理能力，发现创业者网络能力对创业机会的识别和开发具有显著的正向作用。张宝建等（2018）以网络活动资质、网络规划能力和网络运营能力为网络能力构成要素，通过网络结构发挥的中介效应，得出网络能力对创业绩效有着正向的积极影响。

综上，已有研究对创业者网络能力的构建与内涵如表2-9所示。

表2-9 创业者网络能力的构建与内涵

作者	时间	构成维度	维度数目
张宝建等	2018年	网络活动资质、网络规划能力和网络运营能力	3
谢雅萍和黄美娇	2014年	机会能力、承诺能力、构想能力、融资能力和运营能力	5
任胜钢和舒睿	2014年	网络愿景能力、网络构建能力和网络管理能力	3
李伟铭等	2013年	特定关系任务执行、跨关系任务执行、专业资质和社会资质	4
陈聪等	2013年	网络开发能力和网络经营能力	2
朱秀梅等	2010年	网络构建能力、网络管理能力、关系利用能力	3
邢小强和全允桓	2006年	机会能力、网络构建能力、网络开发能力	3
徐金发等	2001年	网络管理能力、社会资源寻求能力	2

基于各位学者对网络能力等分析，结合农户创业的特质，以及在实际调研过程中总结出的农户创业网络能力特征，本书将创业网络能力分为网络建立能力（network building ability）、网络发展能力（network development ability）和网络维护能力（network maintenance ability）三个维度。网络建立能力是指农户创业过程中与合作伙伴、政府等建立良好社会网络的能力；网络发展能力是指农户创业过程中主动拓宽网络规模、延长网络关系、加入其他组织等的能力；网络维护能力是指农户创业过程中保持与伙伴稳定关系的能力。

四、已有研究述评

现有研究中，大量的国内外学者从不同角度对创业者社会网络、社会网络与农户创业之间的关联、创业者网络能力等都有较为深入的探讨，证实了社会网络对农民创业的影响，并通过宏观、微观数据，对两者进行了量化研究。但现有的研究仍存在以下不足：①没有结合当前大众创业的时代背景，忽视了宏观环境的影响；②对于创业者网络能力的概念提取与量化没有统一标准，且不适合农户群体；③现有的研究重点探讨了社会网络对创业的作用，忽视了创业对于社会网络的作用，社会网络与创业之间的影响并不是单向的，而是互相影响的；④现有的研究也没有阐明社会网络与农户创业两者之间的促进机理。正是基于此，本书在中国社会转型的背景下，研究社会网络与农户创业之间的协同作用，以期提升农户创业绩效。

第四节 理论分析框架

梳理创业研究的脉络，创业者特质论在20世纪80年代以前一直是创业研究的主流学派，其基本观点是创业者的成功取决于创业者的特质，甚至是天赋，是没有规律可循的，创业技能有很大的先天成分和随机性，后天无法习得。经过数十年的发展，该理论无法解释大量存在的创业集群。哈佛大学的 Stevenson 等（1987）提出创业是不拘于当前资源对创业机会的追寻，开创了创业研究的新篇章。加特纳更是直接挑战创业者特质理论，在对创业者特质理论批判的基础上研究了创业者行为和活动规律。很快从过程和行为的角度研究创业成为学界共识。柯兹纳提出创业机会的发现是创业的核心问题，谢恩和万卡塔拉曼运用机会来定义创业的概念，认为创业就是创业机会的识别、开发和利用的过程，其中机会识别是创业活动的必要条件，机会的属性决定着价值创造的潜力，认为创业机会其实就是创造了一种潜在的人为经济方式，其中包含了需求方面、供给方面及将供给与需求相匹配的手段。因此，创业机会识别必然成为创业的重要起步阶段。

从创业学的理论方式来解读，机会是通过资源的组合创造出额外的价值增值以满足市场的需求（Schumpeter，1934；Kirzner，1973；Casson，1982）。学界也根据机会来源，将机会分为市场机会和技术机会两大类。市场机会是基于 Kirzner（1997）在关于市场不平衡从而产生创业机遇的研究结果上产生的。技术机会则并不需要在与其他市场主体的交易基础上产生，而只涉及以新的方式来组合资源。

资源基础理论（Brush et al.，2001）认为：成功的创业总是与创业企业从环境中获取资源的能力相关，创业是对于创业者所掌握资源的整合及利用并且产生价值的过程。Alvarez 和 Barney（2005）两位教授在阐释"企业为何存在及企业组织边界的问题中"，认为企业是资源中的组织机制，并且是那种具有"价值性、稀缺性、难以模仿性和不可替代性"特征的资源决定了创业推进。Brush 和 Chaganti（1999）指出，在新企业创建过程中，创业者应不断开发、利用有价值的资源，分离劣质资源，使得资源组合保持一种匹配性以适应产品与市场的变化。

然而，新企业生成是一个社会逐步动态建构的过程，创业者的行动取决于新创业企业所嵌入的网络结构（韩炜等，2013），创业者的创业也进一步推动创业者网络结构的变化。随着创业推进，创业成员之间的关系加强，社会网络成员也会更加信任（李文金，2012），创业者的社会网络规模不断扩大，由此网络的异质性能够促使创业者识别出更新的创业机会，创业者能够继续保持创业企业的良好成长，进而形成创业推进与社会网络演变之间的良性互动。观察创业农户，一般是跳出农门后，获得了更多的信息、掌握了一定的技术，也逐渐积累了资本，正是这些异质性的社会网络促进创业者开启了创业之路。当扎根农村创业时，其获得的第一笔资金多数是来自家庭和亲友的支持，如土地资源和启动资金。随着创业推进，创业者需要的技术、金融和市场体系，多来自创业者合作的企业，以及政府的支持，原来的强关系的社会网络在创业中的作用逐渐弱化。创业者逐渐成为网络结构中的重要节点，并且逐渐具备拓展网络规模、维护网络关系的资本，甚至修剪不再具有创业促进作用的网络节点，以求获得更优化、更具价值的创业网络。基于此，本书初步构建创业者社会网络演进与创业推进之间的关系，如图 2-1 所示。

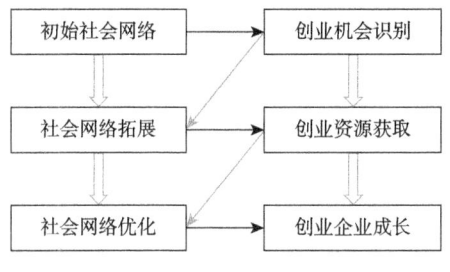

图 2-1　本书分析框架

第三章 社会网络促进农户创业的功能与效用

本章在明晰相关概念、理论模型,总结归纳已有研究,提出本书理论框架的基础上,着重探索社会网络在促进农户创业中的功能与效用。本章首先从社会网络的时代变迁出发,回顾中国农村社会网络的变迁缘由,总结归纳社会网络变迁的宏观背景与微观因素,得出社会网络对农户创业的影响主要体现在创业机会识别、创业资源获取、创业能力提高等方面。其次,从结构维度和关系维度对社会网络进行测量,采用定名法和定位法对社会资本进行测量。最后,从定性角度提出社会网络对农户创业功能的研究假设并通过实证研究验证社会网络对农户创业的效应。

第一节 社会网络的时代变迁

一、中国农村社会网络的变迁

(一)1978年体制改革到20世纪90年代末期的农村社会网络

1. 血缘关系重新受到重视,成为主要社会资本

周晓虹(1998)从礼俗视角对中国传统社会的人际关系进行分析,指出重视和讲究人情是传统中国人尤其是乡亲人际交往的基本法则。王思斌(1996)通过

在华北乡村实地调研发现，家庭生产功能得到有效恢复，是以家庭为主体的生产经营方式带来的，使得家庭关系得到大大增强，从而"催化"了家庭血缘关系的改善，农村家庭关系得到有效强化，结构变化紧密。乡村社会关系是以家庭亲属关系网络结构为基础，以非亲属关系为辅助的动态网络系统，由血缘、姻缘、地缘和业缘多种关系交织而成（王思斌，1996）。王铭铭（2015）通过对南方地区农村社会的考察发现，农村体制改革后宗族、血缘关系重新受到重视和利用，并认为以血缘关系为核心的传统社会关系依然是今后乡村社会生活维系的主体。另外，从改革开放以后乡镇企业的发展来看，出现了亲缘、地缘关系与新的经济关系的融合与重叠（王铭铭，2015）。徐勇（2007）认为20世纪80年代以后，农村社会以家庭经营为基础，农民的分散性和流动性突出，农村新兴精英群体是连接国家与农民，进行有效乡村治理的重要力量。在此阶段，城乡之间人员、资源、技术等要素的频繁流动，深刻影响着农村社区的社会关系网络建构。阎云翔（2012）曾指出，个体日益从外在的社会约束中脱离出来，社会变得更加分化和多元。

2. 姻缘、业缘和拟血缘关系进入原始血缘差序格局关系中

具有同一血缘的兄弟之间，因涉及对父辈财产的继承问题，往往容易产生利益上的纠纷，这就使与女系亲属家庭的广泛合作成为乡村家庭中越来越重要的生产结合形式。姻缘关系进入过去只包含血缘关系的差序格局中，意味着姻缘关系也按与配偶血缘的远近而分出关系的远近，从而确定相互间的社会支持义务（费孝通，1998）。因此，与联姻关系的亲密程度也受到此种血缘关系的远近距离和互惠原则的双重影响。显然，当联姻关系进入当代中国农村社会的差序格局关系之中时，"互惠共生"或者利益主导在决定一方和另一方关系的密切程度中已经起到了非常重要的作用。由于个体家庭对社会支持力量的需求，村民越来越意识到开拓社会支持网络对自身发展的重要意义，因而除了血缘、姻缘等亲缘关系的先赋性关系受到重视外，农民还通过拟似亲缘关系的办法来寻求社会支持力量（费孝通，1998）。多数情况下，乡村社会中拟似家族关系是以农民对社会资源和社会合作的需求为导向形成和发展的，由于在原有的乡村社会关系的差序格局中满足不了农民对资源和合作的要求，农民没有通过寻求建立法律诉求为导向的契约关系，而是通过建立拟似家族关系来获得广泛的资源和合作关系，这充分反映了中国乡村社会关系系统的特点，从本质上看，拟似家族关系是一种"情感+利益诉求"的关系。拟似家族关系建立的最终发展结果是原始的差序格局逐渐向外扩大。它通过同宗关系、干亲属关系、拜把子关系等形式把原有的正式的业缘关系转换成一种非正式的拟似血缘关系，从而融洽地融入原有乡村关系的差序格局范畴。

（二）20世纪90年代末期——现代性的农村社会网络

1. 农民关系网的结构边界趋向模糊

在当代中国乡村社会，村庄的开放和打工经济的兴起，极大地加强了村落与外部社会的联系，移民社区的开放性也有力地推动了农民村外关系网络的扩张。农民人情往来的范围开始跨出村庄，往来对象愈加复杂，村民对村庄的边界感日趋减弱，农民关系网的结构边界也随之日趋模糊。村民以人情为纽带连接起来的人际关系网日渐呈现出以自身为中心，向四周建立关系的辐射格局的样态，在这种格局中，整个村子变成了以个体为中心拓展的人情圈的联合体，把众多人情圈整合起来的完整的关系链条渐趋消失。同时，地缘村落的个体本位特征日趋明显，社会关系的建立越来越基于个体的能动性，村落不再能够形成对个体的统合能力，且日益呈现出原子化的组织样态。当前农村人情所代表的传统功能已经逐步发生异化，在这种情况下，为了维护家庭利益的最大化，村民在进行人情交往时也自动挖掘出相对的策略，同时，根据自己在乡村社会的熟人关系不断重构着人情交往的规则，来保证乡村社会关系能够正常运转。随着市场经济的深入发展，礼尚往来从熟人社会的血缘、地缘的人情关系走向了生人社会的契约关系。

2. 农村人际关系网络逐步扩大，业缘、情缘关系的重要性逐渐突出

20世纪90年代以前，村民人情关系的范围仅限于亲戚、朋友或者同村的邻居之间。90年代后，随着社会交往范围的不断扩大，村民的人情关系范围也不再局限于本族本村的内部人员，而逐渐扩大到同事、客户、同乡等的层次上。村民在建立人情关系的同时不再只考虑本族内部血缘的约束，还会根据个人的利益而有所变通。随着城乡二元体制逐渐被打破，农民的业缘、地缘、趣缘关系得以迅速发展，人情往来的重心也逐渐由同质性较强的血缘关系圈向异质性较强的业缘、地缘关系转移。尽管人际交往中的血缘、宗亲关系的痕迹随处可见，但在实际生活中，它的主导作用在日渐削弱，特别是在开放的市场经济条件下，大多数农民，特别是中青年农民，向往乡村以外的生活，传统的农业体力劳动逐渐被外界多种其他的职业取代，在脱离传统乡村社会去城镇务工就业的过程中，村民依靠亲戚、朋友、邻居和同事，逐步拓展他们的交往范围，进而扩大了生活圈和发展圈。以外出务工的农民工为例，他们结识的新关系主体主要是同龄的职业情缘群体，他们往往具有共同情感认识和职业工作联系。职业工作群体是农民外出劳动时与职业相关的人建立联系产生的，而情感认知关系则是由于感情因素而产生的情感人际交流。不过这种亲缘关系的弱化在普通村民的关系网中并不明显，在村干部及其他村庄精英关系网中，血缘关系弱化明显，而业缘、趣缘的社会网络关系紧密

(刘祖云，1986)。简言之，各群体村民人际关系的异质性皆有越来越强的趋势，在一定程度上表明村民越来越愿意接受并采取现代的人情往来模式。

3. 经济利益交换日趋明显，农村社会关系越来越"理性化"

随着时代变迁，在传统性因素和现代性因素的双重冲击下，农村人情消费的"情感性"动机逐渐弱化而"功利性"动机日趋上升，农村人情消费开始呈现出一种"关系化、理性化"的倾向。随着社会发展和市场经济发展对农村社会越来越重要，农民之间的经济意识逐渐强化，带有功利色彩的一些因素渗入传统的农民关系网中，致使农村人际关系出现了前所未有的复杂性与多变性，农民行动背后的情感支持越趋减弱，代之以工具理性。人情形式和功能的变迁折射出的农民关系网的内部弱连接及村民选择性的建构关系和计算性的交往策略导致的人际关系建构的理性特征，皆体现出当地农村的人情性交往正在被人际利益性交往代替，即村民之间的人情往来正在经历表达性人情向工具性人情的转变，农民社会网络范围不断扩大，农民之间原本建立在血缘、亲缘基础上的人情往来，逐渐向地缘、业缘的方向发展。人情往来成为建立良好人际关系的必需品。从一定程度上来说，对于处在社会底层、属于社会弱势群体的农民来说，没有权力也无资源，必须通过人情往来，才能求得保护和得到方便。在这种情况下，人情不再只是情感的表达，而是一种物化的方式，为的是帮助农民拓展自己的人际关系网，以此来获得更多的社会资源，达到自身的目的，传统的农村文化模式已经遭到了破坏。农村人际关系逐渐具有理论逻辑性，这在一定程度上会造成人际关系的僵化（韩庆龄，2013）。在某种程度上，村民自发地觉察到现代生活给他们带来的改变。

4. 文字契约等现代人际交往推进农村社会网络趋于理性

农耕文明起源的国家多是一个熟人基础建构的社会体系。传统中国乡村社会是一个"熟人关系社会"，村社边界清晰，村民之间的日常人际交往范围主要聚焦在"熟人关系社会"的范畴，交往双方建立在充分信任的基础上，人际交换中的约束则主要是"凭良心、讲道德"和社会制度制约，即我们常说的"心理契约精神"（魏峰等，2005）。随着传统社会向现代社会的快速转型发展，中国乡村社会也逐渐转变为"半熟人关系社会"，良心和道德的制约在某种意义上已经不能完全保证权利、义务的履行。于是有法律践行效应的文字契约便逐渐在村民人际交往中出现，并发挥着重要的作用。"理性化的契约人际关系是商品经济的产物，是商品经济条件下人与人之间的关系和往来根本的出发点"（李清凌，1990）。理性化的契约关系逐渐冲破传统社会人际关系的伦理范畴，使理性因素、利益性因素在农村人际交往中的作用越来越重要，而情感因素的作用却不断弱化。农民关系网的性质呈现出利益排挤情感、情感让位理性的嬗变倾向。

二、社会网络变迁的宏观背景与微观因素

目前，我国农村社会关系网络表现出上述特征及变化趋势，背后有其相应的社会、经济、文化等各方面的原因，究竟何种原因会导致现代中国乡村社会关系的变迁呢？笔者认为主要有如下几个方面。

（一）经济因素

经济因素是人际关系发展和转变的最重要原因。人际关系是以社会经济发展为前提和制约的。在开放竞争的市场经济环境中，经济利益成为人们交往的重要目的，人与人之间的交往与物质利益息息相关。在这种开放的市场经济发展中，人们必然将市场的规则融入社会生活交往的规则中，因此人际关系与经济利益表现出越来越密切的联系，人际交往规则也变得越来越逻辑化、理性化，甚至一些人认为人际关系就是纯粹的物质交换关系、金钱利益关系，人与人之间的感情、友谊都发生了实质的变化。从当前乡村发展的现实来看，伴随着中国乡村社会的转型和农业农村的现代化进程，农村亲属关系的紧密程度有所减弱，经济利益逐渐成为联系亲属家庭关系的重要连接之一。经济上的互利和经济利益上的矛盾都对亲属家庭之间的关系产生着直接的影响。而且我国社会的流动在加速，区域间农村人口流动越来越快，这使得部分农民自主选择脱离传统社会的束缚和压力，同时开放的市场经济迫使他们理性地选择利益进行人际关系的建立，因此，农民会以理性思考为理性基础自主选择建立人际关系，这种关系与经济利益有着直接的联系，表现出越来越理性化的特点。这种理性化的关系对农村人际关系的变迁产生了直接的影响（晋洪涛，2015）。

（二）传统文化

中国传统文化以儒家文化为主导，儒家伦理思想对乡村社会村民思想变化有着深刻的影响。儒家伦理认为"伦"是处理人际关系的有力武器，因此它把传统社会中复杂的人际关系归结为亲属关系，儒家经典理论认为社会的基本关系包括夫妇关系、父子关系、兄弟关系、君臣关系和朋友关系，把没有亲属关系的朋友、君臣关系加以拟亲属化，并产生了相应的尊卑、贵贱和老幼的区别。因此，传统社会所形成的人际关系"是家庭、家族、亲缘关系和血缘关系凝固的结果"。费孝通（1998）用石子落入水中泛起的波纹形容中国农村社会结构，以"我"为中心，随着波纹扩散关系逐渐变得疏远，并且这一论述被凝练为"差序格局"。在传统的

乡村社会的差序格局中，社会关系是在人与人交往中产生的，是私人关系的增长和累加，社会交往是私人关系网络的不断更新和累加构成的。而且儒家伦理的核心"仁"强调"亲亲"，认为如果没有做到"亲亲"，整个传统社会的伦理和人际关系的基石将会动摇以至破坏，可见其对传统社会的作用和影响（袁晓劲和郭斯萍，2017）。即便在当今快速变化的农村社会，"亲亲"原则对农村的人际关系依然起着主导作用。在以亲缘关系为主的农村社会里，"亲亲"原则合理化家属相互照顾的关系，并视为合乎人情伦理，形成了各种形式的个人依附关系，进而这些关系的总和形塑着人们交往的网络结构，这种自发的依附关系对农村人际关系的建立有一定的积极影响，进而对农户的社会网络也具有积极影响（杨玉宏，2013）。

（三）政治生活

家族性质、等级阶级、封闭传统是中国传统乡村社会权力结构的主要特征，基于血缘关系演变的家族权力在传统农村社会权力结构中居于主导地位（韩海浪，2001）。改革开放后，家族的概念不断离心化发展，自1982年以来，村民委员会开始履行农村社会生活管理的职责，家族权威性质的乡村权力结构逐步丧失效力。1998年我国颁布了《中华人民共和国村民委员会组织法》，明确规定村民委员会的性质："村民委员会是村民自我管理、自我教育、自我服务的基层群众性自治组织，实行民主选举、民主决策、民主管理、民主监督。"在传统的乡村社会，宗族组织的存在对于村庄矛盾的化解效果好、成本低。但是，随着农村政治经济体制改革的试行，宗族族人调解矛盾已不是主要的途径，自上而下的国家司法体系成熟地渗透到乡村的每个角落。作为权力机构的乡镇政府和村民委员会不能及时消除人际关系中的消极因素，有时甚至成为其破坏因素。例如，乡村干部复杂化的交往关系和熟人效应等都不同程度地影响着农村社会网络关系的变迁。

第二节 社会网络影响农户创业的机理

一、社会网络对农户创业的影响

社会网络作为创业者情感及资本、信息、技术等创业要素获取的重要来源，对农户创业的影响极为重要，主要体现在以下几点：①有效识别创业机会。社会网络是获取信息的关键路径，是创业者识别创业机会的重要渠道，通过社会网络能降低信息获取成本，有利于搜集到特定信息（Burt，1992）。网络规模与创业机会识别数量正相关（Hills et al.，1997），弱关系的社会网络能够提供更多异质性信息，有利于发现创新性机会（Granovetter，1973；张玉利等，2008）。中国情境下，边燕杰和丘海雄（2000）研究发现强关系的社会网络更有利于网络成员分享非公开信息，从而获得更多创业机会。②创业资源获取。通过网络获取资源能够降低交易成本，对创业者而言，构建和优化社会网络是获得所缺资源的最佳途径（Williamson，1985）。尤其是在初创业阶段，利用社会网络是获取资源的最佳选择，如对创业融资（Timmons and Spinelli，1994）。强联系能够提高信任和减少不道德行为，便于共享资源（Uzzi，1996），创业者与资源拥有者的直接联系越强，获取资源越充裕。③创新能力提高。社会网络是提高组织学习和创新效率的重要机制和手段，社会网络的信任、资源共享等特征有利于成员的密集性交流及创新。弱关系、网络密度高、闭合性好、中心性位置、嵌入的网络规模有利于创新的实现（Hansen，1999）。社会资本是市场经济下正式制度的补充，是对市场缺陷的弥补。社会资本的资本属性帮助农户获取资源，优化农户创业表现，其制度属性则具有行为约束功能，通过激励诱导机制激发农户创业意愿、增强创业努力程度，提高创业绩效。社会网络、信任及规范同属于社会资本的范畴，是社会资本的重要维度，为创业农户提供经验信息、物质资本及情感支持。社会网络引致的农户创业有助于提高农户收入水平、缩小城乡差距。社会网络对农村家庭创业具有正向影响。创业活动不仅仅取决于外部环境，还往往取决于自身的社会网络。在创业过程中，家庭往往很难直接获取创业所必需的物质资本、人力资本及相关信息，特别在正式制度不够完善的农村地区，非正式制度在其中起着较为关键的作用。

二、农户创业过程中的社会网络应用

社会网络中的信任机制是其发挥作用的基础。在中国农村"差序格局"的文化背景下，往往提供资源和支持的网络成员都具有强关系性质（金耀基，1993）。主要因农户的弱连带是在外部积累的，返乡创业后容易断裂（朱明芬，2010）。但黄洁和买忆媛（2011）的研究表明本地强关系对资源提供有优势，弱关系对信息提供有优势。机会识别过程，创业农户的初始禀赋资源的强关系数量越多，越有可能有效识别创业机会；反之越有可能导致"机会创造"。强关系的社会网络规模大，有正在创业的亲友和在相关部门任职的亲友多，将更容易识别出创业机会（郭红东和丁高洁，2012）；另外，感知的强关系支持能增强农户创业信心，提升他们的创业意向（蒋剑勇和郭红东，2012），社会资本水平高能降低其受到的创业资金约束（郝朝艳等，2012）。

三、社会网络的构建、优化及网络能力提高

资源限制、机会与选择是创业者社会网络形成与发展的三大驱动力，社会网络构建往往是在试错中形成的（彭华涛，2006）。创业网络的构建模型主要包括：Larson 和 Starr（1993）基于交易理论的三阶段模型；Slotte-Kock 和 Coviello（2010）基于生命周期观与演化观构建的创业过程与社会网络共生模型。Hakansson（1987）提出网络能力是企业提高其综合地位和处理特定网络关系的能力。Ritter（1999）构建了跨关系的网络能力模型。徐金发等（2001）提出网络能力是关于企业发展和管理外部网络关系的能力。其具有知识性、能动性、动态性与多样性特征（朱秀梅等，2010），知识存量、资源投入、网络位置等影响其网络能力（邢小强和全允桓，2006）。

第三节 创业农户的社会网络特征描述

在本章第一节我们分析了社会网络、关系、社会资本的相关概念。对于社会网络的测量，我们将从社会网络的结构维度和关系维度进行阐述。

一、社会网络的测量

当前社会网络的研究主要从结构角度和关系角度进行，故社会网络的测量也分为结构维度和关系维度的测量。

1. 结构维度

结构维度的测量主要包括网络规模测度、网络密度测度、网络中心度测度、网络异质性测度、网顶测度、网差测度等。网络规模是指创业者构建的社会网络包含的节点数，也即创业者拥有多少社会网络成员；网络密度是指测量自我中心网络中 N 个客体之间相互联络的程度；网络中心度是指个人在其他行为人

当中较为明显的可见性，广泛的测量标准包括程度、亲密性和中间性；网络异质性是指企业拥有某种资源的多样性；网顶是指社会网络结构中拥有价值最高的网络成员；网差是指社会网络成员中拥有价值最高与最低之间的差额。在本书中，网络结构维度主要采取网络规模、网顶和网差三个变量来进行社会网络结构的测量。

（1）网络规模，即创业农户亲属的人数、亲密朋友的人数、其他人的人数。

（2）网顶（网络可达度），即网络拓扑结构中最有价值的资源集合。我们将其可视化为网络结构中所涵括的处在最高社会地位的职业属性。测度职业的社会地位这一属性，我们采用 Ganzeboom 等（1992）的国际社会经济地位指数"（international socio-economic index，ISEI）指标。网顶即网络拓扑结构中所涵括的最大 ISEI 值。

（3）网差，即网络拓扑结构的网顶和网底之间的距离差额，也就是网络中 ISEI 的最大值和最小值之间的差额，网差值=网顶值-网底值。

2. 关系维度

关系是指人与人、组织与组织在交流和接触过程中实际产生的一种纽带联系，关系按照强度划分可以分为强联系和弱联系。Granovetter（1973）提出关系强度可以从互动频率、感情力量、亲密程度和互惠互换四个角度来测量；Krackhardt 和 Streibl（1989）提出可以通过咨询网络和情感网络来衡量关系维度。边燕杰根据中国的国情，提出了亲（密）、熟（悉）、信（任）三个维度来测量关系维度。本书研究农户创业，借鉴边燕杰的专业测量体系，也采用"亲、熟、信"三个指标进行创业农户社会网络关系的测量，采取五点量表测量。

二、社会资本的测量方法

社会资本的概念相对比较宽泛，研究者普遍认为社会资本存在宏观社会资本和微观社会资本的区别。本书主要研究个体社会资本，强调个体社会关系网络中所拥有的社会资源（林南，2005）。在个体社会资本的测量中，有定名法和定位法两种形式。

定名法通过回忆被访者经历并记录，被访者说出一系列通过某种网络进行联系的人的姓名，回忆网络拓扑结构中的个人特征，包括年龄、性别、职业、家庭等，并进一步说明这些网络成员之间的人际交往情况，以此来测量网络中的资源。定名法收集的数据较为系统全面，能够反映出社会网络的结构属性和特征属性，但存在一定的负面限制，一方面，由于定名法一般会缩减被访者人数，容易出现不全面地偏重强关系；另一方面，定名法需要被访者详细回忆每一个网络成员的情况，比较复杂，在实践中可操作性不高。

定位法主要探究网络拓扑结构中的资源，首先，选取社会中具备显著属性特征的网络结构位置，如职业习惯、工作部门等；其次，要求被访者回答在每一个具体位置上是否拥有自身的网络成员。相较于定名法，定位法规避了偏重强/弱关系的缺点，在现实世界中更加容易实现，更适合运用于测量网络社会资本中。本书主要采用定位法来测量创业农户的个体社会资本。

林南（2005）指出社会资本的内容包括行动者使用社会关系的财富、权力和声望三种社会资源。在测量个体社会资本中，研究者普遍接受和采用定位法测量中的职业声望测量（边燕杰，2004）。因为在研究者看来，声望能够很好地代表社会资源，Lenski（1988）指出声望不代表一切，在某种程度上是权力和特权的一个效用函数，至少在那些有剩余产品价值的社会中是这样。Treiman（1976）也指出声望高的职业是技术水平高的职业，是可以对别的个体进行控制和指导的职业。声望在一定程度上能够代表权力和特权，因此可以通过职业声望来测量个体社会资本的多少。

职业声望是人们对于各种职业所做的主观评价，当前职业声望的测量方式主要有两种：一是通过对各职业的收入和教育水平进行加权平均，以此评估其职业声望得分（Blau and Duncan，1965）；二是列出一些职业，让被调查者按照好坏或者高低程度进行等级排列，研究人员再对这些等级排列进行相应的赋值，并计算出每个职业的声望得分（Grasmick，1976）。

本书结合农户创业的特征，主要采取的是第二种方式，即以对职业地位的大众评价为基础的声望测量。其主要包括四个步骤：一是通过专家讨论，结合已有文献，选取与农户创业相关的12种职业，包括经济学家、投资人、企业家、高校老师、政府要员、公务员、律师、技术人员、警察、媒体人员、销售人员和电商；二是对200名创业农户进行调研，由被调研者结合自身创业经历，对这12种职业经济地位、政治影响力和社会声望进行赋值，并通过加权得到各职业的综合职业值；三是通过定位信息表，主要测量创业农户对从事12种职业的人是否认识、认识人数、认识年份、关系（包括家庭成员、亲属、朋友、政府官员、社会组织和企业合作伙伴）、性别、关系机制（主要包括亲密程度、熟悉程度和信任程度，赋值1~3）；四是结合第二步和第三步，通过加权计算得出创业者的个体社会资本。

三、创业农户的社会网络基本特征

本章统计描述使用的数据来自课题组于2016年7~12月所做的问卷调查，创业农户样本共 326 个。如表 3-1 所示，创业农户的社会网络规模最大值为 12、最小值为 0、平均值为 5；网顶，我们采用的是社会声望值，最大值为 87.310、最小值为 59.540、平均值为 75.665；网差代表创业者所在的社会网络声望值最高职业与最低职业之差，最大值为 27.77、最小值为 0、平均值为 17.21。关系维度采用亲密性、熟悉性和信任度来测量，主要采取 1~5 分值，其中亲密性最大值为 4.226，最小值为 1，平均值为 3.229；熟悉性最大值为 5，最小值为 1，平均值为 3.933；信任度最大值为 5，最小值为 1，平均值为 2.552。

表 3-1　创业农户的社会网络特征

网络特征		最大值	最小值	平均值	方差	标准差
结构维度	网络规模	12	0	5	8.02	2.82
	网顶	87.310	59.540	75.665	271.00	16.47
	网差	27.77	0	17.21	10.04	3.17
关系维度	亲密性	4.226	1	3.229	130.67	4.43
	熟悉性	5.000	1	3.933	267.98	5.37
	信任度	5.000	1	2.552	210.31	6.50

第四节　社会网络对农户创业的功能

创业者植根于社会网络之中，因此社会网络在创业过程中发挥着关键作用。创业农户是基于主体差异的一类具体创业对象，因此，社会网络与创业的一般理论也必然适用于创业农户。首先，从创业机会的理论视角出发，将创业过程区分为"机会识别、资源获取和创业成长"。社会网络对创业的影响主要表现为三重逻辑。

一是社会网络对创业机会识别的影响。机会识别是创业活动的起点。信息作为机会识别的核心资源，通过创业者的个人网络获取是最佳也是必然的选择。奥地利学派提出创业机会发现是与信息的搜索行为密切相关的，并指出个体拥有的信息决定其识别到的创业机会。Fiet（1996）认为拥有特定信息对评价一个商业创意起到决定性作用。Shane 和 Venkataraman（2000）特别强调了信息在机会识别中的重要性。可以说信息是机会识别的一个诱因。通过建立并改善一系列知识结构，创业者将意图扩展并转换成一个可行的新产品或新工艺（Schumpeter，1934）。基于这个理论，得到与产业相关的信息将有助于创业者升级他们的知识，察觉到新的可能性，并识别到更多的创业机会。从社会上分析，社会关系网络是信息流动的通道，是人与人之间通过互动关系而形成的一种社会网状结构，为人与人之间的自由、充分沟通提供了一个稳定的平台，因此社会网络是获取创业机会信息的重要渠道，是创业者识别机会的重要途径（Singh，2001）。而且，通过社会网络获取信息降低了人们的搜索成本，某些人能够搜集到特定的信息（Burt，1992）。因此，社会网络对创业者的机会识别具有重要影响。Hills 等（1997）的调查表明，创业者获取创业机会的信息73%来源于创业者以往的工作经验，51.9%是从工作伙伴、朋友和亲戚等社会资源中获得的。创业者基于情感上相互信任、相互支持建立的强关系的社会网络具有很高的凝聚力和忠诚度，能够使创业者以最低的成本获取高质量的信息，同时成员间的频繁交流不断提高对信息的鉴别能力，从而加速识别创业机会的过程（王倩，2011）。

二是社会网络对创业资源获取的影响。创业类型与创业者决策都与资源获取密切相关，创业者主要从内部和外部两种渠道获取人力、资金、信息等资源（Ireland et al.，2003；庄晋财等，2015）。外部渠道主要依赖个人社会网络，其主要包括创业者直接联系人员（家庭成员、朋友、熟人），成员间是一种较强的网络关系（李颖等，2018）。创业者资源获取的网络方式是依赖组合网络关系获取外部环境的资源（周冬梅，2011）。经济学中，网络是一种组织与市场间交换资源的方式，资源在有机系统中获取和交换（Sexton and Bowman-Upton，1990），因此依赖社会网络的资源获取可有效降低信息成本，同时，与传统市场交易相比，网络关系紧密性能有效降低交易费用。此外，创业者通过社会网络获得了更多资源融合的机会，并且可选择网络成员，优化社会网络结构，发挥资源整合优势（周冬梅，2011）。创业者社会网络是其获取所需资源的重要途径（宋晶和陈劲，2019）。内部渠道主要依赖创业者个体资源，但创业者资源有限，创业时期主要是由个人社会网络提供其所需资源（王庆喜和宝贡敏，2007）。在社会网络关系维度里，对于初创期企业，强关系比弱关系提供的资源更丰富且成本更低（朱秀梅和费宇鹏，2010），因而强关系的社会网络成为资源获取的主要途径，但在企业获得成长性之后，主要是以弱关系的社会网络获取异质性资源（Hite and Hesterly，2001）。

三是社会网络对创业成长的影响。前部分社会网络理论为理解创业成长与资源获取之间的关系奠定了基础，创业企业成长需要不断去获取资源，而维系创业企业生存和发展的社会网络正是资源的提供者。尤其是中小企业前期成长大都受限于资源匮乏，其所处的社会网络对其创业成长和资源获取有重要的决定意义。Hansen（1995）从创业团队成员来自创业者个人网络的数量、创业者网络规模和网络交流频率三个方面进行研究，发现来自创业者个人网络的创业团队成员、创业家网络密度与创业成功之间呈正相关关系。Brüderl 和 Preisendorfer（1998）提出，对创业者社会网络的支持对新建企业的生存和成长起到推动作用，其中强关系比弱关系更为重要。鲁兴启（2009）基于社会网络的视角研究了科技创业成长，指出社会网络是科技创业者借以识别和利用创业机会的重要资源，而资源的拥有状况和联系的紧密程度直接或间接影响创业企业初期的决策及企业的成长。结合理论分析和已有研究，对创业企业来说，社会网络的密度、强度和规模与创业企业成长息息相关，从某种程度上可见，创业就是网络行为，即如何利用创业者自身积累的或者是借用的社会网络。

根据社会网络的测量方法，这里也将社会网络区分为关系维度和结构维度。衡量关系维度的变量又可细分为熟悉程度、信任程度和亲密程度；衡量结构维度的变量又可细分为网络规模、网络位置和网络密度。由此得到基本分析框架，如图 3-1 所示。

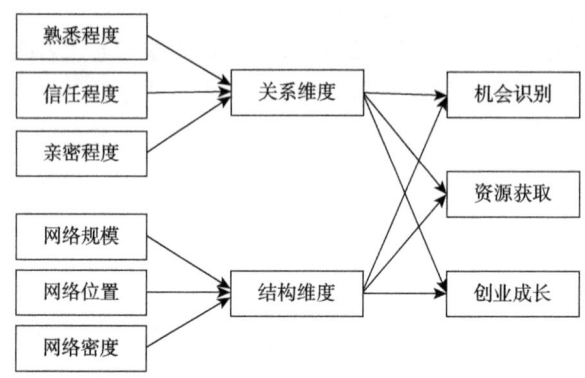

图 3-1　社会网络关系嵌入对农户创业影响的结构

一、社会网络与农户创业机会识别

社会网络作为资源获取的重要渠道，信息是创业机会的主要载体，通过社会网络获取信息对机会识别至关重要。已有研究主要集中于挖掘关系强度、网络规模、网络密度、网顶位置等个体网络结构特征与创业机会发现可能性之间的因果关系（Hills et al., 1997）。

Granovetter（1973）的弱关系理论，指出弱关系因其规模和成本优势能够带给创业者更多有用的信息，具体含义是指能够带来大量、不重复的信息和资源的是那些联系不是很紧密、进出不是很频繁的弱关系。与强关系相比，建立和维持弱关系需要的时间和精力少，个体嵌入的弱关系的社会网络规模会比较大，大的社会网络较之小的网络包含有更多的提供信息的能力（Granovetter, 1973; Burt, 1982; 林南, 2005），有助于接触到丰富多样的信息（张玉利等, 2004），故创业者能够获得数量较多的信息。对于创业农户而言，多数具备非农就业的机会，在非农领域中，他们的工作变换比较频繁，也建立了一定的城市朋友圈，故弱连带的关系增加，网络规模也随着工作流动不断变化，同时，目前多数人都拥有自媒体的微信和朋友圈，即使工作和生活变动，仍然保持联系，故创业农户的社会网络规模会在这一虚拟空间上不断扩大，由此带来的信息总量会不断增加，创业农户接触到的异质性信息和信息总量呈扩大趋势，社会网络规模有助于创业农户识别出创业机会。

与 Granovetter 的弱关系理论不一致的是，边燕杰和丘海雄（2000）认为基于中国文化背景下，人们更愿意在强连带之间分享信息。Krackhardt（1992）认为强连带能够解决交易双方的疑惑，从而有助于形成信任和互惠，在此基础上，有助于传递复杂性信息（Hansen，1999），提高所传递信息的质量（Coleman，1990）。Singh（2001）指出强连带关系能够在网络成员间建立起信任及情感关系，人们乐于享受这种关系带来的物质便利和精神寄托，因此更愿意花时间来提供信息或建议。Shane 等（2003）提出由亲密的朋友和同事构成的强关系可以提供令人信任的信息，从而增大识别机会的可能性。另外，创业者所嵌入的网络资源也影响其获得信息的质量，因为"金字塔"式的信息和资源分布状态决定了少数人占据着较高的社会地位而掌握着较多的社会资源，因此创业者获得信息和资源的价值取决于其网络联系人在社会经济系统中的位置（林南，2005）。

在中国情境集体主义文化背景下，一般信任度或者社会信任度是较低的，只有群体内的，也就是强关系的信任度才较高。对于中国集体主义传统的乡村情境，创业农户的产业植根于农村，"模仿型"创业、"裙带型"创业模式较为常见，这些优质的创业信息主要是在参与亲朋或家族之间的创业活动中获得的，故强关系的社会网络对农户创业机会识别具有正向影响作用。因此，我们提出以下假设。

H_{3-1}：创业农户的社会网络关系强度（强关系的社会网络和网顶高度）对创业机会识别有正向影响。

H_{3-2}：创业农户的社会网络规模对创业机会识别有正向影响。

Burt（1992）认为创业者的嵌入网络的密度特征决定其获取信息的质量，低密度的网络中创业者一旦在网络中占据了"桥梁"位置，就能具有更强的信心和资源社区优势。与伯特观点不同，Coleman（1990）认为所嵌入网络的密度越高，越容易获取私密性的、有价值的信息。实证研究证明了紧密型网络成员之间彼此戒心和投机心理较弱，有助于他们之间深度沟通和学习。Shane 等（2003）提出由亲密的朋友和同事构成的强关系可以提供令人信任的信息，从而增强识别机会的可能性。

在中国乡村，网络位置的优劣通常与个体的社会地位、财富、声望、职位信息息相关。对于中国农户而言，网络密度高的成员分享的信息多是质量更高的信息。虽然当前城乡人口的流动带来农村社会结构更为松散，但由于以互联网为主导的自媒体的存在，人们的通信成本极低，如果遇到好的信息、国家的优惠政策等，农民仍会主动在自己的亲友之间分享。以云阳县大果水晶梨专业合作社的创业者杨先生为例，虽然他的创业意愿来自一次偶然的游玩，但从创业意愿到创业机会形成，他得到的有用信息仍然来自自己的爷爷，其爷爷具有农学知识，又从事果树种植多年，具有丰富的经验，因此从专业的角度帮助他提升识别创业机会的质量。因此，我们提出以下假设。

H_{3-3}：个体创业农户的网络位置对创业机会识别有正向影响。

H_{3-4}：创业农户的网络密度对创业机会识别有正面影响。

二、社会网络与农户创业资源获取

社会网络被视为创业者获取资源的重要渠道（Greve and Salaff，2003；Casson and Giusta，2007），创业通过社会网络可以获取四类创业资源的支持，即财务资源（Casson and Giusta，2007）、指挥、信息、感情支持和连接介绍（Aldrich，1999）。Hansen（1999）研究发现个体创业者通过社会网络获取组织所必需的组织信息和外部资源。众多学者指出，社会网络有助于个体创业者获取更多的创业融资（Uzzi，1997；Shane and Stuart，2002）。研究发现，社会网络规模大小、关系强度大小、网络密度值等与合作资源、信息资源的获取有着重要的联系（Hansen，1995；Greve and Salaff，2003；Hoang and Antoncic，2003；Elfring and Hulsink，2003；Casson and Giusta，2007）。

西方研究者一般认为弱关系可以使创业个体积极地从多样化数据集中获得信息和资源，并且弱关系的社会网络成员由于之间存在着较多差异，弱关系的社会网络可以改善传递资源和信息的质量，但可能会带来较大的网络搜寻边际成本，且需要承担过多的资本风险。在中国集体主义文化背景下，强关系的社会网络受到更多学者的广泛关注。已有研究表明，在集体主义文化背景下，强关系的社会网络的信任度较高。创业是一项高风险、高收益的活动，社会资本家考虑到资金回收的风险，往往不情愿为个体创业者提供过多的资源，因此，个体创业者通过强关系的社会网络才能获取创业过程中所需的资源和信息。

在创业过程的社会网络中，强关系的社会网络成员对彼此具有更多的了解，网络拓扑中成员内部的信任有助于创业资源的有效获取，并且支持个体创业者从个体利益向商业利益积极转变，在这个观点上较弱关系的社会网络具有不可比拟的优势。过度的强关系的社会网络会使个体与集体网络中的频繁互动所增加的资源与信息趋于同样化，从而变成多余的资源。随着个体创业活动的向前推进，强关系的社会网络会使创业资源的搜寻成本增加，资金约束明显，资源浪费现象严重。综合来看，强/弱关系的社会网络在资源的搜寻过程中有各自的优缺点，强关系和弱关系的社会网络的强度大小会给获取资源的大小带来不同层面的影响，在强/弱关系的社会网络基础上对创业资源获取方面的作用差异明显，实践中的创业资源获取是强关系的社会网络和弱关系的社会网络的综合结果。中国农村地区仍相对保持了中国传统的集体主义文化特征，人们更愿意相信家人、亲属、朋友，而非弱关系。因此，建立在情感和信任基础上的强关系有助于创业农户获取创业所需的各种资源。因此，我们提出以下假设。

H_{3-5}：创业农户的社会网络强度对创业资源获取有正向影响。

Greve 和 Salaff（2003）认为网络规模会影响个体创业者获取创业过程中的信息、知识和资源，如客户信息、创业管理知识等。对于中国农户而言，拥有的社会网络规模越大，能够触摸到的资源越丰富。一方面，农户拥有乡村网络带来的独特资源，高静等（2013）的研究发现，土地、资金等创业资源多是来自创业农户的家乡支持。另一方面，在城乡融合的进程中，农户也拥有了更多的非农性社会网络，故来自城市领域的市场、信息也促进了农户创业进展。调研发现，很多农村地区的果农，想提高产品的销量，会联系在城市工作的亲朋好友通过媒体网络进行销售。因此，创业农户拥有的社会网络规模越大，能够获得的创业资源越多。

因此，我们提出以下假设。

H_{3-6}：创业农户的网络规模对创业资源获取有正向影响。

网络位置是指个体在社会网络中所处的位置，它描述了主体获得资源的可接近性。创业农户通过撬动社会网络中的关系资源来获取有价值的创业资源，社会网络更广的农户有更多的民间借贷渠道，高的网络位置表明创业者拥有获取有价值资源的机会。基于社会资源理论，创业农户的社会网络位置呈现金字塔的层级形状，占据最高网络位置的人数最少，但他们在网络结构中的视野最开阔，最容易获得有价值的资源。然而，从另外一个角度来说，对于有价值资源的控制降低了主体跨越网络的欲望，因为对于网络位置高的创业者，不论他们的网络能力如何，他们都能从自己的社会地位和声誉中获得对关键资源的控制权。另外，处于较高网络位置的人通常充当着信息接收者的角色。这种特殊的网络位置使得他们占据着大量的结构洞，因此网络中的其他合作者愿意向这些人寻求帮助，同时作为回报，处于较高网络位置的人也会获得很多高质量的信息和资源，久而久之，这些人会成为信息和资源的分配中心，占据大量的优质资源。这种结构性优势来源于其较高的网络位置，而并非自身能力的结果。因此，我们提出以下假设。

H_{3-7}：创业农户的社会网络位置对创业资源获取有正向影响。

个体创业农户及其在网络中的专属位置也将影响农户创业机会的识别和创业资源的获取，以及影响企业对网络中信息与资源的掌控力度。广泛用于测量网络拓扑结构的特征还有网络密度、非重复程度、中心性等。高密度社会网络增加了个体创业农户及企业之间接触与学习交流的机会，网络内部信息和资源的流动性加强，有助于网络拓扑结构中成员间的强化互动并对组织生产和创新的能力产生重要影响。通过联结网络结构，企业会更合理地配置创业资源，从而共享资源和知识，积累管理经验和借鉴其他优秀企业的模式。Haucap和Klein（2012）认为，网络资质是网络行动的准入条件，网络资质较高的组织能够更有效地获取外部资源，实现资源有效利用，对组织内部的良性学习和集群创新活动具有创新作用。在较为成熟的社会网络环境中，网络密度对个体创业资源获取存在显著的正向影响。另外，在稳定成熟的网络环境中的企业拥有更多的关系资源，并且获得管理知识收益。网络中的各个参与者直接或间接地与其他内部成员进行互动，获得更多的资源。因此，我们提出以下假设。

H_{3-8}：创业农户的网络密度对创业资源获取有正向影响。

三、社会网络与农户创业成长

社会网络对于农户创业成长的作用备受关注，已有研究探索社会网络的不同维度（创业网络规模、创业关系强度、创业网络密度）及创业网络活动等与创业成长的相关性（Liao and Welsch, 2005）。很多研究结论支持"网络成功说"。Aldrich等（1986）的研究表明，对于成立年限逾三年的新创企业，个体创业者的社会网络规模对企业效益具有显著的正向影响。Hansen（1999）的研究显示，个体创业者的社会网络规模、网络密度及沟通频率与新创企业首年的成长率正向相关。Ostgaard和Birley（1996）发现创业者拓展网络规模、增加参与社会网络活动时间有利于扩充新创企业的雇员规模。Brüderl和Preisendlrfer（1998）的研究结果则表明，从社会网络中获取更多的资源和信息支持的新创企业，生存和发展的可能性更大。

创业农户的家人、亲友中的创业成功者可以帮助其获得企业创建和运营的信息和物质资源，从而促进新创企业跨越成长门槛。因此，创业农户强连带的社会关系中如果有创业成功者，其新创企业绩效表现就更好。在农村，由于市场体系不甚完善，公共服务也在不断完善之中，创业农户想要获得更多的资源，必须求助于非正式制度，社会网络作为非正式制度的重要表现形式，与市场机制共同起到资源配置的作用，从而破除农户创业成长过程中面临的门槛。伯特的结构洞理论认为，在结构洞网络结构中通过占据中心位置，企业能获得更多的非重复信息和资源，并具有保持信息和控制信息两大优势，这是提高企业创新绩效和企业成长的关键。

以创业资本为例，由于农户资产抵押物的瑕疵，农户难以通过正规金融机构获得资本支持,而在创业成长过程中,创业农户需要更多的资本支持,面对金融机构的门槛屏障,社会网络依然是农户获得创业资本的主要渠道。虽然随着虚拟的网络金融体系越来越发达,农户获得资本的方式也更多,但成本过于高昂,因此社会网络依然是农户创业成长的重要支持。同时,在成长阶段,创业农户也面临着极大的失败风险,在这一关键事件中,来自社会网络的情感支持是激励创业农户继续前进的动力。因此,我们提出以下假设。

H_{3-9}:创业农户的社会关系强度对创业成长有正向影响。

H_{3-10}:创业农户的社会网络规模对创业成长有正向影响。

H_{3-11}:创业农户的社会网络位置对创业成长有正向影响。

H_{3-12}:创业农户的社会网络密度对创业成长有正向影响。

第五节 社会网络对农户创业的效用实证

一、创业机会识别

(一)变量的选取与度量

1. 因变量

对于农户创业机会识别,本书借鉴高静等(2013)的研究从创业机会的数量性和经济性两方面来度量。数量性方面,本书选取"过去2~3年,我发现了较多的创业机会""日常生活中,我总能看到身边存在的创业机会""我识别出的创业机会具有一定的创新性"等4个问题;经济性方面,本书选取"我的创业市场前景好""我所在的行业市场风险小"等7个问题。要求创业农户根据实际情况,表达对问卷量表题项的认可度。本书采用利克特五分量表来衡量(1=很不同意,2=不同意,3=说不准,4=同意,5=非常同意)。

2. 自变量

本节主要验证社会网络对农户创业的影响。因此选取了创业者社会网络的网顶、网络规模、网络亲疏3个自变量,考察这几个因素对创业农户机会识别数量性和经济性的影响。参考已有文献,课题组邀请了6位农户和6位该领域的研究者，通过背靠背的德尔菲调查，最后根据调研结果，确定了经济学家、投资人、营销人员等12种职业，对这12种职业采用职业声望进行计算，政府要员职业声望值最高为87.31，而营销人员职业声望值最低为59.54（附录2）。网顶代表创业农户社会关系中职业声望值最高的职业；网络规模代表农户社会网络关系中所认识人的数量；网络关系维度，采用亲密程度、熟悉程度、信任程度三个指标衡量，创业者分别对已经选择的职业群体用这3个指标进行打分，最后对这3个值取平均值，分值越高代表关系越好。

3. 控制变量

参考以往研究，本节选取了性别（女性赋值为0、男性赋值为1）、年龄、学历等人口学特征和是否有外出务工经历（否赋值为0、是赋值为1）、是否参加过某类培训（否赋值为0、是赋值为1）等创业者特征作为控制变量。

（二）数据分析与结果

本节采用逐步回归的多元线性回归检验以上研究假设。表3-2中模型1只包括控制变量，模型2包含全变量。

表3-2 社会网络对创业机会识别数量的影响

变量	模型1 β	模型1 p	模型2 β	模型2 p
网顶（网络可达性）			0.456	0
网络规模			0.657	0.032
网络密度			0.123	0.210
亲密程度			0.567	0
熟悉程度			0.452	0
信任程度			0.785	0
性别	0.239	0	0.411	0
年龄	−0.002	0.716	0.003	0.730
学历	−0.009	0.776	0.049	0.262
是否有外出务工经历	0.095	0.358	0.661	0
是否参加过某类培训	0.508	0	0.751	0
调整R^2	0.471		0.744	
F值	64.568		32.157	

对于创业机会识别数量,在进行回归分析之前,对模型中可能存在的多重共线性、异方差和序列相关问题进行检验。两模型中各变量的 1<VIF<2,说明两模型不存在多重共线性问题;D.W 值为 1.635、1.532,说明两模型不存在序列相关问题;分别对回归模型以标准化预测值为横轴、标准化残差为纵轴进行残差项的散点图分析,结果显示,散点图呈无序状态,说明两模型不存在异方差问题。

模型 1 和模型 2 对创业机会识别数量的回归分析结果如表 3-2 所示。结果表明,除了网络密度这一变量未通过显著性检验外,即 H_{3-4} 未通过验证,网络密度对创业农户机会识别没有显著正向影响,其余社会网络结构和关系维度的指标均通过了显著性检验;因此,H_{3-1}、H_{3-2} 和 H_{3-3} 得以验证,且通过检验的变量中,信任程度的影响最大(回归系数 β 为 0.785),网络规模次之(回归系数 β 为 0.657),主要是因为创业者的网络规模能够扩大信息的来源,从而增加弱关系的社会网络的性质,这是机会的主要来源,但若要从机会发展成为创业机会,还需要社会网络个体之间的信任程度,才能获得可靠的商业机遇,尤其是网络信息弥漫的时候,如何有效识别有效、真实的商业信息,还需要基于信任基础的商业信息分享。

在控制变量中,结果与预期基本相符。创业农户的年龄、学历回归系数的显著性水平均大于 0.1,未能通过显著性水平检验,因此创业农户的年龄、学历、是否有外出务工经历对创业农户创业机会识别数量没有显著性的正向影响。

就创业机会识别的经济性而言,两模型中所有变量的 VIF 均小于 2,说明两模型不存在多重共线性问题;D.W 值为 1.722、1.890,说明两模型不存在序列相关问题;分别对回归模型以标准化预测值为横轴、标准化残差为纵轴进行残差项的散点图分析,结果显示,散点图呈无序状态,说明两模型不存在异方差问题。

模型 1 和模型 2 对机会识别经济性的回归分析结果如表 3-3 所示。结果表明,模型 1 为只有控制变量的模型,模型 2 包括了控制变量和自变量。创业农户社会网络的网络规模、网络亲疏、性别、是否参加过某类培训的显著性 p 值均小于 0.050,相应的回归系数 β 分别为 0.018、0.330、0.234、0.442、0.321、0.025,说明上述变量对机会识别的经济性都有显著的正向影响,创业农户的社会网络规模越大、关系越亲密、积极参加社会培训等都对机会识别有积极影响,而且男性创业者在机会识别数量方面比女性更有优势。创业农户的年龄、学历、是否有外出务工经历依然没有通过 5% 的显著性水平检验,说明这 3 个变量对创业农户机会识别经济性没有显著影响。

表 3-3 社会网络对机会识别经济性的影响

变量		模型 1		模型 2	
		β	p	β	p
网顶				0.094	0.825
网络规模				0.018	0.000
网络亲疏	亲密程度			0.330	0.000
	熟悉程度			0.234	0.000
	信任程度			0.442	0.000
性别		0.417	0.000	0.321	0.000
年龄		0.005	0.541	0.241	0.246
学历		0.052	0.257	−0.002	0.762
是否有外出务工经历		0.589	0.000	−0.017	0.612
是否参加过某类培训		0.813	0.000	0.025	0.018
R^2		0.610		0.659	
调整 R^2		0.570		0.550	
F 值		30.104		35.456	

（三）结果讨论与启示

上述的实证结果表明，农户创业机会识别嵌入个体的社会网络、人口学特征和成长特征中，农户的社会交往越广泛、社会网络规模越大，接触的信息就越多，识别创业机会的可能性也就越大；社会网络中的关系越亲密、信任、熟悉，越能够更有效地传递有价值的信息，也有助于农民识别创业机会。这与先前相关的农户创业研究结果是一致的（郭红东和丁高洁，2012；高静等，2013）。由于创业农户的地域限制和产业范围，创业者大多为年龄集中于 30~50 岁的中年人，而且创业者的文化水平大都为初中及高中学历。但随着社会的发展，许多拥有高学历、专项技术的年轻人开始加入农户创业的队伍中来，为农户创业、农村发展注入新的驱动力。

二、创业资源获取

采用列联分析验证社会网络、人口学特征、成长特征对于创业农户资源获取的影响。

（一）土地资源获取

表3-4、表3-5反映社会网络关系、社会网格结构维度对土地资源获取的交互影响，问卷调查将创业农户关系亲疏赋值为1~3，1~3表示创业农户社会网络的亲密程度。得分为1的网络亲疏关系中，创业农户采用"通过基层村委、党组织等""通过中介组织、经纪人、合作社""亲朋介绍等""自己和流转方直接谈的"4种方式获得土地资源的比例分别3.36%、1.12%、0.56%、3.92%，总计8.96%，而随着分数的增加，得分为3的亲疏关系中，创业农户通过4种途径获得土地资源的比例分别为17.94%、8.52%、6.28%、21.30%，总计54.04%。这表示创业农户的社会网络越亲密、熟悉和信任，越容易获得土地资源，而且采用"通过基层村委、党组织等""自己和流转方直接谈的"两种方式获得土地资源的比例分别是33.63%、41.48%，这两种方式是创业农户获取土地资源的主要方式。

表3-4 社会网络关系对土地资源获取的交互影响

网络关系		获取渠道				总计
		通过基层村委、党组织等	通过中介组织、经纪人、合作社	亲朋介绍等	自己和流转方直接谈的	
亲密程度	1	3.36%	1.12%	0.56%	3.92%	8.96%
	2	12.33%	2.80%	5.61%	16.26%	37.00%
	3	17.94%	8.52%	6.28%	21.30%	54.04%
	小计比例	33.63%	12.44%	12.45%	41.48%	100%
熟悉程度		11.30%	12.50%	32.70%	43.50%	100%
信任程度		35.70%	9.90%	38.80%	15.60%	100%

表3-5 社会网络结构维度对土地资源获取的交互影响

网络结构		获取方式				总计
		通过基层村委、党组织等	通过中介组织、经纪人、合作社	亲朋介绍等	自己和流转方直接谈的	
网络规模	1~3人	14.57%	3.92%	5.04%	16.94%	40.47%
	4~6人	10.09%	1.68%	3.36%	17.38%	32.51%
	7~9人	6.17%	1.12%	1.12%	7.85%	16.26%
	10~12人	5.16%	1.12%	0.56%	3.92%	10.76%
	小计比例	35.99%	7.84%	10.08%	46.09%	100%
网络可达性		33.40%	12.90%	33.60%	20.10%	100%
网络密度	（0~1）	26.40%	14.30%	45.10%	14.20%	100%

创业农户社会网络结构维度方面，以网络规模为例，问卷调查列举了经济学家、投资人、企业主、技术人员等12种职业，调研发现创业农户出于多种原因网络规模大都集中于6种职业之内，网络规模在7~9人、10~12人所占比例分别为16.26%、10.76%。说明创业农户虽然当前网络规模不大，但随着社会交往的深入，创业者的网络规模不断拓展和延伸，会对土地资源获取产生正向影响。因此，H_{3-6}得以验证，社会网络规模对创业农户的土地资源获取具有正向影响。

（二）创业资本获取

表3-6反映了网络亲疏和网络规模对创业资本获取的交互影响，得分为1的网络亲疏关系中，创业农户通过向亲戚朋友借贷、合作伙伴投资、民间集资、高利贷、商业银行、政府支持、其他7种方式获得创业资本的比例分别为2.24%、3.59%、0、0、0.45%、0.45%、1.37%，总计8.10%，而随着分数的增加，得分为3的网络亲疏关系中，创业农户通过7种途径获得土地资源的比例分别为16.59%、19.28%、2.69%、0、2.69%、2.24%、1.35%，总计为44.84%。这表示创业农户的社会网络越亲密、熟悉和信任，越容易获得创业资本，H_{3-5}、H_{3-6}、H_{3-7}和H_{3-8}得以验证。创业农户通过向亲戚朋友借贷和合作伙伴投资两种方式获得创业资本的比例为32.28%、41.67%，说明这两种途径是农户获得创业资本的主要途径。高利贷由于其高风险性是农民最想规避的选择。

表3-6 网络亲疏和网络规模对创业资本获取的交互影响

网络特征		获取方式							总计
		向亲戚朋友借贷	合作伙伴投资	民间集资	高利贷	商业银行	政府支持	其他	
网络亲疏	1	2.24%	3.59%	0	0	0.45%	0.45%	1.37%	8.10%
	2	13.45%	18.8%	2.24%	0.90%	4.04%	3.59%	4.04%	47.06%
	3	16.59%	19.28%	2.69%	0	2.69%	2.24%	1.35%	44.84%
	小计比例	32.28%	41.67%	4.93%	0.90%	7.18%	6.28%	6.76%	100%
网络规模	1~3人	16.14%	14.80%	3.14%	0.45%	2.69%	1.35%	1.79%	40.36%
	4~6人	8.52%	13.90%	1.35%	0	1.79%	2.24%	2.69%	30.49%
	7~9人	3.14%	9.42%	0	0	0.90%	0.90%	0.90%	15.26%
	10~12人	4.93%	4.01%	1.35%	0	1.35%	1.35%	0.90%	13.89%
	小计比例	32.73%	42.13%	5.84%	0.45%	6.73%	5.84%	6.28%	100%

创业农户社会网络的结构维度方面，以网络规模为例，本次问卷调查列举了经济学家、投资人、企业主、技术人员等12种职业，通过调研发现创业农户出于多种原因网络规模大都集中于6种职业之内，网络规模在7~9人、10~12人所占比例分别为15.26%、13.89%。这说明创业农户虽然当前网络规模不大，但随着社会交往的深入，创业者的网络规模不断拓展和延伸，会对创业资本获取产生正向影响。

（三）生产技术获取

表3-7反映了网络亲疏和网络规模对创业农户生产技术获取的交互影响，创业农户获得生产技术的渠道大致分为自己学习获得、员工培训、引进技术人员、政府提供指导、其他等。得分为1的网络亲疏关系中，创业农户通过这几种方式获得生产技术的比例总计为8.96%，得分为2和3的比例总计分别为45.30%、45.74%。因此，随着分数的增加，创业农户的社会网络越亲密、熟悉和信任，越容易获取生产技术，H_{3-7}和H_{3-8}得以验证，社会网络位置和密度能够正向影响创业农户获取生产技术资源；创业农户通过自己学习获得和引进技术人员两种方式获得生产技术的比例分别为45.74%、30.94%，说明这两种是农户获得生产技术的主要途径。员工培训仅占11.67%，因此创业农户在创业过程中要加大对员工的培训，提高员工的技能。

表3-7 网络亲疏和网络规模对创业农户生产技术获取的交互影响

网络特征		获取方式					合计
		自己学习获得	员工培训	引进技术人员	政府提供指导	其他	
网络亲疏	1	4.93%	1.35%	1.79%	0.45%	0.44%	8.96%
	2	20.63%	3.59%	15.25%	4.93%	0.90%	45.30%
	3	20.18%	6.73%	13.90%	4.93%	0	45.74%
	小计比例	45.74%	11.67%	30.94%	10.31%	1.34%	100%
网络规模	1~3人	18.83%	5.38%	8.52%	4.94%	0	37.67%
	4~6人	13.00%	2.69%	8.97%	3.14%	0.45%	28.25%
	7~9人	8.52%	3.14%	7.17%	1.35%	0	20.18%
	10~12人	4.93%	0.90%	6.28%	1.79%	0	13.90%
	小计比例	45.28%	12.11%	30.94%	11.22%	0.45%	100%

创业农户社会网络的结构维度方面，以网络规模为例，本次问卷调查列举了

经济学家、投资人、企业主、技术人员等12种职业,通过调研发现创业农户出于多种原因网络规模在1~3人、4~6人的比例分别是37.67%、28.25%,网络规模在7~9人、10~12人所占比例分别为20.18%、13.90%。这说明创业农户虽然当前网络规模不大,但随着社会交往的深入,创业者的网络规模不断拓展和延伸,会对生产技术获取产生正向影响,H_{3-5}得以验证,网络规模能够正向促进创业农户获取生产技术资源。

(四)人力资源获取

表3-8反映了网络亲疏和网络规模对人力资源获取的交互影响,创业农户获取人力资源的途径分为来自亲戚朋友、熟人介绍、人才市场公开招募、其他等方式。得分为1的网络亲疏关系中,创业农户通过以上方式获取人力资源的比例总计为15.25%,得分为2与3的网络亲疏关系中,创业农户获取人力资源的比例分别为39.01%、45.74%。这表示随着分数的增加创业农户的社会网络越亲密、熟悉和信任,越容易获得创业资本,H_{3-7}和H_{3-8}得以验证,社会网络位置和社会网络密度对创业农户的人力资源获取有正向影响,创业农户通过来自亲戚朋友、熟人介绍两种方式获取人力资源的比例为46.64%、33.18%,说明这是农户获取人力资源的主要途径。

表3-8 网络亲疏和网络规模对人力资源获取的交互影响

网络特征		获取方式				合计
		来自亲戚朋友	熟人介绍	人才市场公开招募	其他	
网络亲疏	1	4.04%	5.38%	3.59%	2.24%	15.25%
	2	19.28%	11.21%	5.38%	3.14%	39.01%
	3	23.32%	16.59%	4.93%	0.90%	45.74%
	小计比例	46.64%	33.18%	13.90%	6.28%	100%
网络规模	1~3人	16.14%	10.76%	2.69%	4.04%	33.63%
	4~6人	13.45%	10.76%	2.69%	1.35%	28.25%
	7~9人	9.87%	4.48%	2.69%	0.45%	17.49%
	9~12人	11.66%	4.93%	4.04%	0	20.63%
	小计比例	51.12%	30.93%	12.11%	5.84%	100%

创业农户社会网络的结构维度方面,以网络规模为例,本次问卷调查列举了经济学家、投资人、企业主、技术人员等12种职业,通过调研发现创业农户出于

多种原因网络规模在 1~3 人、4~6 人的比例分别是 33.63%、28.25%，网络规模在 7~9 人、10~12 人所占比例分别为 17.49%、20.63%。这说明创业农户虽然当前网络规模不大，但随着社会交往的深入，创业者的网络规模不断拓展和延伸，会对人力资源获取产生正向影响，H_{3-6} 得以验证，社会网络规模对创业农户人力资源获取具有正向影响。

（五）创业信息获取

表 3-9 反映的是网络亲疏与网络规模对创业信息获取的交互影响，创业农户获取创业信息的渠道包括亲戚朋友提供、社交过程获得、媒体中获得、政府提供、其他等方式。得分为 1 的网络亲疏关系中，创业农户通过以上方式获得创业信息的比例之和为 10.06%，而随着分数的增加，得分为 2 和 3 的网络亲疏关系中，创业农户通过以上方式获取创业信息的比例之和分别为 33.02%、56.92%。这表示创业农户的社会网络越亲密、熟悉和信任，越容易获得创业信息，H_{3-7} 和 H_{3-8} 得以验证，社会网络位置和社会网络密度能够正向影响创业农户获取创业信息资源。创业农户通过社交过程获得创业信息的比例为 45.12%，而通过亲戚朋友提供、媒体中获得、政府提供这三种方式的比例分别为 10.64%、20.61%、16.26%。这说明社会交往是农户获得创业资本的主要途径。

表 3-9 网络亲疏与网络规模对创业信息获取的交互影响

网络特征		获取方式					合计
		亲戚朋友提供	社交过程获得	媒体中获得	政府提供	其他	
网络亲疏	1	2.80%	2.80%	1.12%	2.80%	0.54%	10.06%
	2	3.36%	16.66%	6.85%	4.73%	1.42%	33.02%
	3	4.48%	25.66%	12.64%	8.73%	5.41%	56.92%
	小计比例	10.64%	45.12%	20.61%	16.26%	7.37%	100%
网络规模	1~3 人	9.53%	18.02%	3.92%	8.97%	1.48%	41.92%
	4~6 人	5.04%	18.42%	5.17%	3.36%	1.12%	33.11%
	7~9 人	2.80%	7.49%	2.24%	2.80%	0.56%	15.89%
	9~12 人	1.12%	1.80%	3.36%	1.68%	1.12%	9.08%
	小计比例	18.49%	45.73%	14.69%	16.81%	4.28%	100%

创业农户社会网络的结构维度方面，以网络规模为例，本次问卷调查列举了经济学家、投资人、企业主、技术人员等 12 种职业，通过调研发现创业农户出于

多种原因网络规模在 1~3 人、4~6 人的比例分别为 41.92%、33.11%，网络规模在 7~9 人、10~12 人所占比例分别为 15.89%、9.08%。这说明创业农户虽然当前网络规模不大，但随着社会交往的深入，创业者的网络规模不断拓展和延伸，会对创业信息获取产生正向影响，H_{3-6} 得以验证，社会网络规模对创业农户的创业信息资源获取具有正向影响。

三、创业成长

（一）变量的选取与度量

1. 因变量

创业农户创业成长是指创业农户从事创业活动的业绩和效率。目前，大多数研究以被调查企业当前的经营业绩来衡量创业绩效，然而该绩效指标不能准确反映创业农户创建企业活动的成效，不能满足研究需要。那么，如何来测量新创企业成长？一种可能的思路是以 2016 年创业农户的员工数、土地数、资本等相较于创业当年的人员增长率、土地增长率、资本扩张率等为指标，来衡量创业农户筹集和整合创业资源的成效。

2. 自变量

本节主要验证社会网络对农户创业成长的影响。因此选取创业者社会网络的网顶、网络规模、网络亲疏三个自变量，考察这几个因素对创业农户创业成长的影响。三个自变量的测量参照表 3-1。

3. 控制变量

参考先前的研究，本节选取了性别（否赋值为 0、是赋值为 1）、年龄、学历等人口学特征和是否有外出务工经历（否赋值为 0、是赋值为 1）、是否参加过某类培训（否赋值为 0、是赋值为 1）等创业者特征作为控制变量。

（二）数据分析与结果

此实证分析仍然采用层级式的多元线性回归方法。数据分析包括两个模型，模型 1 和模型 2 分别是控制变量模型和全变量模型。

就人员增长率而言，两个模型中各变量的 1<VIF<2，说明两个模型不存在多

重共线性问题；D.W 值为 1.586、1.667，说明两个模型不存在序列相关问题；分别对回归模型以标准化预测值为横轴、标准化残差为纵轴进行残差项的散点图分析，结果显示，散点图呈无序状态，说明两个模型不存在异方差问题。

模型 1 和模型 2 对人员增长率的回归分析结果如表 3-10 所示。结果表明，模型 2 创业农户社会网络的网顶、网络规模、网络亲疏、性别、是否参加过某类培训的显著性 p 值均小于 0.050，而且回归系数 β 分别为 0.025、0.195、0.514、0.326、0.741，说明创业农户社会网络的网顶、网络规模、网络亲疏、性别、是否参加过某类培训对人员增长率都有显著的正向影响，因此，H_{3-5}、H_{3-6}、H_{3-7} 得以验证，社会网络关系强度、网络规模、网络位置对创业农户的人员增长率具有正向影响，创业农户的社会网络规模越大、关系越亲密、积极参加社会培训等都对创业农户员工增长有积极影响，而且男性创业者在这方面比女性更有优势。创业农户年龄、学历、是否有外出务工经历的显著性 p 值为 0.964、0.646、0.183，均大于 0.050，且回归系数 β 分别为 0.004、0.021、0.200，说明创业农户的年龄、学历、是否有外出务工经历对创业农户人员增长率没有显著性影响。

表 3-10 社会网络结构对人员增长率的影响

网络特征	模型 1 β	模型 1 p	模型 2 β	模型 2 p
网顶			0.025	0
网络规模			0.195	0
网络亲疏			0.514	
性别	0.581	0	0.326	0
年龄	0.008	0.468	0.004	0.964
学历	0.111	0.087	0.021	0.646
是否有外出务工经历	1.028	0	0.200	0.183
是否参加过某类培训	1.118	0	0.741	0
调整 R^2	0.583		0.758	
F 值	33.749		69.622	

就土地增长率而言，两个模型中各变量的 1<VIF<2，说明两个模型不存在多重共线性问题；D.W 值为 1.614、1.752，说明两个模型不存在序列相关问题；分别对回归模型以标准化预测值为横轴、标准化残差为纵轴进行残差项的散点图分析，结果显示，散点图呈无序状态，说明两个模型不存在异方差问题。

模型 1 和模型 2 对土地增长率的回归分析结果如表 3-11 所示。结果表明，创业农户社会网络的网顶、网络规模、网络亲疏、性别、是否参加过某类培训的显著性 p 值均小于 0.050，而且回归系数 β 分别为 0.017、0.119、0.348、0.239、0.512，说明创业农户社会网络的网顶、网络规模、网络亲疏、性别、是否参加过某类培训对土地增长率都有显著的正向影响，H_{3-5}、H_{3-6}、H_{3-7} 得以验证，社会网络关系强度、网络规模、网络位置对创业农户的土地增长率具有正向影响，创业农户的社会网络规模越大、关系越亲密、积极参加社会培训等都对创业农户的土地增长率有积极影响，而且男性创业者在这方面比女性更有优势。创业农户年龄、学历、是否有外出务工经历的显著性 p 值分别为 0.666、0.792、0.279，均大于 0.050，且回归系数 β 分别为-0.002、-0.008、0.113，说明创业农户的年龄、学历与创业农户的土地增长率有负相关性，但是不显著，是否有外出务工经历对土地增长率没有显著性的影响。

表 3-11 社会网络对土地增长率的影响

网络特征	模型 1		模型 2	
	β	p	β	p
网顶			0.017	0
网络规模			0.119	0
网络亲疏			0.348	0
性别	0.382	0	0.239	0
年龄	0.004	0.614	-0.002	0.666
学历	0.077	0.074	-0.008	0.792
是否有外出务工经历	0.654	0	0.113	0.279
是否参加过某类培训	0.802	0	0.512	0
R^2	0.589		0.763	
调整 R^2	0.524		0.678	
F 值	34.495		71.487	

就资本扩张率而言，两个模型中各变量的 1<VIF<2，说明两个模型不存在多重共线性问题；D.W 值为 1.598、1.680，说明两个模型不存在序列相关问题；分别对回归模型以标准化预测值为横轴、标准化残差为纵轴进行残差项的散点图分析，结果显示，散点图呈无序状态，说明两个模型不存在异方差问题。

模型 1 和模型 2 对资本扩张率的回归分析结果如表 3-12 所示。结果表明，创业农户社会网络的网顶、网络规模、网络亲疏、性别、是否参加过某类培训的显著性 p 值均小于 0.050，而且回归系数 β 分别为 0.024、0.180、0.491、0.340、0.672，说明创业农户社会网络的网顶、网络规模、网络亲疏、性别、是否参加过某类培训对资本扩张率都有显著的正向影响，H_{3-5}、H_{3-6}、H_{3-7} 得以验证，社会网络关系强度、网络规模、网络位置对创业农户的资本扩张率具有正向影响。创业农户的社会网络规模越大、关系越亲密、积极参加社会培训等都对创业农户资本扩张率有积极影响，而且男性创业者在这方面比女性更有优势。创业农户的年龄、学历、是否有外出务工经历的显著性 p 值为 0.862、0.933、0.474，均大于 0.050，且回归系数 β 分别为 -0.001、0.004、0.105，说明创业农户的年龄、学历与创业农户资本扩张率没有显著影响；是否具有外出务工经历对资本扩张率没有显著性的正向影响。

表 3-12　网络规模对资本扩张率的影响

变量	模型 1 β	模型 1 p	模型 2 β	模型 2 p
网顶			0.024	0
网络规模			0.180	0
网络亲疏			0.491	
性别	0.581	0	0.340	0
年龄	0.006	0.576	-0.001	0.862
学历	0.089	0.148	0.004	0.933
是否有外出务工经历	0.908	0	0.105	0.474
是否参加过某类培训	1.020	0	0.672	0
R^2	0.564		0.742	
调整 R^2	0.542		0.692	
F 值	31.247		63.893	

（三）结果讨论与启示

以上的实证分析结果表明，创业农户的社会交往越广泛、网络规模越大、网络成员之间的关系越亲密、熟悉、信任，嵌入其中的资源就越丰富，也越有可能获得更多的支持。与网络成员的互动交往可以获得网络中企业创建和运营所必需的资源支持，进而提高新企业绩效、促进创业成长。

在创业者的人口学特征和成长特征中，男性创业者相较于女性创业者在促进企业成长方面更有积极影响。由于农业的局限性，创业农户的学历多集中于初中或高中，年龄以 30~50 岁为主。创业者参加创业培训有利于创业者将先进的技术和创业想法付诸创业实践中，对创业绩效产生显著的积极影响。

第四章　农户创业推进社会网络演变的机理与作用

本章在厘清社会网络促进农户创业的功能与效用的基础上，着重研究农户创业推进社会网络演变的机理与作用。首先，本章回顾了中国农户创业的历史沿革，并把它分为中华人民共和国成立到改革开放、改革开放至今两个阶段。其次，主要从四个维度分析农户创业与社会网络关联互动的机理：农户创业对其社会网络规模的影响，农户创业对其社会网络关系强度的影响，农户创业对其社会网络中心性的影响及农户创业对其社会网络异质性的影响。再次，通过构建 Logistic 模型对影响创业农户提升社会网络规模的各因素进行回归分析。研究表明，创业农户的年龄对创业农户提高自己的社会网络规模产生了显著的负向影响；创业农户的自身特质对提升自己的社会网络规模起到了显著的正向影响；创业农户具有勤奋、吃苦耐劳的优秀品质，良好的教育经历对其拓展自己的社会网络规模有积极的正向促进作用；农户参加社会组织、参加培训和从事过非农的经济经营活动对其拓展社会网络规模产生显著的正向促进作用。最后，本章采用创业促进农户社会网络发展的案例剖析进一步佐证了以上研究结论。

第一节　中国农户创业的历史沿革

创业始于家国建立。春秋时期《孟子·梁惠王下》中有"君子创业垂统，为可继也"；三国时期《出师表》中有"先帝创业未半，而中道崩殂"。这里的创业是指开辟疆土、建国立业。创业盛于财富创造。财富一贯是文明的象征，自有文明存在就已经有了财富。从中国古代丝绸贸易之路的开拓，欧洲重商主义的兴起，荷兰的农业商业化，到近现代美国华尔街的创新爆发等，创业活动带来的创新效应、财富价值已经成为推动国家经济转型和提升竞争优势的重要手段。

在中国农村的广阔天地，广大的农民创业群体格外引人关注。改革开放激发了农民的创业热情，从20世纪80年代的万元户、20世纪90年代的乡镇企业、2000年后的返乡创业、2010年后兴起的淘宝店和电商村，到党的十九大以后乡村振兴中的农村创业生态演化，农民创业在减贫增收、带动就业、缩小城乡差距方面的作用凸显。2014年"大众创业、万众创新"的国家战略实施以来，农村的创业氛围更为浓厚，农户的创业活动更为活跃。农户创业历史沿革的阶段划分及其特征见表4-1。

表4-1 农户创业历史沿革的阶段划分及其特征

时间	特征	关键事件
1978~1984年	自筹资源、小规模生产的加工作坊、创业形式较为隐蔽	（1）1978年党的十一届三中全会召开 （2）1978年家庭联产承包责任制
1985~1991年	农业专业户的出现、"社队企业"改名为"乡镇企业"	1984年《关于开创社队企业新局面的报告》
1992~1999年	创业活动多元化、民营经济涌现、技术和资本含量高	（1）1992年邓小平两次赴深圳考察，新一轮改革开放 （2）1995年经济体制从传统的计划经济体制向社会主义市场经济体制转变
2000~2007年	乡镇企业已逐步完成了体制改革，农民创业意识和活力显著提高，返乡农民工创业增多	2005年党的十六届五中全会，加快社会主义新农村建设，统筹城乡发展
2008~2016年	国家加大农户创业扶持力度，返乡农民工创业猛增	2008年金融危机
2017年以来	乡村振兴战略实施以来，乡村创业机会增加，农户创业向农村创业转变	2017年党的十九大确定实施乡村振兴战略

改革开放后，市场因素被引入经济生活领域，户籍管制逐步放开，城乡要素开始流通，城乡关系也从对峙开始走向融合。农村的非农业产业开始活跃，农户从非农就业开始发展为自主创业。

一、第一阶段：1978~1984年的农户创业情况

这一阶段是中国农村改革的启动和探索时期，对农村制度和经营方式等方面进行探索改革，一些制度、政策还处在萌芽时期，故对农户创业活动的带动作用不是很大，主要为后来的农户创业奠定了基础。

1978年家庭联产承包责任制的改革，确定了包产到户，明确了农户拥有土地

支配权和使用权,确定了农户对剩余粮食等农产品的所有权,提高了农户的财富积累数量,这为农户创业提供了重要的生产资料和生产资本。同时,国家颁布了一系列政策和措施,支持农村经济多元发展,农民经营活动单一格局逐渐被打破,农业生产效率提高,由此解放出来的劳动力开始从事非农领域的活动。个体户、万元户逐渐成为农户创业的代名词。1979年通过的《中共中央关于加快农业发展若干问题的决定》指出"社员自留地、自留畜、家庭副业和农村集市贸易,是社会主义经济的附属和补充,不能当作所谓资本主义尾巴去批判。相反地,在保证巩固和发展集体经济的同时,应当鼓励和扶持农民经营家庭副业,增加个人收入,活跃农村经济"。这些制度和政策的出台,不仅为农户创业提供了政策性支持,还改善了农户的创业条件和环境,提高了农户创业的积极性。

20世纪70年代末,江南地区的农民在原有社区和企业的基础上,找到了自己的发展之路,筹集了资金,开始小规模生产,这为农民创业开创了先例。当时农民创业政策尚未完全放开,农民的企业家精神受到很大限制,但农民充分发挥创造力,利用各种形式的创业来规避在当时条件下私营经济所面临的体制障碍。尽管乡镇企业在这个阶段得到发展,但发展速度很慢。到1984年,全国乡镇企业总数仅为165万家,从业人员3 848万人。这一阶段的农户创业具有以下特点:区域集中在农村,创业规模小;创业领域主要聚焦于低技术和低档行业,如纺织、农副产品和建筑业;产业运行方式是随机的,没有计划和明确的目的。

二、第二阶段:1985~1991年的农户创业情况

该阶段是对第一阶段的发展延续,此阶段对农村基本经营制度、土地制度等继续推进改革,引入了各种新的生产责任制,确立以家庭联产承包责任制为基础、统分结合的双层经营体制,发展农民专业合作经济组织,完善农村基本经营制度,通过1986年颁布的《中华人民共和国土地管理法》对农村土地承包经营做了规范等措施,为农户创业创造了有利的条件和环境。

随着家庭联产承包责任制和农村经济管理体制改革的深入,由于制度的完善和人们思想观念的改变,外加体制改革的效果减弱,仅依靠农业收入来获得增长受到了限制。在这种情况下,农村剩余劳动力的大规模转移和农户创业活动发展速度加快。与上一阶段相比,乡镇企业数量在1985年达到1 223万家,雇员人数在1985年达到6 779万人,数量和人数都迅速增长。同时,农户的技术水平不断提升,产品质量改善,乡镇企业发展态势良好。但是,面临市场体系的不断完善,乡镇企业处在需求不足和投资紧缩的环境中,1988~1991年,乡镇企业的数量只有1 900万家左右,农户创业处于增长停滞的状态。

三、第三阶段：1992~1999年的农户创业情况

1992年市场经济体制的改革，为中国农村注入了新的活力，乡镇企业发展势头增强，农户创业进入新一轮发展高潮。由于就业多样化和分配多样化，农民收入增加，收入结构发生显著变化。1992年，乡镇企业总数达到2 092万家，从业人员超过1亿人；1996年，乡镇企业总数达到2 336万家，从业人员超过1.35亿人；到1999年，乡镇企业总数达到2 071万家，从业人员为1.27亿人。

此外，在此阶段，个体经济（个体工商户）已经普及。这类农村个体工商户是依法登记的，需要通过工商行政管理部门取得个人经营许可证，由于改革开放中的政策自由化，大多数家庭不再只是从事传统的农业活动，而是从事更广泛的商业活动。更专业的生产和更明确的经营目标增加了农民的收入。

1994~1999年，我国的个体工商户数量呈现出快速增长的趋势。农村个体经营户数在1998年之前迅速增加，1999年略有下降。但是，从注册资本的角度来看，农村个体经营户的注册资本逐年增加，1997年达到9 030元，是1992年的2.3倍。这不仅反映了该阶段农村个体企业家的数量快速增长，而且个体企业家的规模也在逐步增加，农民创业的总体形势较好。

1996年，由于国家宏观经济调整、公司产权制度改革，农户创业面临着巨大压力：一方面，需求不足和经济停滞导致乡镇企业增长下降，吸收潜力减弱；另一方面，乡镇企业产权结构的改革对原有的非农业劳动力产生了挤出效应，农村劳动力转移呈现下降趋势。但是，产权制度的改革和农村劳动力转移的放缓，增强了农民开办自己的企业寻求发展的动力，私营经济、市场经纪人、个体工商户及大规模耕作和承包家庭不断涌现。同时，城市化进程推进也更有利于农户识别创业机会。创业领域也不再局限于传统的低技术和低水平行业，创业的技术和资本含量提高，创业目的逐步明确。

进入20世纪90年代后期，"三农"问题开始显现。1995年以来，农村经济发展缓慢甚至停滞，农民负担增加，这就迫使农民在非农领域寻求发展，获得行业之间的比较收益，最为常见的转移途径是从农业领域转移到非农领域，如进城务工，并由此催生了2亿多人的"民工潮"，或者部分农户利用比较优势，发展规模化的果蔬种植、家禽养殖，在大农业的范围内获得差额收益。

四、第四阶段：2000~2007年的农户创业情况

出现在20世纪末的"三农"问题在21世纪仍然存在，城乡统筹发展思想在

解决"三农"问题上得到普遍认可，自2004年开始，中央一号文件连续锁定"三农"，旨在促进农村发展，化解城乡二元对峙格局。县域经济的发展和城市化进程的加快，为农户创业提供了相对宽松友好的创业环境。同时，为了解决农民增收的问题，政府颁发了一系列政策支持农民创业，农民的创业意识也大大提高。这一阶段农户创业呈现以下几个特点：①农民创业规模小、水平低、面临约束多。当时，在农村地区经济发展缓慢和农民普遍贫困的经济约束下，除个体农民和集体农民外，中国农户的创业规模很小，主要是小微企业，资产规模较小。创业领域主要分布在餐饮业、住宿和旅游服务业、传统种田业、物流业和加工业等低水平行业，这些行业的准入门槛、资金需求、技术要求都较低。即劳动密集型产业多，资本和技术密集型产业较少；更多地参与传统产业，较少参与新兴产业；总体上，意识形态和技术无法跟上时代的发展，私营经济很少依靠人才和技术迅速壮大。②返乡农民工成为创业的重要主体。从"民工潮"算起，农民工进城务工达十年之久，积累了一定的资本、技术和城市人脉。由于城乡融合仍然面临体制的掣肘，农民工一直存在"两栖"状态，长期的城乡两地转移，无法兼顾家庭照料和异地发展。同时，城市越来越高的房价门槛，使得农民工也难以进城落户。对比城市，农村的利好政策不断加码，如鼓励土地流转，鼓励发展专业大户。因此，农民工投入家庭的积蓄作为创业的原始资本，开启了创业之路。

五、第五阶段：2008年至今的农户创业情况

2008年以来，由于依旧受到"三农"问题的困扰，国家继续坚持城乡统筹发展战略，从政策、资金、制度等方面加大了对农村的扶持力度，为农户创业创造良好环境和条件，积极支持农户创业，鼓励人民增收致富。随着农户文化素质的提高、财富积累的增加及市场经济的深入推进等，农户的创业意识和创业能力不断提升，农户创业变得越来越"流行"。

该阶段最突出的特点就是返乡农民工创业量猛增，由于2008年下半年美国次贷危机引发的金融动荡逐渐影响了中国的实体经济，东南沿海地区的大量劳动密集型出口企业因缺乏订单而停产并关闭，许多农民工失业，被迫返回家乡。城乡经济社会发展产生了新的条件和新的问题。在这种背景下，《中共中央 国务院关于2009年促进农业稳定发展农民持续增收的若干意见》明确提出"鼓励农民就近就地创业"。落实"农民返乡创业"政策，扩大农村就业，增强了农民工返乡创业的意愿，加快了其返乡创业的步伐。

2009年，在我国1.3亿外出务工的农民工中，有2 000万农民工失业后返回家乡。利用先进的管理经验和技术、积累的经验和资金回乡创业的农民工超过520

万人，开办的企业总数占全国乡镇企业总数的五分之一。这些返乡的农民工已经实现了从普通农民工向企业家农户的转变，形成了利用创业带动就业和就业促进创业的模式，带动了农村经济的发展。如表4-2所示，2009年，全国返乡农民工的创业率已达到16.06%，其中东部地区为29.57%，中部地区为11.28%，西部地区为16.25%，超过全国平均水平（对100个县进行的调查）。可以看出，返乡农民工的创业将成为农民创业的新课题。

表4-2 农民工返乡创业的职业分布与返乡创业率（中位数）

地区	农业 高效农业人数/返乡农民工人数	农业 办农业企业人数/返乡农民工人数	非农产业 个体人数/返乡农民工人数	非农产业 私营企业人数/返乡农民工人数	返乡创业率 返乡创业人数/返乡农民工人数
全国	5.79%	0.65%	8.33%	1.29%	16.06%
东部	18.15%	1.65%	7.90%	1.87%	29.57%
中部	3.26%	0.55%	6.58%	0.90%	11.28%
西部	5.21%	0.33%	9.19%	1.51%	16.25%

资料来源：国务院发展研究中心《百县农民工返乡创业情况调查》

为了促进农户创业，2008年以来党中央、国务院等连续出台了多项政策和文件，努力解决"三农"、返乡农民工就业、农户创业等重要问题，详见表4-3。

表4-3 2008~2019年国家颁布的支持农民创业的相关文件

序号	文件名称或会议	政策措施/主要任务	颁布时间
1	《中共中央 国务院关于切实加强农业基础建设进一步促进农业发展农民增收的若干意见》	改善农民工进城就业和返乡创业环境，加快提高农民素质和创业能力，以创业带动就业	2008年1月
2	《中共中央 国务院关于加快发展现代农业进一步增强农村发展活力的若干意见》	制定专门计划，对符合条件的中高等学校毕业生、退役军人、返乡农民工务农创业给予补助和贷款支持	2012年12月
3	2014年中央农村工作会议	推进农业现代化和新型城镇化，要坚持以人为本，激发农民的创造、创新、创业活力	2014年12月
4	《中共中央 国务院关于加大改革创新力度加快农业现代化建设的若干意见》	增加农民收入，必须促进农民转移就业和创业。引导有技能、资金和管理经验的农民工返乡创业，落实定向减税和普遍性降费政策，降低创业成本和企业负担	2015年2月
5	《国务院办公厅关于支持农民工等人员返乡创业的意见》	降低返乡创业门槛；落实定向减税和普遍性降费政策；加大财政支持力度；完善返乡创业园支持政策	2015年6月

续表

序号	文件名称或会议	政策措施/主要任务	颁布时间
6	《国务院办公厅关于支持返乡下乡人员创业创新促进农村一二三产业融合发展的意见》	简化市场准入；改善金融服务；加大财政支持力度；落实用地用电支持措施；开展创业培训；完善社会保障政策；创建创业园区（基地）	2016年11月
7	《关于政策性金融支持农村创业创新的通知》	鼓励和扶持返乡人员发展休闲农业、乡村旅游、农村电商等新兴产业，并为他们开辟绿色通道，办理各项贷款业务	2018年1月
8	《中共中央 国务院关于坚持农业农村优先发展做好"三农"工作的若干意见》	鼓励外出农民工、高校毕业生、退伍军人、城市各类人才返乡下乡创新创业，支持建立多种形式的创业支撑服务平台，完善乡村创新创业支持服务体系。落实好减税降费政策，鼓励地方设立乡村就业创业引导基金	2019年1月

第二节 农户创业推进社会网络演变的机理

对于创业农户来说，构建和优化其社会网络是获得所缺资源的重要途径（Williamson，1985）。农户在创业过程中需要信息、资金、技术和劳动力等资源支撑，一般而言，创业农户需要从外部获取重要的创业要素。创业农户构建社会网络成为其获取创业要素的重要途径。此外，农户社会网络能提供的资源有限，此时优化其社会网络成为一项重要任务。因此，农户创业推进了其社会网络的演变。

农户创业怎样推进社会网络的演变？Coleman（1988）从社会网络的网络结构和网络质量（网络质量包括网络关系）两个方面对创业农户和社会网络演变的关系进行了研究。鉴于此，本节从创业农户的社会网络结构和网络关系的演变角度分析农户创业对社会网络演变的机理，其中社会网络结构包括社会网络规模和社会网络中心性，网络关系包括网络关系强度和网络异质性。

一、农户创业对其社会网络规模的影响

Hansen（1995）指出社会网络规模是网络成员的数量总和，是对网络特性的描述。社会网络规模反映了创业农户可获得的外部资源和知识量。社会网络规模

越大，创业农户可获得的信息和资源越多，信息流越广，创业农户就越容易发现并获得成为企业家的机会，专注于其社会网络的开发和管理，因此，创业农户就需要扩大其社会网络规模，以获得更多的信息和资源支持。

创业农户对社会网络规模的拓展一般包括主动拓展和被动拓展两种形式（Hoang and Antoncic，2003）。Hills 等（1997）提出随着创业者社会网络规模的扩大，他们识别到的创业机会越来越多。农户在创业中会产生对社会网络规模扩大的需求，这种需求反映在创业农户增加从社交网络获取信息、资金、人才和其他要素的需求中。为了寻求支持，创业农户会通过增加社会网络成员的数量（拓展社会网络的规模）来实现新信息数量的增加。而且，增加新的网络成员通常是创业农户需要做的第一件事。新的网络成员带来的信息与他们现有的网络成员不同。此外，企业家社会网络获得的信息异质性决定了机会识别的随机性和多样性（杨俊和张玉利，2004）。企业实体通过自身的网络关系实现创业信息的搜索和整合，不仅反映了创业实体信息的增加，还包括创业成员对网络成员联系方式的选择和变化。因此，农户在创业过程中需要增加其社会网络的异质性，来获取更有价值的信息，达到创业目的。Uzzi（1996）证明平衡网络才更有价值，太弱或太强的偏倚型网络对企业生存具有负面影响。因此，农户在创业过程中就需要进行社会网络的优化，平衡强/弱关系的正负作用。根据格兰诺维特的弱关系理论，新增加网络成员能提高创业农户通过社会网络获取到的信息和知识的差异性，进而为创业农户筛选出有用的信息与知识。边燕杰和丘海雄（2000）认为中国的特殊社会背景下，社会网络中弱关系所起的信息桥梁作用并不十分明显，社会网络中基于信任与情感建立的强关系充当了信息桥梁。然而，除了强关系的作用，农户在创业中为了获取资金、政策支持，就必须和银行人士、政府工作人员接触。为了获得技术支持，农户就必须和相关技术人员、科技工作者接触，在此过程中就自然地扩大了自己的社会网络规模。另外，在农户创业中，特别是有一定成效以后，一些追随者会来学习经验，或者一些企业单位主动来寻求合作，甚至当地政府等部门闻名而来加强对其扶持和宣传，这会自动地拓展农户的社会网络规模。

同时，创业农户社会网络的初始状态在很大程度上影响其后续网络关系的形成。因此，创业农户作为社会网络的主体和社会网络建立的起点，自身的能力和特点也是影响社会网络规模拓展的重要因素。创业农户的性别、年龄、学历、工作经验、技术及个人品格等条件会对农户的社会网络规模的建立和发展产生影响。创业农户社会网络的冗余使得其信息获取效率下降，并且常常出现信息缺乏的现象。创业农户本身的能力和信息交流有限，因此创业农户迫切需要减少其社交网络成员信息的冗余并增加其多样性，这要求创业农户不断增添新的网络成员，并减少与现有冗余网络成员的联系（李文金，2012）。因此，农户创业会提高自身能力和素养，从而促进自身社会网络规模的拓展和优化。

二、农户创业对其社会网络中心性的影响

网络中心性是网络中的参与者接近网络交换系统的核心程度。因此，更高程度的网络中心性表明参与者在网络关系的聚合中具有更高的权限，处于更中心的位置，且在信息传播和资源利用方面拥有更大的权力（Burt，1992）。伯特在结构洞理论中指出，描述网络成员在社交网络中的位置中心性反映了成员在网络中的地位和话语权的大小（Brass and Burkhardt，1993）。李文金（2012）指出，基于结构理论和"小世界"的概念，创业农户如果充当和网络成员进行沟通的桥梁，就会形成"小世界"，"小世界"将处于关键位置。形成这样的"小世界"在正常的人际交往中要花费很长时间，因为"小世界"的形成需要成员之间有交换信息的需求，并且需要桥梁与核心位置的网络成员花费精力进行沟通和维护。但是，如果创业农户主动承担起沟通和维护的任务，那么以创业农户为核心的"小世界"网络将成为农户通过社会网络获取信息和知识的重要途径。因此，创业农户为了在社会网络中获取更多的资源和优势，会主动地或积极地提升自己的社会网络中心性。

创业农户社会网络中心性可以从三个维度来衡量，即广度、中心度和亲密性（Freeman，1977）。广度是指网络成员和其他相关成员的数量，反映了网络成员在社会网络中信息交换和共享行为中的活跃程度；中心度反映了网络成员在社会网络中的主导地位程度，即网络成员建立或破坏信息交换路径的能力；亲密性是指网络成员自发与其他网络成员建立关系的能力，这种能力反映了网络成员获取信息的效率（李文金，2012）。弗里曼指出的衡量社会网络中心性的广泛度、密切度所体现出的创业农户能力，与前面提到的创业农户的社会网络规模（拓展社会网络规模能力）和关系强度（增强社会网络关系强度能力）是相辅相成的过程，随着创业农户社会网络的发展，其构建和管理社会网络的能力也会增强，从而农户会提高自己在社会网络中的中心性，使自己处于有利的位置。因此，农户创业会提高自己的社会网络中心性。

三、农户创业对其社会网络关系强度的影响

社会网络关系强度是创业农户社会网络的重要特征，反映了创业农户获得外部资源和信息的充分能力（Hoang and Antoncic，2003），创业农户社会网络关系包括强关系（Krackhardt，1992；Larson，1992；Uzzi，1997）和弱关系（Granovetter，1973）。Granovetter（1973）认为，强关系是具有相似社会经济属性（如年龄、性

别、教育程度、收入水平和职业特征）的个体之间发展的紧密关系。弱关系是社会经济属性上有差异的个人之间发展的稀疏关系。由于具有强关系的个人之间的高度相似性，个人通过强关系获得的信息通常具有高度重复性。尽管弱关系分布广泛，但这种弱关系通常无法帮助创业农户在创业初期获得所需的信息和资源。在这一时期，强关系的作用通常很明显（李文金，2012），但随着创业的进行，原来弱关系在创业农户社会网络中的作用会增强，并削弱原来的强关系的作用，但总体上农户创业对其社会网络关系的影响起增强作用。

农户在创业过程中会产生对社会网络优化的需求，在这一阶段，创业农户需要利用已有社会网络成员，根据与创业农户进行信息交流和共享的历史，更深入地研究新信息。当创业农户从现有社会网络中获取信息比建立新的关系来获取信息更有效时，并且创业农户需要不断从社交网络中获取信息时，他们对社会网络中关系的维护和深化将付出更多的精力，并将进一步加深他们与社会网络成员之间的信任（李文金，2012）。创业农户的这种需求在创业初期主要通过强关系（如亲戚、挚友等）获取，但是随着创业活动的进行，农户会通过弱关系（如一般朋友、熟人）来获取其他更多的资源，创业农户依靠从社会网络中获取信息来获取企业家资源，他们需要对社会网络成员具有很高的忠诚度（Gulati et al.，2000），而这种忠诚度依赖于社会网络，从而使网络成员之间的关系加深，相互依赖并增加信任（Larson，1992）。因此，创业农户会增强弱关系的社会网络强度，向强关系的方向发展。并且研究还表明，这会在一定程度上削弱原来的强关系的网络强度。

创业对农户社会网络的增强作用表现在以下几个方面：第一，农户与社会网络的各个节点间的信息流动可能由最初社会网络的单向流动，变成信息的双向流动。例如，农户创业为了寻求资金、政策支持，可能更多的是农户单向地与政府和银行建立关系，形成单方面信息流动的被动网络关系，但是随着农户创业活动的进行，尤其是到了成长阶段，政府和银行也会主动寻求和农户建立社会网络关系，实现信息的互通。第二，信息流通量的加大，交流更加便捷。以农户与政府的社会网络关系为例来说明，许多农户创业发展到一定阶段后，政府会把该农户视为带动本地经济的动力，积极扶持农户创业。第三，共同利益性增强。创业农户最初建立的网络关系很多只是单纯的合作、支持、交易关系，但是随着农户与网络节点间的社会网络关系的增强，他们之间的利益关系也在增强，关系也更加亲近，他们之间的共同利益也更加接近，合作也更加紧密。例如，当某农户创业成为当地的经济支柱时，他和政府的共同目标就是促进产业升级，带动当地全面发展。

从成功创业的农户角度分析，一部分农户成功以后会有"选择性断绝社会网络关系"的行为，这会使其刻意地削弱或者修剪一部分原来强关系的社会网络关系。农户创业的社会网络关系强度变化具体见图4-1。

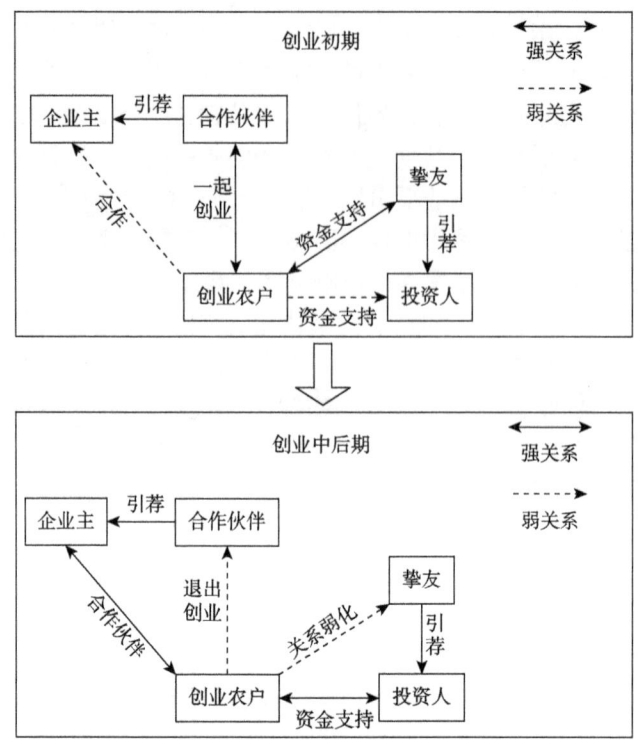

图 4-1　农户创业的社会网络关系强度变化

四、农户创业对其社会网络异质性的影响

　　社会网络异质性是指农民在社会网络中连接的每个节点的属性（如年龄、职业、行业和地区）的差异程度（Watson，2007）。创业农户为了降低其社会网络的冗余性，增加多样性，需要调整社会网络结构（李文金，2012）。创业农户的社会网络异质性体现为在社会网络中具有不同属性的成员比例动态变化，这增加了社会网络成员的多样性并减少了冗余。创业农户社会网络成员的结构会由非常亲密的朋友和亲人构成的强关系转变为以商业关系、政治关系为主的弱关系，最后，根据创业农户的特定目的和需求，发展成为一个有效的关系网络。随着农户创业过程的推进，属于不同关系的个体比例逐渐趋于稳定。

　　从创业农户的自身创业活动需要分析，创业农户为了从异质性强的社会网络中获取资源和优势，就必须不断地提升自身社会网络异质性。因为社会网络异质性越强的农户，其网络关系越多样化，可获得的信息和资源的限制就越低。社会网络异质性可以打破农户背景的界限，使农户能够跨领域获得知识和信息，而跨领域往往是新的创业机会丰富的领域。同时，由于长期接受了许多新鲜信息，具有强大社会网络异质性的农户将对创业机会更加敏感，并且对不确定的环境更加熟悉，从而增强农户的创业信心和能力。

另外，农户创业也会提升其社会网络异质性，这种异质性的提升主要来源于两个方面：从横向来分析，农户社会网络异质性提升来源于社会网络规模的拓展，社会网络节点数量的增加使该网络中节点的背景属性（如年龄、性别、专业、地域等）更加广泛，这使创业农户从横向范围增加了社会网络异质性。从纵向来分析，社会网络关系的增强促使社会网络的"深度"加深，进而提升农户社会网络异质性。"深度"是指农户通过建立与某一节点或某一个人的关系并且不断强化此关系，使农户能通过该节点（或者人）从纵向建立新的社会网络，使农户社会网络更加"深厚"。以农户与政府的关系为例进行说明，农户可能通过政府工作人员建立起他与整个地方所有政府人员的关系网，并将网络关系推向纵深发展。

第三节 创业农户特质对社会网络规模的影响

本节基于 Logistic 模型和 446 份课题调研数据实证分析创业农户特质对社会网络规模的影响。

一、变量的选择与测定

本节的因变量为"农户创业能否提升农户的社会网络规模"，自变量包括人口学统计特征、创业成长特征和创业者特质 3 方面、13 个具体影响指标。

（一）因变量

根据调研问卷的题项设置，我们通过设定问题"创业能否提升您的社会网络规模"访谈创业者，问题答案选项中，能扩大社会网络规模的赋值为 1，否则赋值为 0。

（二）自变量

根据调研问卷的题项设置，问卷将自变量设定为人口学统计特征、创业成长特征和创业者特质 3 方面、13 个具体影响指标,具体见表 4-4。

表 4-4　模型相关变量及描述性统计

因素	因子代码	变量含义	均值	标准差
人口学统计特征	性别 X_1	女=1 男=2	1.73	0.44
	年龄 X_2	单位/岁	41.99	9.56
	创业时学历 X_3	小学及以下=1 初中、高中=2 专科及以上=3	2.52	0.69
	政治面貌 X_4	群众=1 民主党派=2 共产党员=3	1.80	0.96
创业成长特征	是否加入某一组织（如某类协会）X_5	是=1 否=0	0.56	0.49
	是否有外出务工经历 X_6	是=1 否=0	0.64	0.48
	是否有非农工作经验 X_7	是=1 否=0	0.69	0.42
	是否拥有特定的技术 X_8	是=1 否=0	0.45	0.49
	是否参加过某类培训 X_9	是=1 否=0	0.82	0.42
创业者特质	愿意承担更大的风险去追求创业中的利益 X_{10}	1~5,5 个等级,等级越高表示意向越强烈、能力越强	3.68	1.15
	具有勤奋、吃苦耐劳的精神 X_{11}		4.53	0.86
	在压力下依然状态良好 X_{12}		3.99	1.00
	当决策存在不确定性时,会朝好的方面去想,积极对待 X_{13}		3.98	1.05

二、模型的构建

由于因变量为"农户创业能否提升农户的社会网络规模",设定为一个虚拟的二分变量,当农户创业能提升农户的社会网络规模时用 1 表示,反之为 0。由于 Logistic 回归模型在分析因变量为定性变量的情况时具有良好的预测准确性,可以有效地分析定性变量及其影响因素之间的关系。因此,本节拟采用二元 Logistic 模型进行分析。

为了论证农户创业提升了农户的社会网络规模,将农户的社会网络评价指标设为式（4-1）：

$$Y = f(X_1, X_2, X_3, \cdots, X_{13}) + \mu \quad (4\text{-}1)$$

其中,$X_1, X_2, \cdots, X_{13}$ 为影响创业农户提升社会网络规模的各变量;当有利于提升创业农户的社会网络规模时,$Y=1$,反之,$Y=0$;μ 为随机干扰项。如以 P 为因变量,方程式如式（4-2）所示：

$$P_i = \beta_0 + \beta_1 X_1 + \beta_2 X_2 + \cdots + \beta_i X_i + \mu \quad (4\text{-}2)$$

但是,在使用式（4-2）进行计算时,会出现 $0<P<1$ 的情况,因此,要对 P_i

做对数单位转换，如式（4-3）所示：

$$\text{Logit}P_i = \text{Ln}\left(\frac{P_i}{1-P_i}\right) \quad (4\text{-}3)$$

则 Logistic 回归方程为

$$P_i = \frac{1}{1+\text{Exp}\left[-\left(\beta_0 + \sum_i^n \beta_i X_i\right)\right]} \quad (4\text{-}4)$$

其中，P_i 为农户创业会提升社会网络规模的概率；β_0 为常数项；解释变量 X_i ($i=1,2,3,\cdots,n$)为创业农户提升社会网络规模的影响因素；β_i ($i=1,2,3,\cdots,n$)为回归系数，即解释变量对创业农户提升社会网络规模的影响程度。

三、结果分析

本节运用 SPSS 24.0 对影响创业农户提升社会网络规模的因素进行回归分析，结果如表 4-5 所示。

表 4-5　影响创业农户社会网络规模的计量结果

变量	β	标准差	p	Exp(β)
X_1	0.147	0.314	0.640	0.863
X_2	-1.902	0.022	0.067	1.002
X_3	0.220	0.440	0.047	1.246
X_4	0.573	0.443	0.196	0.564
X_5	0.677	0.456	0.005	1.969
X_6	0.820	0.661	0.215	2.271
X_7	0.481	0.573	0.001	1.618
X_8	-0.147	0.448	0.542	1.159
X_9	0.235	0.556	0.002	1.265
X_{10}	0.110	0.187	0.076	1.117
X_{11}	0.054	0.242	0.035	1.056
X_{12}	0.203	0.218	0.085	1.225
X_{13}	0.017	0.213	0.088	1.017
-2log likelihood	145			
Peseudo R^2	0.296			
Prob>chi2	0			

由表 4-5 的回归结果可知，人口统计学特征上，年龄、学历均通过了显著性水平检验，其中，年龄的回归系数 β 为负值，说明创业农户的年龄越大，创业者越不

愿意去拓展社会网络规模，可能原因在于，随着年龄的增长，他们已经具有稳定的社会网络规模，基本能够满足创业的资源需求或成长需要，故缺乏拓展社会网络规模的动力。学历越高对创业农户提升社会网络规模越有利。对于一些本科、硕士及以上等高学历的创业农户，除了拥有乡村的亲缘、地缘网络外，他们还拥有丰富的同学网、师生网，这些网络关系不但给他们提供巨大的人才、技术等支持，还是他们拓展自己社会网络规模的重要途径，故学历对创业农户提高自己的社会网络规模产生正向影响。创业成长特征中，农户是否加入某一组织（如某类协会）、是否有非农工作经验通过了10%的显著水平检验，主要是由于创业农户通过参加社会组织和进行相关培训，能认识和结交一些志同道合的朋友、伙伴，也得到一些深层次的技术、资金甚至政策的支持，因而农户对参加一些组织表现出积极的态度，正是这种积极的态度使其通过这种形式来拓展社会网络规模，从而在一定程度上克服了农户创业的不利条件。同时，创业农户中曾经从事过非农经济经营活动者有利于拓展社会网络规模的表现有以下几点：第一，可以利用曾经的社会网络关系网"牵线搭桥"认识新的朋友、伙伴，从而拓展或者建立新的社会网络；第二，利用丰富的经验主动寻求联系，通过各种方法提高和优化自己的社会网络规模。创业者特质中的影响指标均通过了显著性水平检验，说明愿意承担更大的风险去追求创业中的利益、在压力下依然状态良好等会正向促进农户拓展自己的社会网络规模。由于农户的这些特质有利于农户在创业中理性地面对问题和处理问题，同时农户在预防、解决问题中不断地寻求资源、信息的支持和提高自己的个人能力，从而通过不断地扩大和优化自己的社会网络规模来获得有力的资源、信息支持。

第四节　创业促进农户社会网络发展的案例剖析

基于实证研究，本节采用田野调查的方式，通过案例解读，分析创业过程中创业者的创业行为对其社会网络的影响机理及结果，以论证农户创业对其社会网络演变的机理和作用。

【案例 4-1】

农户创业多层次轮轴式拓展社会网络

创业农户刘先生，政治面貌为群众，创业时间为 2007 年，主要从事以合作社为组织形式的花椒种植、花椒加工销售等，合作社有 5 名股东，2016 年种植规模达到了 6 000 亩。刘先生 2007~2016 年近 10 年的创业时间，可以分为：2007~2012 年，创业成长阶段；2013~2016 年，创业成熟阶段。在这两个阶段中，创业农户的地位和角色都不一样，前一个阶段主要是创业农户以家庭为单位的独立创业，创业农户主要以个人实践操作为主；后一个阶段创业农户与股东成立了合作社，创业农户主要从事合作社的管理，成为一名管理者。社会网络演变结果见图 4-2。

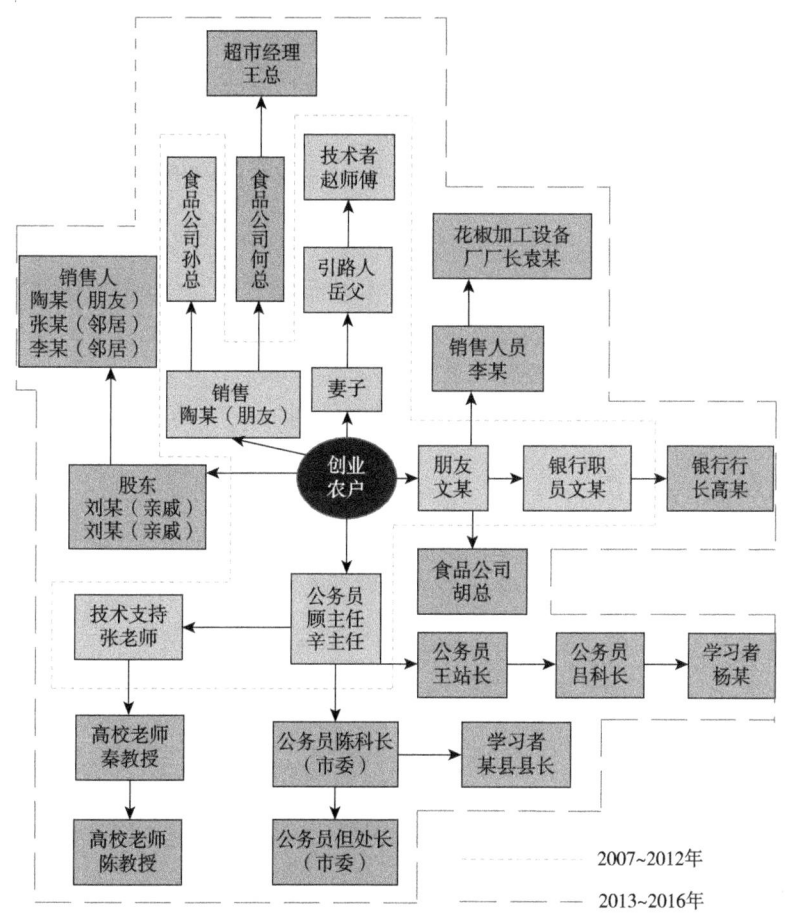

图 4-2　创业农户刘先生的社会网络拓展图

本部分研究分为创业成长和创业成熟两个阶段阐述刘先生的创业历程对其社会网络关系的影响。创业农户刘先生的创业动力主要来自岳父曾经从事花椒种植的经历，因此在其创业成长阶段的社会网络关系主要是岳父、妻子、朋友陶某（提供销售）及政府的顾主任、辛主任（提供政策、技术等支持）等，在这个阶段其社会网络的规模还很小，且主要以强关系的亲缘关系为主。在创业农户创业成熟阶段，其社会网络在原来的基础上发生了明显的变化，社会网络中增加了5个利益关系紧密的股东，同时通过产品销售结识了生意伙伴胡总、何总、孙总等，还通过学习交流认识了专业性技术人员张老师、秦教授、陈教授等，在政府部门方面又认识了市委的陈科长、但处长等。从上述内容可看出随着刘先生创业活动的发展，其社会网络规模、社会网络异质性都有明显提升。

创业农户刘先生从以下几点证实了创业对其社会网络的影响。

（1）农户创业对其社会网络规模的影响。刘先生认为这种拓展主要来自主动拓展和被动拓展两个方面。刘先生认为在创业成长期为了寻求花椒产品的销售和得到政府政策、技术的扶持，他会被动地通过各种渠道去认识相关人员；但是在创业成熟期，尤其是其花椒品牌形成以后，会有全国各地的人来和他寻求合作或者向他寻求经验，如来自学习者杨某等，社会网络会自然而然地拓展，网络呈现主动拓展的态势。

（2）农户创业对其社会网络异质性的影响。刘先生认为这种异质性的提升是伴随着社会网络规模扩大自然形成的，他主要通过"老朋友认识新朋友"的纵向结交和"结识不同领域的新朋友"的横向拓展两个方面来增加社会网络规模和社会网络异质性。他认为"这是创业农户必须要有的能力，也是创业带来的自然现象"。他证明了创业能提升社会网络成员的异质性。

（3）农户创业对其社会网络中心性的影响。创业农户刘先生的"名气"在当地算得上"无人不知、无人不晓"，这会给他的产品销售带来额外的帮助，表现在他和别人的交往中处于有利的位置，在自己的"社会网络成员"交往中显得更加主动，同时也让他有机会和一些社会地位更高的群体进行交流。另外，他在家庭（族）内的社会地位明显提高，说话的分量也更"足"，这使他觉得自己的人生价值得到了充分展现。

（4）农户创业对社会网络关系的影响。刘先生认为，这只能限制在"合作伙伴（股东）之间的社会网络关系的增强"，他指出"当他创业成功后，身边的朋友、亲戚、邻居都很嫉妒"，因此他认为创业对增强社会网络关系的作用主要表现在合作伙伴之间的共同利益增强，彼此之间的影响作用更加明显，同时彼此之间的交流更加频繁，信任度和信息共享度都会提高。但是，刘先生也并不否认对于有嫉妒心的朋友、亲戚、邻居在不涉及利益时，关系也有显著的增强。

社会网络关系说明：刘先生岳父有种植花椒的经验；赵师傅经其岳父介绍提供技术支持；李某是邻居，提供了土地；邻居张某、朋友陶某及食品公司何总都是花椒销售的合作伙伴；顾主任是镇上政府部门工作人员，他介绍的重庆市某区农业农村委员会王站长主要提供政策等支持；辛主任是镇上供销社主任，他介绍的张老师主要提供技术支持；朋友文某主要提供资金帮助。

【案例4-2】

农户创业多元辐射带动式拓展社会网络

创业农户周先生，男，52岁，学历为专科，职业是商人，主要从事木材加工、建筑等相关工作。创业起始是2008年汶川地震后国家的一系列鼓励灾区人民重建家园的契机。周先生最开始的资金来源除了自己以前的存款之外，就只有向亲戚朋友借钱，向农村信用社贷款，劳务人员也都是同村或者邻村互相认识的人，周先生定期给他们结账，工钱按干活的天数来算。干得比较好的，过年的时候会多发一些工钱。后来周先生因为亲戚的介绍及亲戚介绍的朋友的介绍，慢慢接触了一些其他行业的人，才开始了解其他行业风险有多大、赚不赚钱、能不能做。

本部分研究按照创业活动分为三个阶段阐述周先生的创业历程对其社会网络关系的影响。

第一阶段：创业农户（周先生）与公务员周某是亲兄弟的亲属关系，而企业主刘某是创业农户（周先生）妻方的表兄，技术工人张某、技术工人任某、技术工人王某与企业主刘某有一定的工作关系，他们在创业农户的创业过程中提供技术支持。由此看出，创业农户在创业初期的社会网络是典型的以强关系（亲戚关系）建立的社会关系。而且创业农户的社会网络规模很小，网络成员比较单一，主要是公务员（周某）和企业主、技术工人等，网络成员的异质性不够强，网络中心度不够突出。

第二阶段：随着创业活动的进行，创业农户通过公务员周某的引荐逐渐扩大了他的社会网络规模，如高校老师王某就是公务员周某的大学老师。并且创业农户（周先生）经常会和高校老师王某与公务员周某在一起进行知识、技术和政策等方面的交流，通过与高校老师王某和公务员周某的交流，创业农户在知识、技术及政策等方面获得了很大的帮助。该创业农户在创业中为了增强自己的法律意识和自我权益的保障，还通过公务员周某的妻子律师张某获得了许多法律方面的帮助和支持。另外，该创业农户还通过律师张某和公务员周某认识了投资人张某、企业主侯某、企业主陈某和投资人李某，进一步拓展了自己的社会网络。该创业农户通过这些企业主和投资人获取了许多的市场信息，同时也拓展了个人的视野和增强了个人能力，如通过企业主侯某了解了建筑行业的知识和信息。在该阶段，创业农户的社会网络规模在快速地扩大，社会网络成员的异质性也在增强，通过访问创业农户也证实了他的社会网络中心性也在增强，他和网络成员的关系，尤其是和弟弟公务员周某等的网络关系也在增强。该创业农户也感觉到随着创业的成功，自己的社会地位也在提高，自己在发展社会网络关系中的渠道和方式更加多样，困难程度在降低，并且自己对于扩展社会网络的渴望也更加强烈，由原来的别人"引荐"向自主寻求转变，由原来的以强关系（亲戚关系）建立关系网开始转变成以弱关系（利益关系）建立社会网络关系。

第三阶段：在该阶段，该创业农户为了宣传自己的事业，提高自己的社会知名度，主动通过投资人宁某结识了媒体人员李某。该创业农户为了进一步拓展自己的事业，开始以投资人的身份与企业主侯某从事建筑行业，在这个过程中还结识了企业主赵某，其主动寻求与创业农户周先生在建筑方面展开合作，并且该创业农户最终和企业主赵某合作竞标一些建筑类的工程。通过对该创业农户的访谈实证及对其社会网络演进脉络的梳理可发现，该创业农户的社会网络规模在扩大、网络成员的关系在增强、网络成员的异质性在提高、创业农户的社会网络中心性在增强，创业农户获取信息能力变强、人生价值得到体现和满足。这三个阶段中创业农户周先生社会网络的演变过程详见图4-3。

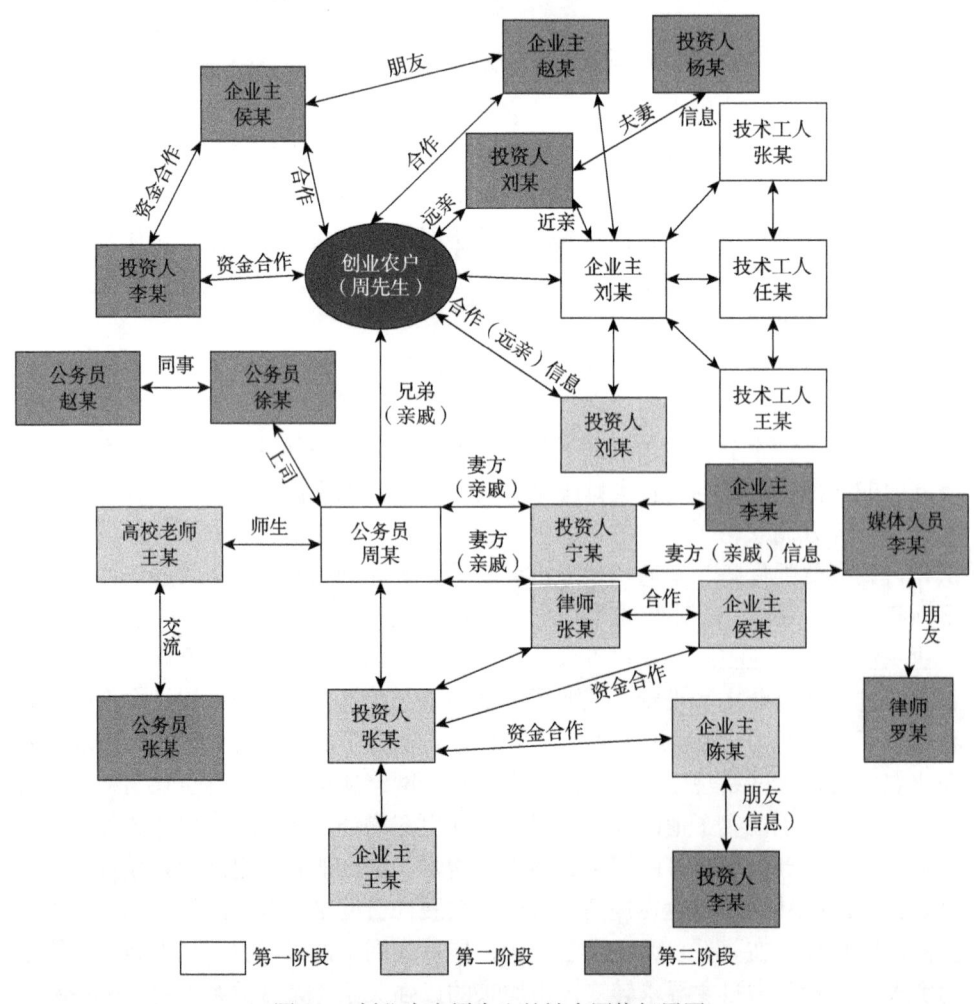

图 4-3 创业农户周先生的社会网络拓展图

第五节 研究结论

本章通过梳理中国农户创业的历史沿革，结合相关理论分析了农户创业对其社会网络演变的机理，同时利用 Logistic 模型定量分析创业农户特质对拓展社会网络规模的影响，以及通过实地访谈论证了农户创业对其社会网络演变的影响。本章主要包括以下几个方面：①农户创业能够拓展其社会网络规模，并且随着创业的进行，网络规模的拓展方式由被动拓展向主动拓展转变，拓展的渠道逐渐多样化，拓展难度也逐渐降低；②农户创业能增强社会网络关系的强度，但随着创业的进行，强关系的社会网络的网络地位会削弱，弱关系的社会网络的网络地位会增强，从而导致社会网络关系中少数节点间的关系在减弱，但是并不影响整个社会网络关系显著增强的趋势；③农户创业能够增强其社会网络中心性，表现为创业农户的社会地位提高，自我人生价值的实现，在整个社会网络中获取资源、信息的能力增强；④农户创业能提高其社会网络异质性，主要体现在横向和纵向两个方面，横向上表现为网络成员规模扩大、涉及领域变广等，纵向上表现为网络成员社会地位的提高；⑤创业农户具备了勇于承担风险的个体特质，拥有的社会背景、文化和技术水平是影响其拓展社会网络规模的重要因素。

第五章　社会网络演变与农户创业推进的图谱

　　本章在明晰社会网络演变和农户创业推进的机理与作用基础上，根据图谱理论，探索社会网络演变与农户创业推进的图谱机构。首先，本章介绍图谱演进的基本理论与图谱形成的逻辑解释，发现推进二者协同演进的基本动力主要包括创业者的创业环境、网络能力、创业者特质三个主要变量。其次，本章采用扎根理论得到创业用户网络能力的具体测量量表，为后文的实证分析奠定了基础。再次，借助四川省广元市农民工协会和重庆市北碚区花椒种植合作社案例，分析社会网络和农户创业协同演进的图谱变化。最后，提出协同演进的 DNA 双螺旋图谱，为后续协同演进研究奠定理论基石。

第一节　社会网络演变与农户创业推进的图谱生成

一、图谱演进的基本理论

　　图谱是指根据实物描述或摄制并经过系统编辑的图，是研究某一学科所用的资料。图谱必须符合两个要件：一是图谱的图形必须根据实物描述或者摄制；二是这些图形描述得到了系统的编辑。图谱中的"图"指地图，"谱"指系统，图与谱合一则是空间与时间在动态变化过程中的统一表述。图谱主要表现事物和现象在形态结构、组成物质、成因机制、动态变化等方面的综合性、复杂性规律，往往以系列图的形式表示时空动态变化（许珺等，2010）。图谱有多种表现形态，其中双螺旋结构因为具有生命价值，在社会科学中具有良好的理论解释力，因此双螺旋结构成为社会科学研究中常用的图谱结构。例如，创新双螺旋（王维成和朱欣民，2015）、高校育人的双螺旋模式（徐志强，2015）。

双螺旋结构最早源于 DNA 研究，由美国科学家詹姆斯·杜威·沃森（James Dewey Watson）和英国科学家弗朗西斯·哈里·康普顿·克里克（Francis Harry Compton Crick）于 1953 年提出，标志着遗传学的"生物之谜"被打开。DNA 双螺旋结构有两条相互平行的长链，以一个共同的轴心向右双螺旋盘旋，形成迂回上升类似双麻花的构型。在两条螺旋之间，由多核苷酸链相互缠绕架构其双螺旋，中间由四种化学物质扁平连接。双螺旋结构模型生动形象，常常被学者引入不同学科领域，亨利·伊兹克威兹（Henry Etzkowitz）等还在 DNA 双螺旋结构模型基础上，创新性地构建出三螺旋模型理论。三螺旋模型理论揭示，解决问题不一定要直击靶心，可以通过多次循环采用某种逻辑思想解决问题，使得解决问题的方案能灵活调整，更具备可操作性。

二、图谱形成的逻辑解释

调研发现，随着创业推进，创业者的社会网络在不断扩大和升级。社会网络是一个动态发展的网络关联体，处于不同生命周期的创业企业对资源的需求不同，创业企业与社会网络是一个"诉求—被满足—再诉求—再被满足"的过程。因此，社会网络演化路径与企业生命周期密切相关，并表现出阶段性特征。基于已有研究，社会网络演化主要涉及网络主体、结构特征和关系特征，组织创建伴随着创业者社会网络主体、网络结构、网络关系的不断演化（李文金，2012）。彭华涛（2008）认为，企业的社会网络进化对延长创业企业生命周期、拓展创业企业生存空间及挖掘创业企业无形资产等均具有重要作用。同时，农户创业企业的产业链条延伸和业务范围拓展，会促使其社会网络规模扩大，使得社会网络成员的关系强度、结构密度等随之强化。实地调研中，大量的农户创业实例也印证了这一理论逻辑。

在创业初期，农户处于想法构建和方案制订阶段，机会和风险并存，如何降低风险，识别和开发创业机会是需要着重考虑的问题。中国情境下，人际关系网络的互动体现在众多方面，创业者借助社会网络能够很好地整合创业中所需的生产资料、营销网络、政策资源、管理战略、企业文化、创业成就感等各种硬性和软性资源，弥补企业创立和成长过程中新进入者缺陷导致的资源和技术能力方面的劣势，并能够获得情感和道义上的支持（Bratkovic et al.，2009），促进企业快速成长。创业初期的企业缺乏信用资本且规模较小，内部资源不足，创业者会根据自身的实力、资源及信息的可靠性和机会价值对创业机会识别与开发问题进行深入思考，最初产生的商业想法和创业动机是保密的，但由于个人所掌握信息的有限性，创业者不得不与他人进行沟通，他们会谨慎选择沟通对象，多数介于亲戚朋友之间，社会网络规模较小、级别较低，但网络内部的联系较为紧密，关系强度高，此时形成的初创网络主要作用于创业者在创业过程中获得亲友支持和创业信息，是新创企业获取资源及创造竞争力优势的工具，能发现更多创业机会。当确定创业机会开发，准备创建组织，创业者会对创业活动充满信心，在以亲友为基础的强关系的社会网络支持下，创业进入实质性阶段，机会不需要保密，当已有的初创网络不能满足创业活动的需求，为了实现市场绩效，企业需要进行组织资源的重新配置，或者寻求技术支持或外部互补技术，以建立创造价值的能力。其外部关系网络也会逐步扩展和延伸，创业者会开发各种可以利用的社会关系，获得更多创业信息，寻找更多创业资源，如技术、资金、知识、市场信息等，实现社会网络中的优势资源共享、关键要素互补及创业风险分摊。此时，社会网络不再以强关系为主，而是以各种可以利用的弱关系为主。弱关系的信任程度较低，维系成本较高，组织进入实际运营阶段，创业者更重视组织发展、日常管理、实际问题解决，以创业者为中心的社会网络组织化程度较高，创业者可以利用一切可以利用的资源，发展需要的社会关系。新创组织到了成长阶段，创业者的使命和遇到的困境都经历了较大变革，创业者会根据企业发展需要筛选出有利的或者可以利用的关系，剔除冗余的或者无用的关系，此阶段下，社会网络构建有较为明确的目的性，效率较高，创业者会合理管理自己的社会网络，并建立正式或者非正式的契约关系。社会网络构建成功，创业者就会形成自己的团队，并且依据自己的社会关系、政治关系和商业关系合理配置资源，促进组织发展走向成熟。可以看出，创业者社会网络演变和创业推进相互关联，互相促进，协同发展。基于此，沿着"初创网络—机会识别—创业网络—资源获取—组织网络—创业成长—产业网络—创业成熟—……"这一逻辑思路，根据双螺旋图谱特征，构建社会网络与农户创业协同发展图谱（图5-1）。

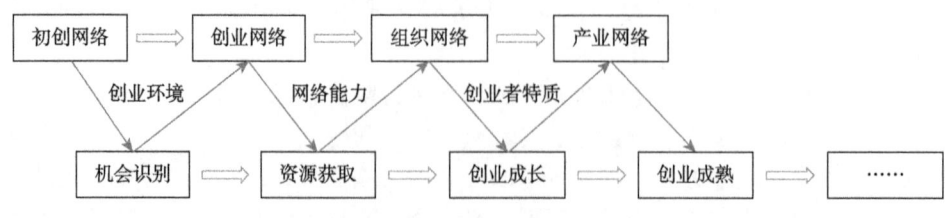

图 5-1　社会网络与农户创业协同发展图谱

第二节 推进图谱演进的主要动力

一、创业环境

创业环境是指与创业相关的环境因素。由于创业与环境本身是两个非常宽泛的名词，因此，创业环境便成了一个内涵十分丰富、外延十分广阔的新概念。创业环境是指在创业者创立企业的整个过程中，对其产生影响的一系列外部因素及其所组成的有机整体（Gartner，1985）。Child（1972）将创业环境看作企业自身感知的客体。Desai等（2003）提出创业环境本质上是一种制度环境，包含规范的制度、规制的制度和认知的制度。国内学者池仁勇（2002）将创业环境定义为"创业者周围的环境，是创业者及其企业产生、生存和发展的基础，是一个复杂的社会大系统，由创业文化、政策、经济和技术等要素构成，是多层面的有机整体"。张玉利等（2004）认为，"创业环境是在创业活动中发挥重要作用的要素组合"，包括"影响人们开展创业活动的所有政治、经济、社会文化诸要素"和"获取创业帮助和支持的可能性"。

创业环境主要从创业环境要素、创业环境主体和创业环境特性三个方面来描述。创业环境要素是创业过程外部影响因素的集合，环境要素所体现出的对创业企业的影响是环境主体所提供功能的外在表现。Porter-O'Grady（1998）从某一行业的角度出发提出创业环境的组成要素包括进入壁垒、竞争者状态、替代产品的威胁、购买者的还价能力及供应商的还价能力。Gartner（1985）在此基础上将创业环境的构成要素扩展到22个。五维度模型是由Gnyawali和Fogel（1994）于1994年提出的，在该模型中，创业环境的5个维度分别是创业和管理技能、社会经济条件、政府政策和工作程序、资金支持及对创业的非资金支持。GEM是由英国伦敦商学院和美国百森商学院基于一个旨在研究全球创业活动的项目而提出的。在该报告中，创业环境条件包括9个方面。国内学者在创业环境的构成要素方面也获得了一些研究成果。例如，池仁勇（2002）在美日创业环境的比较研究中提出了创业环境应包括6个子系统，即创业网络系统、创业风险管理系统、创业孵化系统、创业者培训系统、企业培训系统和成功报酬系统。张玉利等（2004）认为创业环境包括社会经济条件、政府政策和工作程序、金融与非金融支持、创业与管理技能4个方面。部分学者对创业环境的单个要素进行研究，创业环境的单个要素包括技术环境、融资环境、人才环境、文化环境、政策法规环境。理想的创业环境首先是一个创业平台，为创业者提供各种技术、资本等资源；其次，创业环境是公共物品，政府在提供创业环境中起到了决定性的作用；最后，环境建设的目的是促进创业。环境是一个很广的概念，外延难以确定，创业环境主体作为创业环境的承载者，要清晰创业环境的含义，创业环境主体对创业环境的界定十分重要。狭义的创业环境主体是指政府部门、中介部门等；广义的创业环境主体是指组织主体及个体，组织主体主要包含政府部门、高校、科研院所、金融机构、关联组织等，个体指家人、亲戚、朋友、熟悉的人、信任的人等（宝贡敏和余红剑，2005）。Annika（2001）通过调查实证研究了新创企业的资源需求、提供资源的主体及这些主体的功能，认为提供资源的主体通过自身的功能及功能之间的关系为新创企业供给所需的资源，促进了创业企业的形成。

创业环境对农户创业与社会网络的作用表现在哪些方面？良好的创业环境可提高创业者的创业能力，以更好地捕捉创业机会。创业环境影响创业者的动机，进而影响创业机会。朱红根和康兰媛（2013）提出农村金融环境、经济环境、基础设施对创业绩效有正向影响。孙红霞等（2010）从政策、社会、经济、农村自然等方面研究创业环境对成果的影响。解春艳（2013）明确了创业环境对创业意愿的影响关系，认为政策、经济、科技、金融、基础设施等因素会正向促进农民的创业意愿。卢旭（2013）认为较弱的政府扶持力度、落后的金融服务、欠完善的基础设施环境均制约了农民的创业行为。

基于已有研究及实际调研情况，可以看出创业环境为创业活动提供了外源动力，促进了创业的成功和成长，为创业提供了物质基础和运营平台。本部分在已有文献的基础上，结合田野调查，从硬环境及软环境两个方面来测量创业环境对农户创业及创业者社会网络的作用。硬环境主要包括乡村道路建设、农田水利设施、土地质量、农产品物流市场；软环境主要包括政府支持力度、农村公共服务、法律制度环境、金融环境、创业氛围。通过利克特五分量表测量创业者所在地区的创业环境（1=非常满意；2=比较满意；3=一般；4=不太满意；5=很不满意），对所得数据做统计性描述，具体如表5-1所示。

表 5-1 创业环境（n=446）

一级指标	二级指标	均值	标准差
硬环境	乡村道路建设	2.40	1.23
	农田水利设施	2.57	0.95
	土地质量	2.50	0.88
	农产品物流市场	2.59	1.05

续表

一级指标	二级指标	均值	标准差
软环境	政府支持力度	2.48	1.06
	农村公共服务	2.49	0.96
	法律制度环境	2.62	1.58
	金融环境	3.14	1.02
	创业氛围	3.01	1.56

从整体来看，创业农户对当地硬环境的评价处于一般至比较满意之间；对于软环境，创业者对金融环境、创业氛围的评价处于不太满意范围。改革开放以后，中国对农村地区的基础设施投入加大，修整乡村道路，兴建农田水利设施，建设农村贸易市场，不断促进农村的繁荣和发展；信息化时代，政府十分重视农户创业活动，出台了一系列扶持农户创业的优惠政策，在一定程度上为创业农户提供二次学习机会，以技术、信息、管理能力等为重点，鼓励有创业意向但缺乏条件的农户开展创业活动。

（一）创业环境要素对创业者社会网络的影响

创业环境一般从创业环境要素、创业环境主体和创业环境特性三个方面来分析，本部分所指创业环境要素主要包括乡村道路建设、农田水利设施、土地质量、农产品物流市场、政府支持力度、农村公共服务、法律制度环境、金融环境、创业氛围；创业环境主体主要包括金融机构、政府、中介机构、科研机构、个体（亲戚、朋友、熟人等）；创业环境特性表现为敌对性、动态性和复杂性。由于本部分在研究框架中将创业环境作为外部调节变量，重点分析考察创业环境要素的影响，故而对于创业环境主体和创业环境特性的研究相对弱化。

通过实地访谈及数据分析，受年龄、教育程度、创业者成长特征等因素的影响，创业者对于当地创业环境的认识较为真实客观。在中国乡村，创业者大多属于能人或者带头人，通过资本、人力、技术、管理等方式参与乡村建设，对于乡村环境了解程度较深。同时，创业者社会网络规模、网络结构、网络中心度等与其所处的环境息息相关，政策环境对创业者起到了极大的鼓励和支持作用，乡村基础设施提供了重要的保障，乡村良好的土地质量为从事农业生产的创业组织起到了事半功倍的效果，农产品物流市场为新创企业营造了良好的发展环境，相应的法律制度保障了创业活动的顺利进展，引入的融资机构为创业者解决了根本性的难题。农村创业环境的不断完善为组织营造了良好的发展氛围，促进了创业者社会网络规模的扩大、网络结构的升级。本部分以社会网络规模为例，测度社网络规模的变化与创业环境的相关性，如表 5-2 所示。

表 5-2　创业环境对创业者网络规模的交互影响

创业环境	创业环境要素均值（评价：1~5 分）	创业者网络规模/人			
		1~3	4~6	7~9	10~12
硬环境	乡村道路建设	2.17	2.33	2.36	2.50
	农田水利设施	2.40	2.40	2.50	2.64
	土地质量	2.30	2.34	2.58	2.71
	农产品物流市场	2.36	2.53	2.53	3.00
软环境	政府支持力度	2.30	2.37	2.64	2.77
	农村公共服务	2.27	2.37	2.29	2.93
	法律制度环境	2.41	2.41	2.50	2.57
	金融环境	2.97	3.05	3.04	3.50
	创业氛围	2.84	2.95	3.10	3.21

由表 5-2 可以看出，从整体来讲，创业者网络规模的变化与创业者对创业环境要素的评价呈正相关关系。创业者网络规模越大，创业者对于不同创业环境要素的评价分值越高，其中，政府支持力度和金融环境略有偏差。从创业者网络规模上来看，网络规模为 1~6 人的创业者占了 76.40%的比例，网络规模为 7~12 人的创业者占了不到 1/3 的比例。基于前文实证分析，社会网络规模显著影响创业者的成长和组织的发展，而创业环境要素与社会网络规模紧密联系。从环境调节的角度出发，创业者所处的环境设施越完善，软环境越完备，创业者的社会网络就越容易拓展，越有利于组织的成长和发展。

（二）创业环境对农户创业的影响

农户创业有利于资金、信息、技术、人才等资源流向农村，增强农村经济社会综合实力，也是建设社会主义新农村，解决"三农"问题的重要途径。那么农户是否选择创业？选择什么创业组织形式？创业是否成功？这些问题受到很多因素的影响，而创业环境无疑是较为重要的因素。创业环境的有利因素包括产业政策的导向、基础设施的完善、创业所需资源的易获得性等，这些都有利于创业企业的生存和发展。有学者研究表明，政府的政策支持可以使创业者看到创业的潜在优势，激发其创业兴趣，进而拓展农户的创业空间。同时，良好的政策支持为农户创业过程中的机会识别提供了基础。经济环境基础为农户创业提供了更多、更好的机会，一方面，来源于当地创业经验的影响，另一方面，资源的可获得性相对经济落后地区有很大的优势。金融环境对农户创业的影响受到很多学者和创业者的关注，目前形成了两种不同的观点：一种观点认为金融环境对创业者的成功起到了决定性的作用，主要在资金获取、业务拓展、产业发展等过程中表现出来。另一种观点认为，金融环境对创业活动的影响并不明显。从表面上看，金融环境直接影响创业活动的产生、进程和绩效，但若没有政策的导引，金融机构在乡村的存在就是空壳。对于基础设施，从理论和实践来看，基础设施越便利，越有利于创业活动的进展，尤其是道路、水利等设施的完善，为农业生产、农产品销售等提供了便利，降低了交易成本，促进了农户创业。

二、网络能力

创业能力是创业者拥有的关键技能和隐性知识，是个体拥有的一种智力资本，作为高层次的特征，它包含个性、技能和知识，被视为创业者能成功履行职责的整体能力（Man，2002）。创业者的成功主要取决于创业能力（Lans et al.，2010）。创业能力对企业的绩效和成长有显著影响（Mitchelmore and Rowley，2013）。基于个体层面的创业能力研究大多把创业能力看作创业者的天赋能力（Thompson，2004），或者创业者有效、成功地完成工作的特质，具体包括性格特质、技能和知识等；而基于组织层面的创业能力研究则把创业能力定义为组织识别新想法、新产品和新观念的手段和方法，或者把创业能力界定为组织根据识别到的市场机会获取所需资源以识别和开发创业机会或者建构新市场机会的能力（Arthurs and Busenitz，2006）。创业者的机会识别能力决定了整个创业活动的行动方向，能够直接给企业带来投资收益或者利润（Alvarez and Barney，2004）。一旦创业，创业者就需要整合各种资源。是否具备成功获取资金的能力则是创业者能否成功建立企业、提升创业绩效的关键因素（Audretsch，2003）。创业能力的形成和提升过程本质上是一个学习的过程（Man，2012），现有研究主要从经验视角方面解释创业能力的形成，强调从先前经验中学习以形成创业能力（张玉利和王晓文，2011）。创业能力是创业者拥有的，促使创业成功的一系列知识、技能和态度的集合，Mitchelmore 和 Rowley（2013）认为创业能力具有动态性，它是一系列知识、技能和态度的集合。Thomas 和 Theresa（2000）从机会胜任力、关系胜任力、概念胜任力、组织胜任力、战略胜任力、承诺胜任力六个维度评价创业者胜任力。谢雅萍和黄美娇（2014）从机会能力、融资能力、承诺能力、构想能力、运营能力五个方面对创业能力进行评价。创业能力在推进创业成长和成功的过程中起到了决定性作用，基于已有研究，创业能力涵盖范围较广，涉及创业的方方面面，囊括了创业者社会网络发展与创业推进的内源动力，本章为探究这种内源动力，引入创业者网络能力概念。网络能力最早基于企业和组织层面由 Hakansson 和 Ford（2002）提出，由于企业与供应商、顾客和竞争对手等外部组织间的关系从单一的二元关系发展成为多组织间相互依存和相互关联的网络关系，良好的企业间关系能够帮助企业通过资源整合、知识共享来迅速占领市场，创造价值。这种情况下企业网络能力的概念应运而生，并被归于改善网络位置能力和处理单一关系能力两类要素，后被莫勒和里特完善，多应用于成熟企业的研究。任胜钢和舒睿（2014）将其扩展到创业者层面，在创业进程中，创业者本身的内源动力在一定程度上推动了创业成功，他们认为是创业者个人素质发挥了这种作用。基于企业层面的网络能力提出了创业者网络能力的概念，并将其定义为：创业者通过识别他们自身的关系网络价值，开发、维护和利用网络关系来获取信息和资源的动态能力。最后，从网络愿景（network visioning）能力、网络构建（network establishment）能力和网络管理（network management）能力三个维度进行评价。网络愿景能力是创业者积极主动构建和利用关系网络的意识。它主要表现为：在日常活动中从事互惠性活动，主动提供人情，维护他人的面子及偿还人情来保持长期合作的意识（Su et al.，2008）。Man（2012）基于行为过程视角认为，创业者网络能力应包括对信息的感知、搜寻及对有用资源的开发利用。本章提出创业者网络能力还应包括从意识到行动的一系列有计划的行为。网络构建能力是创业者利用关系技巧拓展新关系的能力（Shou et al.，2011）。它通过人际的相互行为，如活动、馈赠、帮助及分享内心感受等来增加彼此间的良好印象，建立潜在的合作关系。一些学者认为，具有网络导向的企业能够更加积极地利用网络关系。例如，我国学者徐金发等（2001）在构建企业网络能力测度中就提出了网络构想能力的概念，他们认为，企业对网络的战略和构想是它们能够进入新的网络组织的首要条件。网络能力是一个活动过程，网络管理能力就是创业者能够协调和管理个体对个体、个体对群体的良好互动关系的能力。Ritter 和 Gemünden（2003）认为在创业的整个过程中需要完成启动、交流和协调工作。Walter 等（2006）提出网络能力主要包括四个方面的内容，即协调、关系技巧、合作者知识和内部交流，这四个方面反映了个体对已存在关系的有效管理和深化。张宝建等（2015）提出网络能力越强，企业绩效越高，企业处于网络核心位置的可能性越大，企业能够占据结构"空洞"的希望越大，创业者合作伙伴异质性越强等。范钧和王进伟（2011）发现网络能力各维度对隐性知识获取均有显著正向关系，不同维度的网络能力对企业绩效存在直接或间接的正向影响。Ziggers 和 Henseler（2009）的实证研究发现，网络能力较强的企业通过与一些供应商建立密切的长期合作关系，既能及时获得满意的产品和服务，也能降低企业成本，因而有效提高了企业的运作效率和整体财务绩效。因此，创业者必须具备"提高其网络综合地位和处理特定网络关系的能力"（Hakansson，1987），才能充分地从网络中获取资源。对于农户来说，由于初始的社会网络关系主要是一种天然性、乡土性的社会关系，网络规模小、紧密度高、趋同性强、异质性低、网络资源含量低（李树茁等，2008），再加上这种基于血缘、地缘的乡土社会网络与创业产业网络在空间上的偏离，加大了其获取创业资源的难度，网络能力的高低对其创业资源获取也就具有了特殊意义，甚至成为决定农户创业成功率的关键因素。

可以看出，目前对于创业者网络能力的测试还没有形成共识，众多学者根据研究需要进行网络能力含义的界定及维度的选择。本节在前人研究基础上，通过对15位创业成功的农户进行访谈，采用扎根理论，对访谈的真实资料进行编码分析，以期得到网络能力的概念及评价维度，最后总结农户创业成功的内在动力之一——创业者的网络能力。

（一）扎根理论

扎根理论是一种定性研究方法论，在社会学领域应用较广，最早起源于Glaser和Strauss（1967）、Glaser（1966）处理即将去世病人的一项实地观察。1967年，两人合著的经典著作《扎根理论的发现：质化研究策略》（*The Discovery of Grounded Theory: Strategies for Qualitative Research*）的出版标志着扎根理论正式诞生。扎根理论不同于一般理论，不需要理论假设，而是基于事实经验，通过总结归纳得出经验概括，最终上升到系统理论的一个过程（Strauss，1987）。扎根理论是一种质性研究方式，扎根理论的宗旨是构建理论，重点是通过田野搜集数据和原始资料，自下而上系统地分析概括和抽象，但它的重点不在于经验性，而在于从经验数据中提炼出新的概念和范畴。在哲学思想上，扎根理论方法基于后实证主义的范式，强调对目前已经建构的理论进行证伪。虽然扎根理论是基于经验的定性研究方法，但它本身具备一系列系统且灵活的准则、规范的方法、严谨且科学的分析过程，所得理论牢牢扎根于经验数据。Charmaz（2000）认为扎根理论是"当前社会学中最有影响的研究范式"和走在"质性研究革命的最前沿"。扎根理论将实证研究和理论建构紧密联系起来，提供了一整套从原始资料中归纳、建构理论的方法和步骤，使研究人员可以通过系统的分析方法对实证资料进行分析归纳来发展概念和建构理论（Glaser and Strauss，1967）。陈向明（2000）认为扎根理论填平了理论研究和经验研究之间尴尬的鸿沟，为质性研究提出了具体的研究策略和分析程序。

扎根理论近年来引起了不同领域学者的兴趣，被广泛地应用于管理学、教育学、社会学、心理学等专业研究当中（Glaser and Holton, 2007），但也存在很多分歧和演化。编码是对访谈资料进行系统整理的第一步，是形成扎根理论的开始环节。Glaser 和 Strauss（1967）最早基于客观主义提出扎根理论，他们注重研究者在资料搜集过程中要保持中立的态度，将编码过程分为质性编码和理论编码两个步骤。Charmaz（2000）指出，"编码有助于我们获得对资料的新的理解视角，有助于进一步关注资料的收集，可以引导我们向着未知的方向前进"。扎根理论程序化以后，基本沿用了 Glaser 和 Strauss 的思想，直到 Charmaz（2006）在社会建构主义的基础上提出建构扎根理论，对原始的扎根理论提出了挑战，他认为扎根理论必须基于实证主义源头，编码应该灵活使用，编码准则应该是启发性的，并出版了《建构主义与客观主义扎根理论》一书。

本章在研究社会网络与农户创业协同作用的过程中发现，推动农户创业进程及成功的内源动力同时在构建社会网络、发展社会网络、维护社会网络的过程中也起到不可忽视的作用，这种内源动力如何确定？如何描述？有哪些维度来表示？是否普遍存在于农户创业中？这些问题都值得探索和研究。扎根理论基于现实，起于经验，最终通过归纳总结上升到理论，无论从研究思维上，还是从最终落脚点上，扎根理论都符合本节对于促进创业成功和社会网络的内源动力研究的需求。

（二）数据采集

本节采用的数据收集方法是行为事件访谈法，访谈对象包括创业者本身和创业者的亲戚朋友。访谈之前，首先通过农业委员会的工作人员了解创业者的姓名、所在地、新创企业的名称、创业时间、组织规模、创业类型等方面的资料信息（表 5-3）。其次，通过实地访谈，进一步了解详细资料。本次共选取 15 个有效访谈资料进行扎根分析，选取这 15 个研究对象的主要原因是创业企业都在 2005 年之后创办，创办较为成功，在当地的反响较为强烈，创业者都为当地农户，并对创业的整个过程和社会网络的发展记忆较为清晰。

表 5-3　研究对象人口特征与组织情况

编号	性别	年龄	居住地	组织类型	组织业务
1	男	"60 后"	湖北	农业公司	马铃薯种植、加工、销售
2	男	"70 后"	四川	合作社	蜂蜜
3	女	"80 后"	四川	家庭农场	柑橘种植、销售
4	男	"70 后"	重庆	协会	养殖、木材、建筑

续表

编号	性别	年龄	居住地	组织类型	组织业务
5	男	"50后"	浙江	有限公司	养猪+农家乐
6	男	"70后"	重庆	合作社	苏麻种植、销售、加工
7	男	"70后"	重庆	合作社	再生水稻等作物规模化种植、加工、销售
8	男	"70后"	大连	农业公司	蓝莓育苗、种植、销售
9	女	"70后"	贵州	合作社	花卉种苗种植、销售
10	女	"50后"	广东	艺术馆	沉香营销
11	男	"80后"	重庆	合作社	生猪养殖、销售
12	男	"60后"	浙江	休闲山庄	经营茶园、发展旅游业
13	男	"60后"	重庆	合作社	果蔬种植、销售
14	男	"70后"	重庆	合作社	血脐种植、销售
15	女	"60后"	浙江	农家乐	"姚家大院"农家乐

(三)信度与效度分析

研究的信度是指研究过程的可靠性,即研究的过程有无重复性。本节研究建构了创业者网络能力的扎根过程,后续的研究者可以应用此过程,并且是完整可行的。研究的效度是指访谈资料的真实性、有效性、确定性,以及研究结果的可推广性。为了提高本书的信度和效度,研究按照"提出案例问题—根据研究问题设计研究方案—选取研究样本—进行数据收集—数据分析—整理资料"这一完整的过程进行,并且采用三角印证法核实和确认资料,即通过当事人访谈、当事人亲朋好友访谈、政府备用资料查找进行资料收集,以对收集到的创业者信息进行三角印证。

(四)数据分析

(1)开放性编码。开放性编码是指对访谈资料的词句和片段进行概念化、抽象化的标示。它既可以是访谈对象所使用的生动、鲜明的词语,也可以是研究人员从资料阅读中抽象出的名词和概念。开放性编码扎根工作的第一步,主要是通过概念来标示资料和现象的资料。通过拆解和理解文本来辨析和发展概念,并对其进行比较分析最终提取范畴。这一工作包含三个步骤:①概念化。提取原始文稿中含感情色彩的语句,拆解成独立的句子,并提取这些句子的编码要素,进而将通俗化语言转变为精炼化语言，形成初步概念。②概念分类。对概念进行分析、筛选和优化，汇集同一类属概念，通过查询《辞海》等语言工具，对词语间的联系进行分析，形成属于同一范畴的概念丛。③范畴化。进一步抽象概念丛并命名。本节将15个创业者分为两组，第一组10人，主要用于模型构建；第二组5人，作为模型检验使用。初始编码共挖掘出13个范畴，具体编码方式按照I01、I02、…、I13的顺序，如表5-4所示。

表 5-4 开放性编码形成的范畴

编号	初始编码	编码所含内容
I01	尝试建立	开始认识的人比较少，局限在本村，决定创业后，就与农业委员会的人和本县做这行的老板**尝试联系**
I02	创造机会	有时候会去参加一些社团组织，为了创业需要，有时**选择性地去**和创业相关的人打交道 稍有起色后，外地的一些老板来**寻求合作**，一般都会处理好 公司举办过**水果节**，吸引了很多人，当然包括一些企业的老板
I03	抓住机会	农家乐在旺季会吸引很多游客，很多游客走了之后我们都会**保持联系** 我会把来基地参观的朋友邀请到**一个微信群**里，我们经常探讨创业致富的好方法
I04	主动拜访	逢年过节都要**去拜访**一些哥们儿、朋友，也趁这个机会聚聚，巩固一下感情 对于关系一般但是对我创业有帮助的人，我会**主动联系**他，时间久了，关系自然加深了 经常通过QQ、微信发一些新闻或者热点的东西给朋友
I05	增加信任	信任最重要了，答应朋友的一定要做到，**承诺**了别人的就要**讲信用**，所以身边的朋友也都愿意和我来往 公司的产品好，朋友对我这个人也就多了**一些信任**
I06	网络意识	**朋友多了路好走**，关系好了就有自信了 我的销售很多是靠朋友推荐的，所以我很**乐意扩大自己的朋友圈**；创业能成功是靠**很多朋友的帮忙**，有技术、市场、资金、基地建设等方面的朋友
I07	借助亲情网络	开始时，**父母和妻子**很支持我，妻子原来在单位上班，后来就回家和我一起搞养殖；我的一个**亲戚**有点积蓄，购买种苗时，都是向他们家借的钱；我**父亲**在一家茶园公司工作过，我在创业时他给了我很多指导
I08	巩固网络关系	经常和**重要的朋友**一起参加培训、出去旅游或参加一些公益活动，**隔三岔五就要和朋友小聚**一下，聊聊业务、谈谈人生；朋友之间有一个**微信群**，每天都在群里聊天、发信息
I09	拓展新网络	认识的人不单单是重庆地区的，**全国各地**的都有，很多都是我通过朋友认识的，也有一些是在电视上看到的，打电话主动联系，后来就认识了；我会根据组织发展的需要，**有目的地去认识**新的朋友
I10	修补摩擦	人和人都会有摩擦的，一旦感觉到重要的朋友、合作伙伴有意见，一定要去解释、挽救，否则失去的可能不是一个朋友这么简单的事情
I11	扩大规模	**业务拓展**了，认识的人自然就多了；我的朋友圈比较大，交往花费高，但认识**有知识的人**，我能学习到更多东西；一些**大学老师**给我很多技术上和管理上的指导

续表

编号	初始编码	编码所含内容
I12	提升层次	我经常报名参加一些学习班、培训班,来认识一些**有文化的人** 我通过朋友认识了一个在日本留学了9年的**教授**,他的研究方向与我创业的方向是一致的,他给了我很大帮助
I13	更新网络成员	组织不断扩大,人员也就不断增加,通信录里有几百人,我会定期**删除一些不联系的人** 有些人对自己、对组织起不到任何作用,可能就**不会经常去联系**;最开始创业到现在联系的朋友在不断增多,当然有些以前联系的人现在也**不怎么联系**;原来的业务不做了,慢慢地,那些供应商也**不联系了**

注:黑色加粗部分为初始编码分类所需关键信息

(2)关联式编码。关联式编码的目的就是厘清各个概念及其之间的相互关系,通过对概念之间关系的反复思考和分析,整合出更高抽象层次的范畴,并确定相关范畴的性质和维度。关联式编码是建立一级编码概念类属之间的关系,本部分基于扎根理论研究的对象,以关系维度为主进行初级编码的二级编码,即将有相关关系的一级编码归类到二级编码中,以Ⅱ01、Ⅱ02、Ⅱ03的顺序进行,具体如表5-5所示。

表5-5 关联式编码

二级编码	一级编码	所含内容
Ⅱ01	I01、I02、I06、I07	尝试建立、创造机会、网络意识、借助亲情网络
Ⅱ02	I03、I04、I05、I08、I09、I11	抓住机会、主动拜访、增加信任、巩固网络关系、拓展新网络、扩大规模
Ⅱ03	I10、I12、I13	修补摩擦、提升层次、更新网络成员

(3)主轴编码。主轴编码的任务是系统处理范畴之间的关系,确定核心范畴和次要范畴,从而形成建立在范畴关系基础之上的扎根理论。本节围绕创业者在创业过程中对其社会网络的开发、管理等能力的核心类属,根据表5-5所归类的一级编码特征,对以上关联式编码所形成的三个范畴赋予新的概念。Ⅱ01所含内容表现出创业者对社会网络重要性的认识,创业者主动搭建网络的特征;Ⅱ02所含内容表现出创业者扩大社会网络规模,巩固社会网络关系,增强社会网络结构的特征;Ⅱ03所含内容表现了创业者对社会网络的管理、修补的特征。基于三个二级编码的特征,结合已有研究,本部分将创业者的三种能力依次确定为网络建立能力、网络发展能力、网络维护能力,并且将这三种能力定义为创业者的网络能力,如表5-6所示。

表 5-6 主轴编码

概念	主范畴	对应编码
网络能力	网络建立能力	Ⅱ01
	网络发展能力	Ⅱ02
	网络维护能力	Ⅱ03

（4）饱和度检验。为了检验理论模型的饱和度，在以上编码结束后，我们又验证了第二组（5位）创业者的资料，将所得数据依次做了初始编码、轴心编码和选择编码，编码过程中没有发现频繁出现的新概念类属，类属之间也没有产生新关系，因此得出上述结论是饱和的。对创业者亲戚朋友的资料收集分析重复以上步骤，经过关联式编码、主轴编码饱和度检验，其主要目的在于再次验证创业者的访谈信息。

（五）研究结论

本节通过对 15 位创业者进行详细访谈，运用扎根理论得出创业者网络能力的三个维度和所含内容，创业者网络能力对于创业成功有决定性作用，创业不同阶段，创业者网络能力体现在不同的方面，通过以上模型分析解释，本节对创业者网络能力的扎根得到以下结论。

从所选案例可以看出，创业农户年龄大多处在 40~50 岁，男性居多，组织类型多样化，当地政府支持力度较大，与同乡人相比，创业者自身素质较高，多数认识到社会网络的发展对创业成功的重要影响。

创业者随着组织的成长，不断优化和升级社会网络，分为主动参与和被动参与两种。一般来说，创业初期创业者社会网络较为简单，多为强关系的社会网络，在组织成长期，创业者社会网络多为主动拓展引致的规模扩大和结构升级，此时，创业者会根据需要筛选社会网络中的人员，主观上划分重要与不重要，并给予不同程度的时间、精力及资金投入；创业成熟期，社会网络会在主动参与和被动参与双重作用下发展迅速，创业者与社会网络中成员会出现利益之争等问题，此时需要创业者主动维护并管理社会网络。

从上述结果可以看出，社会网络对农户创业有推动作用，在农户创业过程中社会网络不断发展，那么，管理好社会网络与创业者网络能力有密不可分的关系。通过扎根模型得出创业者网络能力包括网络建立能力、网络发展能力和网络维护能力，不同范畴的网络能力作用于不同阶段的社会网络发展。

三、创业者特质

创业成功者处理事情的种类和方式中都表现出一些共性的人格特质，包括责任、决心、商计、对不确定性的容忍度、胜出动机等（Timmons，2005）。Casson（1982）在研究创业者的过程中，认为成功创业者应具备的特质包括风险承担力、创新性、应对市场变化的知识、新创企业管理技能和合作精神。Mitton（1997）通过自身及对典型创业者的跟踪调查发现，成功创业者的人格特征不是简单的复制品，他们的思考、行为、经验、处理事情的果断性、喜好竞争特点等都有很大的相似性，众多学者将这种特征定义为创业者特质。创业者特质对创业资源识别具有重要影响，是创业成功的最重要因素。在创业初期，由于创业环境的动态性特征，创业者在识别资源的过程中，要充分利用自身异质性特质分析环境状况，认识到创业企业所处动态创业环境的利与弊，因为动态性环境能够提高创业企业的警觉性，使其在动态性环境条件下认真分析企业需要的资源。创业往往是在创业者所需的庞大资源和实际控制的有限资源之间存在"资源差距"的情况下，创造新的产品或服务并实现其潜在价值的过程，创造性地识别外部资源是凸显创业者特质的一个重要方面，"资源差距"越大，创业者特质越为重要（马鸿佳，2008）。赵观兵等（2010）认为创业者特质是创业者以心理为基础形成的一些稳定性特征，这些特征支配创业者的行动。创业者特质理论是基于人格特质理论发展起来的，早期学者主要从心理学和分类学角度对人格特征进行研究。美国心理学家Allport（1963）最早对特质进行定义，他指出特质是组成人格的基础，是心理组织的基本构建单位，是个体根据自己的生活行为形成的一种稳定的性格特征。他将人格特质分为共同特质和个人特质两种。共同特质就是每个人身上都存在的特征，不存在明显的差别；个人特质表现为独特性，即个人行为不同于他人的行为。研究发现，创业者拥有控制欲、成功欲、忍耐力等一些非创业者没有的特征，也就是说成功的创业者具有一些优秀的品质，如勇于尝试、承担风险、善于突破、乐于奉献等。Timmons（2005）发现创业者独有的心理特质，如成就需求、内控制源、领袖气质、责任感、自我效能感等，起着灵魂、统帅的作用，对创业成功大有裨益；不同于非成功创业者，成功创业者的在创业过程中所表现出的心理特质，如责任、决心和胜出动机等，具有共性。

对于创业者个人特质维度的研究，姜红玲等（2006）从冒险性、创新性、进取性三个方面进行研究。农户创业活动总的来说属于创业范畴，但由于农户本身所处环境的不同，创业属性存在差异，使创业农户的创业者特质与其他领域创业者特质有所差异。本部分基于现实考察及学者的已有研究，从创业农户的风险倾向度、成就的需要、内控制源及不确定性容忍度四个方面来考察创业者特质。创业活动本身有很大的风险性和不确定性，如果创业者成功了，那么就会获得一定的财富及成就感，但如果创业者遭遇风险，那么创业者将会承担更多风险。当然，创业者的风险承担性与其承担风险的意愿有很大关系。刘振华（2007）的研究表明，追求高风险活动的创业者可能是建立在某种高收益的机会之上。Murray（1938）最早提出成就需要这一概念，之后产生了McClelland的成就需求理论，他认为创业者有两种心理需求，即求成需求和避败需求，当一个人的求成需求大于避败需求时，他就会有动力去追求成就。有成就需要的人会采取积极的以市场为导向的战略，创业者在做事方面表现出积极主动的一面，他们喜欢追求能给自己带来挑战和刺激的事情，对这种成功的强烈欲望驱使他们去从事创业活动。个人在对待外界刺激时会表现出不同的反应倾向，这种反应可以归结于外向和内向两种对立的态度，每个人或多或少都会拥有其中一种态度，而这种态度会成为个人的主要性格，主导人们的行为和意识。创业活动本身具有很多的不确定性，创业者面对各种不同类型的不确定性会表现为不同的态度，如创业实际情况与原计划存在较大偏差时，创业者会采取积极的措施而不是任由其发展。本部分从这四个维度对创业农户特质进行分析，并探讨风险倾向度、成就的需要、内控制源及不确定性容忍度对创业机会识别和网络能力的重要作用。

早期的公司创业模型遵循的是创业研究的"特质论"范式，即强调创业者个人特质的独特作用，这是20世纪八九十年代公司创业研究的主流理论，Bird的"创业雄心"模型就是一个典型的遵循"特质论"范式的模型，"创业雄心"模型反映了决定创业行为的主要动力是创业者雄心（特质），而决定创业者雄心的因素有创业者的理性思维和直觉、整体情境思维，这两个因素主要受到社会、政治、经济环境和个人历史、当下特质与能力的影响。创业者要获得利润，就必须对市场非均衡状态下提供的获利机会十分敏感，由于个体之间的能力差异，机会识别在不同创业者之间是变化的，而创业者精神是一个不管目前控制的资源如何，个体追求机会的过程。创业机会识别有其稀缺性、时效性、获利性、持久性，其内容包括技术机会、市场机会、政策机会、社会与人口变化机会等四大类，主要源于新科技的突破与进步、消费者偏好的变化、市场需求及结构的变化、政府政策及国家法律的调整、国家环境的变化等。创业机会识别开发是创业者对外部环境的感知和反馈行为，这种行为主要依靠创业者的个人特质进行。实地调研发现，成功的创业者一般会比其他人先于发现市场缺口、政府政策、新技术等，而这类创业者一般具有较为敏锐的观察力、敢于挑战、善于接触新事物、较高的风险识别能力等创业者特质。与普通人相比，创业者敢于挑战自我和富有冒险精神，在不确定的环境中愿意承担随之出现的风险，他们想要达到的成就需要促使他们用创建新企业方式去创造价值（Kirzner, 1997）。对于那些立足于实现自我价值的创业者来说，具有抗挫折意识和练就抗挫折能力是取得创业最后成功的心理保证。正是每个人的特质不同导致了某些特定人群能够识别和开发创业机会。因此，本节基于理论及现实，认为创业者特质对创业机会识别有正向促进作用。创业农户的社会网络具有多元性，是创业者进行资源获取、机会识别的重要平台，也是企业发展、应对挫折的重要力量，更是创业者学习的重要渠道。创业主体的社会境遇和网络关系是创业机会识别过程中的重要影响因素（Singh，2001）。创业者的社会网络往往能够为创业者带来偶然的机会信息，而且创业机会信息通常是不可重复的。创业者社会网络规模的拓展和社会网络强度的提高与创业者的个人特质紧密相关，社会网络规模的扩大对创业者的个人特质的提升有促进作用，创业者的个人特质对其社会网络的拓展有积极作用。

第三节　协同演进的图谱变化

综上分析，在农户创业推进过程中，随着创业者机会识别和资源获取能力的提升，创业者迅速成长，不仅拓宽了社会网络规模，巩固了社会网络关系强度，而且提升了社会网络中心性，拓展了社会网络异质性。同时，从创业者网络规模的关系维度和结构维度来看，强关系的社会网络能够提高创业者的创业机会识别和资源获取能力，从而提升其创业绩效，促进组织成长。创业者占有的社会网络规模越大，其创业机会识别能力就越强，资源获取能力就越高。创业者所处的创业网络中心性提高也增强了创业者资源获取能力。由此可以看出，创业者社会网络在一定程度上推进了创业成功，其个人成长与组织发展促进了创业者社会网络扩大与升级。随着时间的推移，农户创业在初创、成长、扩张、获利等阶段都伴随着社会网络的发展，创业者社会网络在时间维度上的不断优化更利于创业推进。在实地调查中，创业者社会网络与创业推进关系紧密，本节基于创业主体及创业方向的差异，选取两个案例——"四川省广元市农民工协会""重庆市北碚区花椒种植合作社"进行详细分析，以探究其内在的演进机理。

【案例 5-1】

李先生，男，52岁，专科学历，2006年开始创业。2008年汶川地震后国家出台了一系列鼓励灾区人民重建家园的政策，并开通了村里道路，当地政府也十分支持农户创业，李先生多年创业的愿望在外部环境的冲击下和亲戚朋友的帮助下得以实现，并成立了四川省广元市农民工协会，主要从事养殖、木材、建筑等方面的工作。创业资金最初来源于家庭存款、亲戚朋友借款和信用社贷款，劳务人员大多是本村或邻村的人。创业初期，李先生出于对风险的考虑，组织规模较小，后来随着人员数量的增长和质量的提升，组织规模和业务不断扩大。李先生十分重视社会网络对创业的作用，他认为信任十分重要，有效的社会网络可以提供一些市场信息和技术支持，是扩大创业者社会网络的必要渠道。

1. 创业推进过程中社会网络演变

（1）创业推进过程中社会网络变迁。李先生在创业过程中高度重视社会网络的发展，在社会网络的建立、发展、维护等过程中处于主动地位。李先生在日常生活中多与亲朋好友从事互惠性的活动，通过多种途径搜寻潜在合作伙伴的信息，主动与政府建立良好关系，积极参加当地的社会组织活动，定期与社会网络成员沟通交流，并且主动解决与社会网络成员间的矛盾和摩擦。在"创业初始阶段—创业发展阶段—创业成熟（拓展）阶段"整个过程中，社会网络规模不断扩大，复杂程度不断增加，从创业初始阶段认识与创业活动相关的 5 个人，到创业发展阶段的 13 个人，再到创业成熟（拓展）阶段的 24 个人，从结构上和关系上来看，表现出社会网络变化的多样性、复杂性，图 5-2、图 5-3、图 5-4 分别展示了李先生社会网络的扩展变化过程。

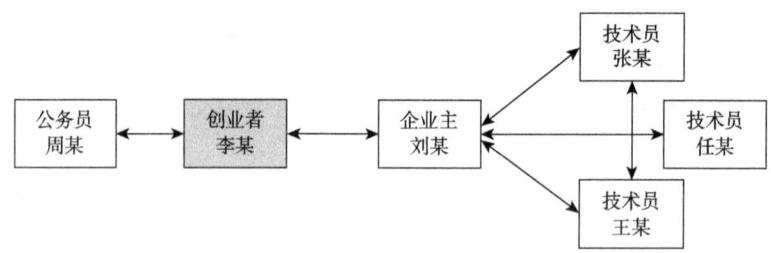

图 5-2　创业初始阶段社会网络

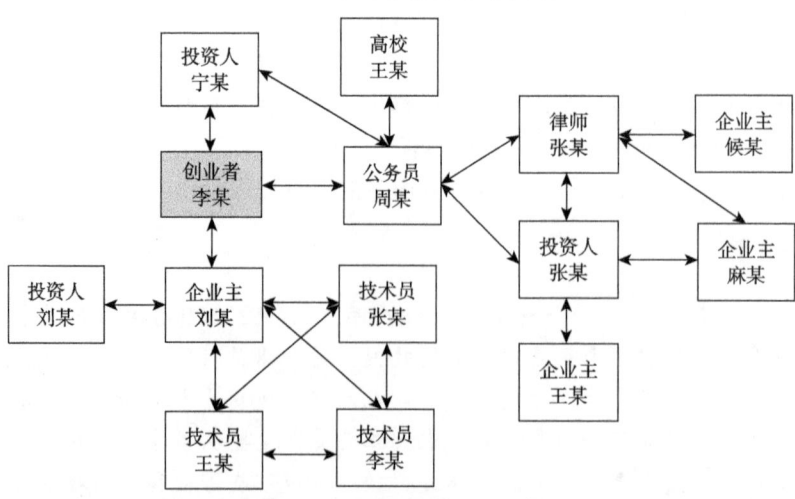

图 5-3　创业发展阶段社会网络

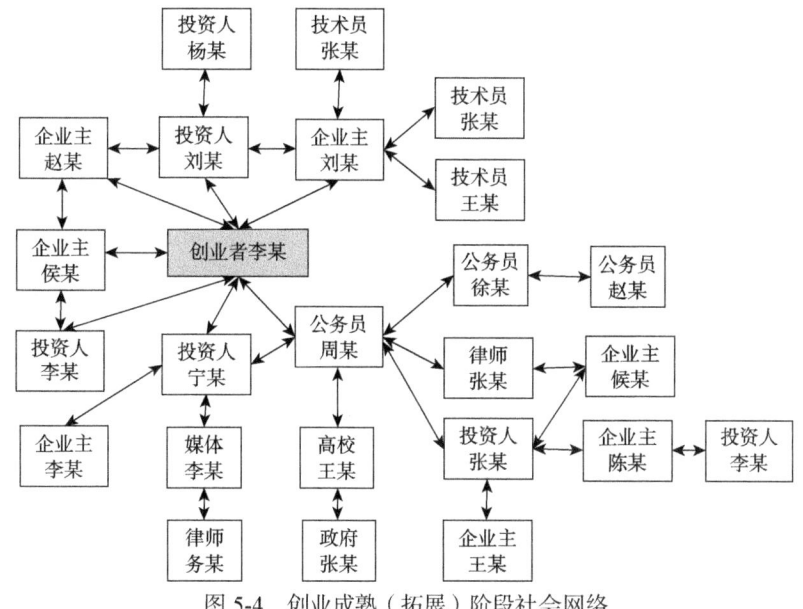

图 5-4 创业成熟（拓展）阶段社会网络

（2）创业者社会网络特征分析。社会网络规模是社会网络成员的数量总和，是对社会网络量的描述，从以上李先生三个阶段的社会网络变迁可知，创业初始阶段社会网络规模为 6 个，创业发展阶段社会网络规模为 14 个，创业成熟（拓展）阶段社会网络规模为 25 个，社会网络规模在不断扩大，这种规模的拓展源于李先生的主动拓展和社会网络成员带来的被动拓展。社会网络关系强度是对创业者社会网络特质的描述，也是对社会网络成员间感情强度的描述。创业初始阶段，李先生与社会网络中所有成员的亲密程度都为最高，信任程度和熟悉程度达到 2.9，42%的网络成员为亲戚，其余为朋友；创业发展阶段，创业者与社会网络成员的亲密程度平均为 2.8，信任程度为 3，熟悉程度为 2.8；创业成熟（拓展）阶段，创业者与社会网络成员的亲密程度为 2.1，信任程度为 2.9，熟悉程度为 2.8。可以看出，随着创业推进，李先生与社会网络成员的平均亲密程度不断减弱，信任程度保持在较高水平，熟悉程度在 2.8 以上。在社会网络成员的往来内容方面，从最初的资金借贷、市场信息、技术支持到后来的资金借贷、市场信息、技术支持、知识交流、土地流转，再到资金借贷、市场信息、技术支持、知识交流、土地流转、风险共担，李先生的社会网络表现出明显的创新性和集群性。在异质性方面，创业每一阶段的性别异质性不明显，社会网络成员多为男性，受教育程度异质性明显，有小学到本科每一阶段的成员。

2. 创业推进与社会网络发展的动力机制

通过上述分析，随着时间的推进，创业者社会网络在创业的不同阶段表现出不同的特征，推进社会网络变迁和农户创业协同发展的内在动力和外在动力主要为创业者网络能力、创业者特质和外部环境。创业初期，基于国家对四川地区受灾人民重建家园的政策支持和地方政府对农民创业的鼓励，李先生抓住机会，利用自身文化涵养和多年以来在农村劳作的经验，开始了创业活动。随着组织发展的需要和现实条件的推动，创业者不断扩大和升级社会网络，由社会网络带来的资金、市场信息、相关技术和人力资本直接推进了组织的成长。在创业发展阶段，政府完善乡村基础设施，并进一步给予农民创业项目上的支持，同时农村金融体系也在不断完善，这些外部条件给该协会的进一步扩大和发展提供了有利条件。李先生较强的网络建立能力、网络发展能力和网络维护能力对其社会网络规模的扩大、结构的升级及关系的紧密性发挥了决定性作用。他通过与政府人员张某的联系学习政策知识，通过与弟妹的关系维护获得法律方面的知识，社会网络中企业家和投资人数的增加使他了解了建筑行业，从而拓展该协会的业务，并且参与建筑类工程的竞标，更高级的社会网络直接推进了该协会的成熟和拓展。

【案例 5-2】

刘先生，重庆市北碚区静观镇村民，2007 年开始创业，主要从事以合作社为组织形式的花椒种植、花椒加工销售等，2016 年种植规模达到了 5 000~6 000 亩，现有 5 个股东。刘先生近 10 年的创业时间，可分为两个阶段：2007~2012 年，创业成长阶段；2013~2016 年，创业成熟阶段。第一个阶段，刘先生主要是以家庭为单位的个人独立创业，基本以个人实践操作为主，未成立任何组织，规模较小；第二个阶段，刘先生与股东成立了合作社，创业者主要从事合作社管理工作。

1. 创业推进过程中社会网络演变

刘先生在创业初期主要受到强关系的社会网络的帮助和支持，刘先生的岳父曾经从事花椒种植工作，对刘先生创业起到了至关重要的作用，邻居李某为刘先生创业提供了土地，朋友孙总、陶某、何总等是花椒销售的合作伙伴，当地政府人员顾主任为刘先生介绍了农业委员会王站长，给了很大的政策支持，乡镇供销社辛主任通过介绍张老师为刘先生提供了技术支持，朋友文某解决了刘先生的资金问题。创业成长阶段刘先生的社会网络规模很小，以强关系的亲缘关系为主。在创业成熟阶段，5 个股东的加入，直接促成社会网络规模和结构的变化，同时刘先生通过产品销售结识了一些生意伙伴，如胡总、袁某、杨某等，并通过参加社会组织在交流学习中认识了秦教授、陈教授等知识型人才，通过网络中的成员又认识了市委的陈科长、但处长等。可以看出，刘先生随着创业不断推进，社会网络规模、网络成员的异质性有明显的提升，他指出"当他创业成功后，身边的朋友、亲戚、邻居都很嫉妒"，因此他认为创业对增强社会网络关系的作用主要表现在合作伙伴之间的共同利益增强，彼此之间的影响作用更加明显，同时彼此之间的交流更加频繁、信任度和信息共享度都会提高。图 4-2 展示了刘先生创业过程中的社会网络变迁。

2. 创业推进与社会网络发展的动力机制

创业成功需有创业者社会网络的支持，社会网络必然会随着创业推进不断发展，而促进二者螺旋式上升发展的动力主要源于外部环境、创业者网络能力及创业者特质。当地政府的支持给了刘先生一个直接的外部冲击力，其岳父的指导，亲戚朋友在资金、技术、土地等方面的帮助给予了刘先生很大的信心和创业机会。在创业成长阶段，刘先生主要是被动地认识与创业相关的人员，随着合作社规模不断扩大，管理走上日程，销售不断创佳绩，有全国各地的人来学习经验和寻求合作，间接地促进了刘先生社会网络的拓展和升级。同时，刘先生的网络能力也在不断提高，创业者网络能力是创业者必须具备的能力，也是创业带来的自然现象。刘先生通过创业认识到社会网络对新创组织的重要性，也深刻体会到网络成员的异质性对组织成长的推动作用，他通过"老朋友认识新朋友"的纵向结交和"结识不同领域的新朋友"的横向拓展两个渠道来增加社会网络规模和社会网络异质性，显示出他的创业者特质。刘先生"无人不知，无人不晓"的名声，给产品无形中戴上了一个"高品质、低价格"的帽子，销售自然不成问题。

第四节　协同演进的双螺旋图谱

基于以上理论和案例分析，创业推进和社会网络演变互相作用，一方的升级带动另一方的发展，随着时间的推移，二者在不断互推互生影响下，促使创业成功和成熟，推动社会网络的扩大和升级，正如詹姆斯·杜威·沃森和克里克在 20 世纪 50 年代初基于遗传学而成功建立的 DNA 双螺旋结构。DNA 双螺旋结构在两条外侧主链"脱氧核糖"和"磷酸基"的交替下形成稳定的框架结构，两条主链似"麻花状"绕一个共同轴心盘旋，内侧由核苷键和主链糖基相连，形成的碱基对通过二次旋转稳定了 DNA 结构。在农户创业中，社会网络演变和创业推进恰似两条双螺旋主链，互相平行，走向相反，围绕时间这一主轴不断延伸。不同的是，创业在不同阶段社会网络内容不同，而创业环境、创业者特质和创业者网络能力就如双螺旋结构的内链，同时作用于创业过程和社会网络过程，既稳定了两条外链，又催生了内链自身的发展，进一步推进整个链条向上延伸，如图 5-5 所示。图 5-6 为平面化的双螺旋图谱，左右两条交叉的链条代表创业推进和社会网络演变的过程，连接创业推进和社会网络的为推进图谱演进的主要动力，即创业环境、网络能力、创业者特质。

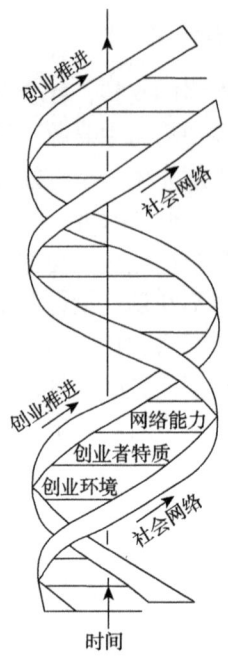

图 5-5　社会网络与农户创业协同演进的双螺旋图谱

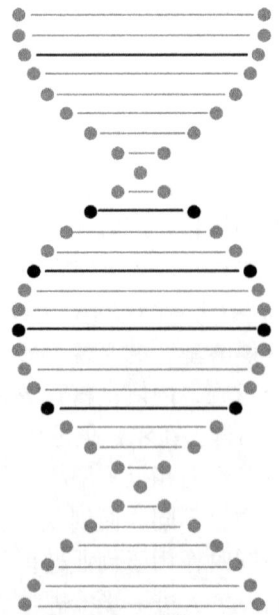

图 5-6　社会网络与农户创业协同演进的平面化双螺旋图谱

第五节 研 究 结 论

本章以图谱理论为理论基石,采用扎根理论的质性研究方法,得到了创业农户社会网络演变与农户创业推进的基本逻辑,探索发现促进两者协同演进的内在力量包括创业农户网络能力、创业者特质与创业环境。并采用扎根理论得到创业者网络能力的三个维度,即网络建立能力、网络发展能力和网络维护能力,也得到了相应的九题项测度量表,信度和效度良好。

第六章 创业农户社会网络与创业推进的协同测度

本章内容基于前文探索创业农户对社会网络的影响机理及社会网络对创业农户的影响机理,在理论研究体系构建基础上探索二者协同推进的水平。本书借鉴协同理论,利用交互耦合模型,按照"构建指标体系—耦合测度—协同发展水平评价"的逻辑脉络,构建创业农户网络能力和创业农户创业推进的评价指标,以及创业农户创业推进的"创业机会识别、创业资源获取和创业成长"三个维度。研究发现两者在整体上表现为低协同低发展水平下的中度耦合。本章研究期望能更精准地把握创业农户社会网络与创业推进的协同发展水平,并为本书后文内容奠定实证基础。

第一节 方法选择

本书借鉴系统科学中的协同理论。协同理论是由德国著名物理学家 Haken(1976)教授在多学科研究基础上提出的一门系统科学理论。该理论认为一切研究对象都是由组元或者子系统构成的系统,系统要素间通过物质流、能量流或信息流等方式的相互作用,产生一种整体效应或新型的宏观结构,这种整体效应具有系统在微观层次上不存在的某种全新性质。协同论以现代科学的最新成果——系统论、信息论、控制论、突变论等为基础,吸取了结构耗散理论的大量营养,采用统计学和动力学相结合的方法,通过对不同领域的分析,提出了多维相空间理论,建立了一整套数学模型和处理方案,在微观到宏观的过渡上,描述了各种系统和现象中从无序到有序转变的共同规律。

基于此，本书认为社会网络与农户创业的融合是二元开放系统在一定时空条件下作用的结果。尽管协同学等系统科学已经存在较为丰富的数理基础，但已有研究对于社会网络与农户创业的融合测度仍较少。一方面，多数研究仅限于单独对社会网络、农户创业进行评价指标体系建立与有效性检验（黄利华等，2018）；另一方面，经济学范畴的多元系统协调测度基本围绕环境、产业等中观层次展开（高秀丽和孟飞荣，2013）。

在系统的协调水平测算方面，经典的耦合度模型被认为最具代表性，但传统耦合仅仅揭示系统间相互作用强弱程度，无法具体反应系统整体协调发展水平。因此本书在耦合基础上，构建两个系统交互耦合的协调发展测度模型，以反映社会网络与农户创业在农村经济层面的协调发展水平。同时，针对多数耦合基于宏观单一层次的事实，本章将缩小研究尺度，强化多尺度对比研究，从社会网络和网络能力出发，分别从机会识别、资源获取、创业成长三大维度测度系统间协调水平，考察协调水平异质性，并进行系统性分析。

综上，本章主要包括两部分内容，一是分别构建社会网络与农户创业相关评价指标体系，利用交互耦合协调度模型进行测算，对系统间的整体协调发展水平进行综合评价；二是增加维度，研究对比多个尺度的协调水平异质性并挖掘其产生原因。

第二节　指标体系构建

依据第二章的社会网络理论、创业理论、创业能力概念，第三章的创业机会识别理论和第五章的扎根理论，建立创业农户的网络能力与创业能力的评价体系。其中，创业资源获取与创业成长维度采用利克特五分量表，创业资源获取维度 1~5 代表资源获取由难到易，创业成长维度 1~5 代表创业成长由慢到快。

一、指标体系

根据第三章的创业机会识别理论和第五章的扎根理论得到的三个网络维度，建立"网络建立能力、网络发展能力和网络维护能力" 3 个维度 9 个指标的创业农户网络能力指标体系；综合创业机会识别理论和资源基础理论，从过程视角将农户创业分解为"创业机会识别、创业资源获取和创业成长"三个过程，构建了

3个维度18个指标的创业农户创业能力指标体系,见表6-1和表6-2。

表6-1 创业农户网络能力指标体系

一级指标	二级指标
网络建立能力	我会在日常生活中从事互惠性活动
	我会通过多种途径搜寻潜在的合作伙伴信息
	我能主动与政府部门建立良好关系
网络发展能力	我能通过集体活动或已有的网络关系来拓宽网络规模
	我能主动延长或终止已有网络关系
	我能顺利加入其他社会组织的网络(如行业协会、政府部门、网络平台)
网络维护能力	我会主动解决与网络同伴间的冲突
	我会定期与网络合作伙伴交流
	我有经济能力拓展社会网络关系

表6-2 创业农户创业能力指标体系

一级指标	二级指标
创业机会识别	过去2~3年,我发现了较多的创业机会
	日常生活中,我总能看到身边存在的创业机会
	我识别出的创业机会相互之间是独立的
	我识别出的创业机会具有一定的创新性
	我的创业市场前景好
	我提供的产品品质好,销路好或不愁销路
	我所在行业的市场风险性小
	我识别出的创业机会明显带动当地农户增收
	我识别出的创业机会改善当地农业经营方式
	我识别出的创业机会明显带动当地就业
创业资源获取	土地资源获取
	创业资本获取
	生产技术获取
	人力资源获取
	创业信息获取
创业成长	员工增长率
	土地增长率
	资本扩张率

二、权重确定

本章采用客观赋分工具中的熵权法度量指标权重。熵权法作为一种客观赋权方法，具有根据各评价指标值的异变情况反映信息量大小来确定权重的优点（刘丹丽等，2018）。熵最先由申农引入信息论，现已广泛用于工程技术、自然科学与社会经济领域。熵权法的基本思路是根据指标变异性的大小来确定客观权重。一般来说，若某个指标的信息熵指标权重越小，表明指标值变异程度越大，提供的信息量越多，在综合评价中所起到的作用也越大，其权重也就越大。本书采用熵权法计算各指标权重，并为多指标综合评价提供依据，具体计算过程如下。

（1）标准化处理。首先构建判断矩阵：$A=(X_{ij})m\times n$。通过对判断矩阵进行标准化处理，处理公式见式（6-1）：

$$Y_{ij}=\frac{X_{ij}-\min(X_i)}{\max(X_i)-\min(X_i)} \quad (6\text{-}1)$$

计算后得到同化矩阵。

（2）确定指标信息熵。根据熵的定义，计算公式见式（6-2）：

$$E_j=-\frac{1}{\text{Ln}(n)}\left(\sum_{i=1}^{n}p_{ij}\text{Ln}\,p_{ij}\right) \quad (6\text{-}2)$$

其中，$p_{ij}=Y_{ij}\bigg/\sum_{i=1}^{n}Y_{ij}$，如果 $p_{ij}=0$，则定义 $\lim_{\infty\to 0}p_{ij}\text{Ln}p_{ij}=0$。

（3）确定各指标权重。在计算各指标熵的基础上，计算各指标权重，计算公式见式（6-3）：

$$w_i=\frac{1-E_i}{m-\sum E_i}(i=1,2,3,\cdots,m) \quad (6\text{-}3)$$

（4）确定各维度权重。利用熵的可加性，根据下层结构的指标信息效用值，按比例计算出对应于上层结构的权重值。具体做法如下：对下层结构每类指标的信息效用值求和，得到对应上层结构的各类指标效用值的总和，记作 $D_k(k=1,2,\cdots,k)$，则全部指标效用值的总和为 D，计算公式见式（6-4）：

$$D_k=\sum_{i=1}^{m}w_i \quad (6\text{-}4)$$

（5）确定每个维度及各二级指标的得分。以三级指标为例，利用归一化标准化矩阵和指标权重即求得相应的综合评价值，计算公式见式（6-5）：

$$C=\sum_{j=1}^{n}p_{ij}w_j \quad (6\text{-}5)$$

根据上述计算方法，分别得到创业农户网络能力得分（表6-3）、创业能力得分（表6-4）。

表 6-3 创业农户网络能力熵权法赋值

一级指标	二级指标	权重	一级指标得分	二级指标得分
网络建立能力	我会在日常生活中从事互惠性活动	0.271	3.139	3.241
	我会通过多种途径搜寻潜在的合作伙伴信息	0.438		3.623
	我能主动与政府部门建立良好关系	0.291		2.317
网络维护能力	我会主动解决与网络同伴间的冲突	0.313	3.343	3.876
	我会定期与网络合作伙伴交流	0.259		4.216
	我有经济能力拓展社会网络关系	0.428		2.424
网络发展能力	我能通过集体活动或已有的网络关系来拓宽网络规模	0.353	2.996	3.117
	我能主动延长或终止已有网络关系	0.424		2.691
	我能顺利加入其他社会组织的网络（如行业协会、政府部门、网络平台）	0.223		3.385

表 6-4 创业农户创业能力熵权法赋值

一级指标	二级指标	权重	一级指标得分	二级指标得分
创业机会识别	过去2~3年，我发现了较多的创业机会	0.132	3.447	3.241
	日常生活中，我总能看到身边存在的创业机会	0.096		3.011
	我识别出的创业机会相互之间是独立的	0.121		2.685
	我识别出的创业机会具有一定的创新性	0.085		3.426
	我的创业市场前景好	0.098		2.432
	我提供的产品品质好，销路好或不愁销路	0.105		3.578
	我所在行业的市场风险性小	0.093		4.321
	我识别出的创业机会明显带动当地农户增收	0.109		4.489
	我识别出的创业机会改善当地农业经营方式	0.083		3.246
	我识别出的创业机会明显带动当地就业	0.078		4.357
创业资源获取	土地资源获取	0.238	3.045	3.436
	创业资本获取	0.179		2.345
	生产技术获取	0.219		2.366
	人力资源获取	0.193		3.246
	创业信息获取	0.171		3.878
创业成长	员工增长率	0.488	2.997	2.324
	土地增长率	0.284		3.142
	资本扩张率	0.318		3.054

三、测算结果

为了使测算结果更加清晰，本章采用"雷达图"（也称蛛网图）来表示创业农户网络能力和创业推进情况，见图 6-1 和图 6-2。

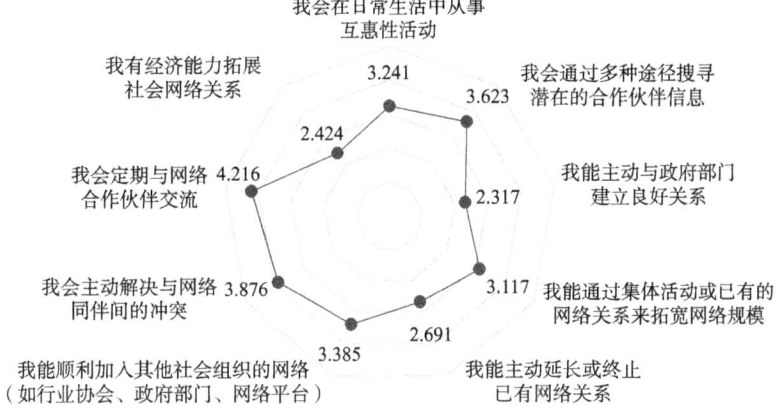

图 6-1　创业农户网络能力评价情况

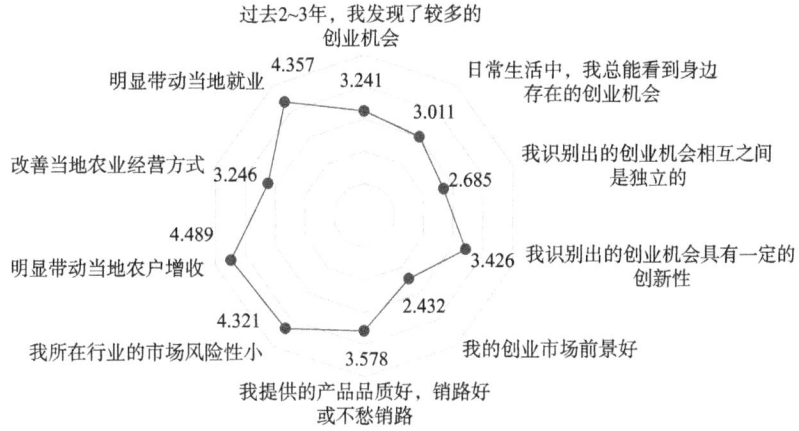

图 6-2　创业农户对创业机会识别的自我评价情况

如图 6-1 所示，表示创业农户网络能力评价情况。在网络能力分析中，本书主要从网络建立能力、网络发展能力和网络维护能力三个方面考虑，总体评价值域在[2.317, 4.216]。其中，网络建立能力维度中的经济学评价中"我会通过多种途径搜寻潜在的合作伙伴信息"评价值最高，为 3.623，说明创业农户有良好的合作意识。评分排位最后的是"我能主动与政府部门建立良好关系"，评价值为 2.317。创业农户虽然能够识别创业机会，寻找合作伙伴，但是欠缺与政府部门的有效沟通，难以建立良好的政府关系，国家"双创驱动""大众创新"等重大战略难以最大限度发挥效果，严重影响了后续创业成长速度。在网络维护能力维度中，"我会定期与网络合作伙伴交流"评价值最高，为 4.216，但"我有经济能力拓展社会网络关系"评价值最低，为2.424，表明创业农户有意识与网络合作伙伴交流但没有经济能力去拓展社会网络。在网络发展能力维度中，"我能顺利加入其他社会组织的网络（如行业协会、政府部门、网络平台）"评价值最高，为3.385，表明创业农户能够通过网络建立与其他组织的联结节点，加入其他社会组织网络并获取资源优势。"我能主动延长或终止已有网络关系"评价值最低，仅为2.691，表明创业农户在网络发展活动中可持续性较为欠缺，建立网络能力后不能有效掌握主动权并主动延长或终止已有网络关系。

图6-2表示创业农户对创业机会识别的自我评价情况。在创业机会分析中，本书主要从数量性和经济性两个方面考虑，总体评价值域在[4.489, 2.432]。其中，创业机会识别维度中的经济学评价中"我识别出的创业机会明显带动当地农户增收"评价值最高，说明农户创业取得的社会性效益显著。以云阳县大果水晶梨专业合作社的创业者杨先生在渝北区创立的农业公司为例，当地农户可以获得的收入包括三份：一是土地入股的保底租金为500元/（亩·年）；二是获得务工性收入，男性劳动力日工资为80元/工，女性劳动力日工资为60元/工，常年务工天数一般在100~150天，故年务工收入为6 000~12 000元；三是分红性收入，农户的分红性收入约占资产性收入的20%，约为200元/年。这样一家两口的农户，年收入为30 000~50 000元，远高于同时期我国农村居民的人均可支配收入。评分排位第二的是"过去2~3年，我发现了较多的创业机会"，评价值为3.241。机会主要产生于动态的环境，当前中国城乡融合的快速进程中，城乡要素流动性强，农村环境的动态性特征明显。同时，人们对美好生活的追求，催生了乡村旅游、三产融合、绿色农产品发展等创业机会，国家"双创驱动""乡村振兴"等重大战略又为农村创业机会的开发利用提供了制度保障。

图6-3表示创业农户创业资源获取评价情况。在创业资源获取分析中，本书主要从创业信息、土地资源、创业资本、人力资源和生产技术等方面来考虑，总体评价值域在[2.345, 3.878]。其中，创业农户的创业资本获取评价值最低，为2.345，这与研究预期相符，一是由于农村的金融体系不完善，二是农户创业资产的生物性和固定性导致抵押权能不足，获取正规金融的融资较为困难。在动态过程中，国家政策在土地流转、创业资金等方面对创业农户给予了大力支持。例如，农业农村部印发的《农村土地经营权流转交易市场运行规范（试行）》（农经发〔2016〕9号），进一步明确了流转交易市场的相关规程。按照中央要求，农业农村部加大了对各地土地流转市场的工作指导，截至2020年底，全国已有1 474个县（市、区）、2.2万个乡镇建立土地流转市场或土地流转服务中心，全国家庭承包耕地土地经营权流转面积5.32亿亩。"创业信息获取"在创业资源获取中评价值最高，为3.878。在创业支持方面，现代市场体系的发展催生出一大批市场化、专业化的新型创业孵化机构（如金斗科技园孵化器），提供项目路演、交流推介、培训辅导、

技术转移等增值服务。加上信息化时代互联网的飞速发展,市场上存在大量的创业机会与和创业信息,使农户能够及时获得创业信息。

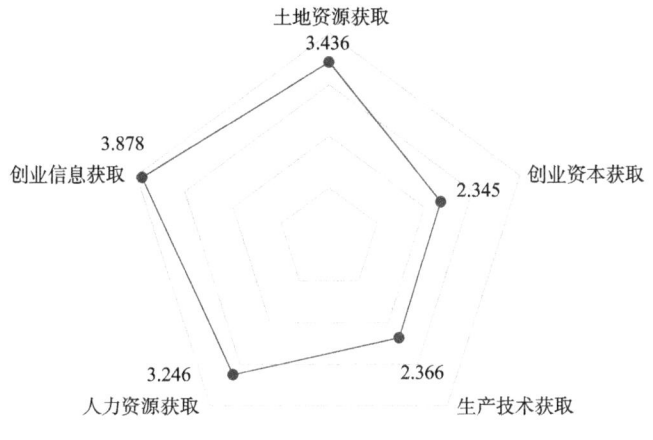

图 6-3 创业农户创业资源获取评价情况

第三节 耦 合 测 度

一、模型构建与等级划分

(一)耦合度模型

本书将社会网络与农户创业视为二元开放的有机系统,其融合程度是两个系统之间作用的结果。为测算这一作用程度,采用经典的耦合度模型。耦合关系描述各要素系统之间的互相协调作用,耦合度则指其要素间的作用程度。该模型可以在一定程度上反映社会网络与农户创业之间的协调关系。耦合关系中两个要素系统可被看作坐标系中的 X 轴和 Y 轴,$X=Y$ 时两个系统完全耦合,也就是说,对角线上每一点的耦合度都等于 1,而离差等于 0。离差越大,耦合水平越低,离差为两者标准差除以平均值。以此构建本书的二元耦合模型,计算公式如式(6-6)所示:

$$T = \left[(C_a \cdot C_b) / (C_a + C_b)^2 \right]^{1/2}, \quad 0 < T < 1 \qquad (6-6)$$

其中,C_a 为某一层次的社会网络综合评价值;C_b 为相同层次下农户创业综合评价值；T 为耦合度，T 值越大，表示该层次下社会网络与农户创业之间的耦合效果越好，反之则表示耦合效果越差。

(二) 耦合协调度模型

传统耦合仅仅揭示系统间相互作用强弱程度，无法具体反映系统整体协调发展水平及系统要素或功能团交互耦合的协调程度，以及无法控制综合评价水平。因此，本书在耦合基础上，构建两个系统交互耦合的协调发展测度模型，以反映社会网络与农户创业在创业整体层面的协调发展水平及两个系统内各要素相互促进的协调程度，计算公式如式 (6-7) 所示：

$$P = (T \cdot C)^{1/2}, \quad C = \alpha C_a + \beta C_b \tag{6-7}$$

其中，P 表示社会网络和农户创业的耦合协调度；T 表示社会网络和农户创业的耦合度；C 表示社会网络和农户创业综合调和指数；α 和 β 为社会网络和农户创业对整个社会网络农户创业综合系统的贡献份额，为考查不同贡献下的协调水平，后文分别采用 1∶2、1∶1、2∶1 的 α 和 β 比值且在二元系统下控制 $\alpha + \beta = 1$，求出不同的耦合协调度水平进行对比。

(三) 耦合度与耦合协调度等级划分标准

从模型推导得出，耦合度与耦合协调度的取值均介于 0~1，越靠近 1 表明两个系统有更优的协调发展水平，越接近 0 则表明两个系统失调越严重。本书结合已有机理分析，采用均匀函数分布法确定耦合协调度的类型及划分标准，如表 6-5 所示。

表 6-5　耦合协调度的类型及划分标准

耦合协调度	协调等级	$C_a \geq C_b$	$C_b \geq C_a$
0.90~1.00	优质协调	社会网络水平较低	农户创业水平较低
0.80~0.89	良好协调		
0.70~0.79	中级协调		
0.60~0.69	初级协调		
0.50~0.59	勉强协调		
0.40~0.49	濒临失调		
0.30~0.39	轻度失调		
0.20~0.29	中度失调		
0.10~0.19	严重失调		
0~0.09	极度失调		

资料来源：国民经济和社会发展统计年报

针对耦合度水平，本书划分标准为：0~0.42，低度耦合；0.43~0.51，中度耦合；0.52~0.81，高度耦合；0.82~1.00，极度耦合。

（四）社会网络与农户创业综合评价水平

图 6-4 表示社会网络与农户创业综合评价水平。按利克特五分量表，在农户创业推进的三个阶段中，创业机会识别得分最高，为 3.447，创业资源获取得分中等，为 3.045，创业成长得分最低，为 2.997，说明创业农户的整体创业水平一般略偏上。其中机会识别评价最高，主要得益于国家农村领域的重大战略布局带来的发展机会；创业成长得分最低，确实，由于创业以后，在产业管护、市场对接、品牌打造等方面，创业农户依然缺乏经营管理能力，所以创业成长极为困难，甚至有 80%左右的创业农户都有创业失败的经历。农户的社会网络中，社会网络水平自评分值为 3.250，网络能力得分为 3.159，两者没有显著差异，说明在城乡一体化进程中，城乡深度融合，农户融入了更多维度的社会网络，农户的网络能力也获得较大提升。

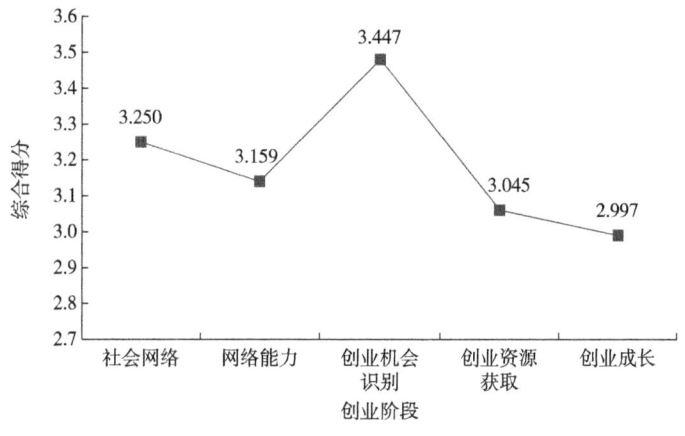

图 6-4 社会网络与农户创业综合评价水平

二、社会网络与农户创业的耦合

图 6-5 表示社会网络与农户创业阶段耦合度与耦合协调度情况。从社会网络与农户创业中的创业机会识别、创业资源获取、创业成长的耦合结果来看，社会网络与创业机会识别耦合度水平最高，为 0.839，处于极度耦合，二者耦合协调度为 0.752，为中级协调水平，说明社会网络与农户创业的创业机会识别基本达到协

调一致。社会网络与创业资源获取耦合度水平居中,为0.688,耦合协调度为0.346,整体上表现为轻度失调状态下的高度耦合,说明社会网络与创业资源获取协调度稍弱,有进一步提升的空间。社会网络与创业成长耦合度为0.441,耦合协调度为0.305,综合评价水平中创业成长得分最低,二者在整体上表现为轻度失调状态下的中度耦合。横向对比来看,社会网络与创业成长的耦合与协调水平在创业机会识别、创业资源获取等同级别阶段处于最低,说明社会网络与农户创业成长过程的协调耦合相对于其他创业过程较差,这一发展态势表现为"创业容易守业难"。由于鼓励创业的政策比较多,良好的政府环境不断降低农户创业的门槛,但当创业企业需要跨越规模扩张向质量提升时,会遇到诸多困境,市场门槛仍然较高,说明未来农户创业支持的政策应向后端延伸,跨越创业成长障碍,甚至鼓励失败者连续创业。

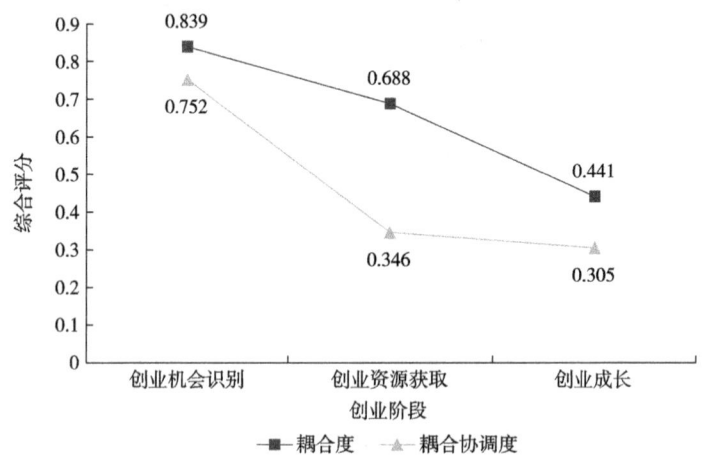

图6-5 社会网络与农户创业阶段耦合度与耦合协调度

三、网络能力与农户创业的耦合

图6-6表示网络能力与农户创业阶段耦合度与耦合协调度情况。从网络能力与农户创业中的创业机会识别、创业资源获取、创业成长的耦合结果来看,网络能力与创业机会识别耦合度水平最高,为0.715,处于高度耦合,二者耦合协调度为0.617,为初级协调水平,说明网络能力与农户创业的创业机会识别基本协调一致。网络能力与创业资源获取耦合度为0.706,耦合协调度为0.295,整体上表现为中度失调状态下的高度耦合,耦合情况与协调情况差别较大,说明两个系统内部功能的交互协调性不强。这主要有两方面原因:一方面,网络能力与创业资源

获取在综合评价水平上均较低；另一方面，二者在现实配合中匹配较差。网络能力与创业成长耦合度为 0.556，耦合协调度为 0.281，二者在整体上表现为中度失调状态下的高度耦合。横向对比来看，网络能力与创业成长的耦合与协调水平在创业机会识别、创业资源获取等同级别阶段处于最低，说明网络能力与农户创业成长过程的协调耦合相对于其他创业过程较差。与上述原因类似，在创业成长阶段，创业者难以融入优质的社会网络，或者难以突破社会网络融入商业网络、产业网络，故创业农户的网络能力与创业推进阶段的耦合协调度最低。

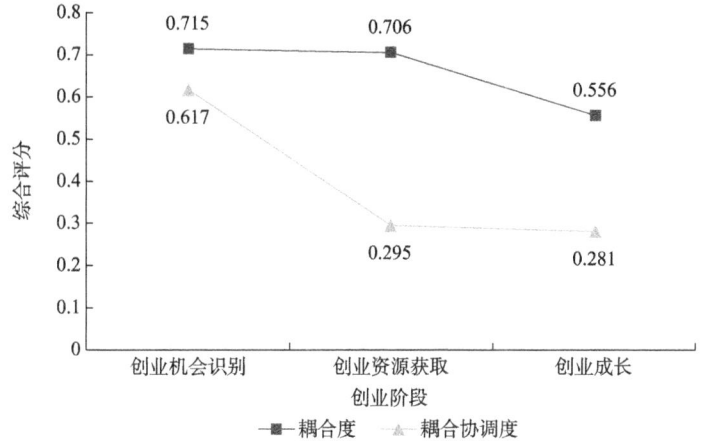

图 6-6　网络能力与农户创业阶段耦合度与耦合协调度

第四节　研　究　结　论

在创业农户网络能力、创业能力综合评价水平得分中，创业农户网络能力得分为 3.159。农户创业能力的三个维度，即创业机会识别、创业资源获取、创业成长的得分依次降低，分别为 3.447、3.045、2.997。这表明创业农户在创业机会识别中具有一定优势，能够把握创业时机。但是，创业农户在把创业点子转化为创业行动的过程中，在创业资源获取方面较为困难，进而影响了农户创业成长的速度。

社会网络、网络能力与农户创业的耦合评价结果如表 6-6 所示。社会网络与农户创业的创业机会识别基本达到协调一致；社会网络与创业资源获取协调度稍弱，有进一步提升的空间；社会网络与创业成长呈轻度失调状态下的中度耦合。网络能力与创业机会识别基本协调一致；网络能力与创业资源获取为中度失调状态下的高度耦合，耦合情况与协调情况差别较大；网络能力与创业成长在整体上表现为中度失调状态下的高度耦合。这表明社会网络、网络能力与农户创业耦合存在阶段差异性。

表 6-6　社会网络、网络能力与农户创业的耦合评价结果

评价对象	耦合度	耦合协调度
社会网络与创业机会识别	极度耦合	中级协调
社会网络与创业资源获取	高度耦合	轻度失调
社会网络与创业成长	中度耦合	轻度失调
网络能力与创业机会识别	高度耦合	初级协调
网络能力与创业资源获取	高度耦合	中度失调
网络能力与创业成长	高度耦合	中度失调

第七章　创业农户社会网络的构建与治理

本章在前文测度创业农户网络能力和创业农户创业能力协同发展水平的基础上，探索影响创业农户社会网络建立能力的主要因素。本章按照"社会网络构建的理论基础—模型构建—实证研究结果与讨论—提升创业农户网络能力的路径—创业农户社会网络经营与管理策略"的行文逻辑，从社会学、生态学、战略规划的理论基础提出本章研究框架与研究假设，构建创业者特质、网络能力对创业者社会网络特征分析框架，并采用 t 检验和多元回归分析方法检验这一分析框架。本章讨论了如何提升创业农户网络能力。通过"网络建立能力、网络发展能力、网络维护能力"三个维度的网络能力测量体系，实证检验创业农户的创业特质、网络能力对其社会网络特征的影响。本章根据经营管理原则提出社会网络经营与管理策略以期为相关部门制定相关政策提供理论和实践参考。

第一节　社会网络构建与治理的影响因素

一、理论与研究假设

（一）社会网络构建的理论基础

Granovetter（1973）提出了个人的社会网络与其拥有的社会资源的关系理论，奠定了社会网络理论研究的基础。社会网络是指多个行为主体及各主体之间的关系所组成的集合。构建社会网络必然需要通过某种特定的媒介纽带，实现联结、约束和巩固网络主体之间关系的目的。

从社会学角度，人本质上是社会性动物，人类社会是群体性社会，必然依存于一定的社会群体。社会网络便是这一群体的承载基础。创业者在日常生产活动中，建立起同学、客户和合作伙伴等社会联系，这些社会联系构成的社会网络，便是未来创业过程中获得创业资源的有效渠道。从生态学角度，自然界中生物群落的生存环境和生存空间，以及种群增长理论、食物网建构理论、生物适应性和进化等理论便是揭示企业生命周期理论的有效工具。从这一视角观测，创业企业在生产经营过程中，与供应商、政府机构、竞争对手及社会环境共同建构了相互依存、互相适应的生态共同体（胡贝贝等，2016）。从创业过程看，创业者在识别创业机会，整合资金资本、人力资本等资源，提升创业能力的过程中，也是企业与企业所处环境提供的资源不断循环、反馈和再循环的过程（胡金焱和张博，2014）。自然界中食物链越顶端的生物食物链越丰富，多个食物链就会建构成食物网；对于创业农户，需要融入本地资源网络、外部市场网络及国家宏观的产业网络，创业者的创业活动自然而然地、动态地形塑着创业者的社会网络。

从战略规划角度，在全球战略联盟的背景下，合作才能共赢，而社会网络正是合作竞争时代的产物（祝振铎和李非，2017）。战略联盟形成的关系网络能使创业者迅速积累资金、降低风险，获得原本不具备的技术优势、管理优势、资金优势和政府背景优势等（韩炜等，2014）。社会网络的建立、发展与巩固表现为社会网络中社会角色的互动、重构，并满足创业扩张的需求。创业者建构社会网络的能力，在某种程度上决定了创业资源及创业信息的获取（项国鹏等，2018），甚至创业者的网络能力就是创业能力的重要维度。

（二）研究假设

1. 因变量

根据第三章对社会网络结构和社会网络关系的测量，本章依然采用相应的指标去刻画。社会网络结构维度通常包括网络规模、网络密度、网顶和网差四项要素。朱秀梅等（2010）用网络关系强度和网络规模表示社会网络结构特征。考虑到社会网络是一个较为复杂的多维度变量，并且本书研究对象为创业农户，因此本书采用创业农户的社会网络规模和社会网络强度两方面来刻画其社会网络特征。

2. 自变量

已有研究成果中，创业者的社会网络对创业绩效的影响获得普遍认同，并提出创业者的网络能力研究，重点在于如何构建、动态调整和有效利用社会网络关系。Elfring 和 Hulsink（2003）认为创业者通过提升网络能力，可以提升优化自身的社会关系网络。陈聪等（2013）认为社会网络的开发能力决定创业者社会网络关系的类型，社会网络经营能力决定获得创业资源的价值。朱秀梅等（2010）将网络能力划分为网络导向、网络构建、网络管理三个维度。任胜钢和舒睿（2014）将创业者网络能力划分为网络愿景能力、网络构建能力和网络管理能力。本章结合创业农户的特点，根据第五章的扎根理论研究得出的创业农户网络能力包括三个维度，即网络建立能力、网络发展能力和网络维护能力，提出以下假设。

H_{7-1}（1a, 1b）：创业农户的社会网络建立能力显著正向影响社会网络水平（规模和强度）。

H_{7-2}（2a, 2b）：创业农户的社会网络发展能力显著正向影响社会网络水平（规模和强度）。

H_{7-3}（3a, 3b）：创业农户的社会网络维护能力显著正向影响社会网络水平（规模和强度）。

同时，创业者的创业特质也影响社会网络发展水平。赵晓东和王重鸣（2008）提出创业者个人主动性、社会技能等是影响创业者社会网络构建的关键因素。王飞绒等（2014）认为创业者的个人主动性对社会网络构建有积极影响。与此观点类似，Morrison（2002）研究发现，行为主动性较强的新员工比其他员工能建立关系更牢固和规模更庞大的网络关系。创业者的特质表现为风险承担力、创新性、企业管理技能和合作精神等（Gasson，1982）。对于创业农户，勤奋坚韧、合作谦让都是他们的优秀美德，但在创业活动中，农户往往表现为风险厌恶者、低成就感及对未来的不确定性。因此，这里将创业农户的特质界定为风险倾向、成就需要、内控制源和不确定性容忍度四种，并提出以下假设。

H_{7-4}（4a，4b）：创业者的风险倾向显著影响创业者的社会网络水平（规模和强度）。

H_{7-5}（5a, 5b）：创业者的成就需要显著影响创业者的社会网络水平（规模和强度）。

H_{7-6}（6a, 6b）：创业者的内控制源显著影响创业者的社会网络水平（规模和强度）。

H_{7-7}（7a, 7b）：创业者的不确定性容忍度显著影响创业者的社会网络水平（规模和强度）。

3. 控制变量

参考已有关于农户经济学的研究，本章从创业农户的人口统计学特征和创业特征出发，选择创业农户的年龄、学历、性别、创业类型及外出务工经历作为控制变量。

（三）变量测量

1. 创业者社会网络水平

（1）网络规模反映的是创业者所嵌入网络的网络成员数量，它属于社会资本概念中网络结构维度的主要变量。一般来说，社会网络规模越大，意味着创业者的社会资本水平越高。社会网络规模变量的测量借鉴 Gasson（1982）研究社会网络的方法，邀请创业者回顾自己在创业过程中有过直接联系，并对创业有一定帮助的人（包括家人、亲属、朋友、社会组织人员、政府机构人员和企业合作伙伴）的数量，就可以了解创业者核心社会网络中的成员数目，以此计算创业者社会网络规模大小。

（2）Granovetter（1973）最早从亲密程度、认识时间、互惠内容三个方面衡量社会网络的关系。杨宜音等（2016）根据中国情境，从角色规范的社会伦理上考察，将中国社会中的关系特点归纳为三个特征，即互动性、信任及个人中心性。因此，本章从亲密程度、熟悉程度和信任程度三个维度，进行三维测度，并根据程度高低进行赋值，用标准分数进行定量分析。

2. 创业者的网络能力

根据第五章采用扎根理论对网络能力的测量建立表 7-1，并采用加权平均值的算法进行网络能力的测量。

表 7-1 创业农户的网络能力测量

维度	内涵	测量
网络建立能力	创业者利用关系技巧构建和调整网络关系，包括寻找潜在合作伙伴，与潜在合作伙伴建立关系	在日常生活中从事互惠性活动 通过多种途径搜寻潜在的合作伙伴信息 主动与政府部门建立良好关系
网络发展能力	通过社交技巧在集体活动或社会组织中拓宽网络规模	通过集体活动或已有的网络关系来拓宽网络规模 主动延长或终止已有网络关系 顺利加入其他社会组织的网络
网络维护能力	利用合作技巧管理网络关系，提高关系质量	主动解决与网络同伴间的冲突 定期与网络合作伙伴交流 有经济能力拓展社会网络关系

3. 创业者的创业特质

该变量采用利克特五分量表进行测量，涵盖风险倾向、成就需要、内控制源和不确定性容忍度四个子量表，共 11 个项目。

（1）风险倾向的测量借鉴 Timmons（2005）的定义测量，具体问题包括"我愿意承担更大的风险去追求创业中的利益""我更偏向于采取大胆的、非常规的行动来应对创业环境带来的风险"。

（2）成就需要的测量根据 Morrison（2002）的定义，主要测度问题包括"我渴望创业这种生活方式""我喜欢承担具有挑战性的工作""我具有勤奋、吃苦耐劳的精神"。

（3）内控制源的测量借鉴 Aldrich 等（1986）的定义，主要测度个人对创业成功与否的信念倾向。主要测度问题包括"创业的成功与否取决于我自己"。

（4）不确定性容忍度的测量借鉴 Timmons（2005）的定义，主要测度对创业不确定性容忍程度的感知倾向。主要问题包括"我喜欢创业的不确定性带来的刺激""当创业活动的实际情况与原计划存在较大偏差时，我会适时采取措施，而不是等等看"。

二、模型选择

依据上述理论推导，本书提出一个社会网络结构、社会网络构建、社会网络强度、创业特质和网络能力之间的关系模型。以社会网络理论为基础，该模型致力于帮助创业农户构建更有利于企业生存和成长的社会网络。如图 7-1 所示，本书以创业农户的社会网络构建为核心，从社会网络强度和规模两方面深入挖掘影响社会网络构建的因素，探索如何构建社会网络。

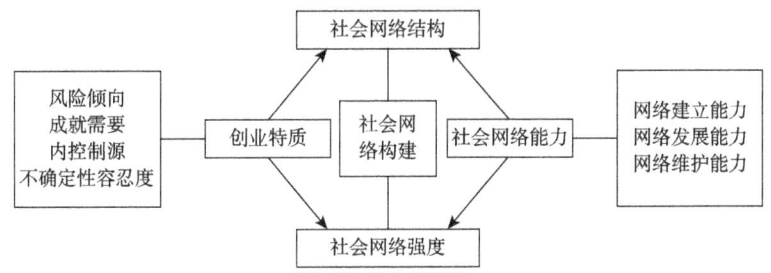

图 7-1　社会网络构建的理论模型

三、实证结果与讨论

（一）相关分析

根据本书的目的和假设，首先做主要变量的相关性分析，分析结果见表 7-2。

表 7-2 主要变量的相关性分析

变量	性别	年龄	学历	创业形式	外出务工经历	风险倾向	成就需要	内控制源	不确定性容忍度	网络建立能力	网络发展能力	网络维护能力	规模	强度
性别														
年龄	-0.240													
学历	0.057	-0.335												
创业形式	-0.014	0.189**	-0.145*											
外出务工经历	0.118	-0.184	-0.030	0.057										
风险倾向	-0.079	0.119	0.071	-0.025	-0.164*									
成就需要	-0.076	0.094	0.175**	0.082	-0.190**	0.435**								
内控制源	-0.060	-0.094	0.211**	-0.183**	-0.035	0.287**	0.477**							
不确定性容忍度	-0.033*	0.046	0.127	0.049	-0.123	0.297**	0.518**	0.429**						
网络建立能力	-0.015	0.112*	0.138*	0.015	-0.221**	0.344**	0.541**	0.408**	0.406**					
网络发展能力	-0.084	0.111	0.145*	0.009	-0.290**	0.376**	0.471**	0.346**	0.343**	0.761**				
网络维护能力	0.020	-0.038	0.187**	-0.042	-0.215**	0.376**	0.518**	0.458**	0.361**	0.748**	0.736**			
规模	-0.123*	0.074	0.215**	-0.035	-0.172*	0.259**	0.494**	0.336**	0.251**	0.611**	0.679**	0.618**		
强度	-0.027	0.083*	-0.066	0.074	-0.290**	0.348**	0.239**	0.218**	0.215**	0.572**	0.585**	0.570**	0.161*	

*、**分别代表在10%、5%水平上显著

从表 7-2 中可以看出，在控制变量与自变量的相关分析中，创业农户的学历与成就需要、内控制源、网络建立能力、网络发展能力、网络维护能力呈显著正相关关系，创业形式与内控制源呈显著负相关关系，创业农户的外出务工经历与风险倾向、成就需要、网络建立能力、网络发展能力、网络维护能力呈负相关关系。

（二）多元方差分析

为进一步检验创业农户的创业特质对其网络能力和社会网络水平的影响，本书进一步采用方差分析。为便于对比，以五个自变量各自的均值作为临界点，将每个维度以均值为界限分成高、低两类，进行方差分析，分析结果见表 7-3。

表 7-3　多元方差分析

创业农户的创业特质	样本数	社会网络规模 均值	社会网络规模 标准差	社会网络强度 均值	社会网络强度 标准差
高风险倾向	204	6.35	2.529	6.94	1.623
低风险倾向	242	4.70	2.005	6.51	1.823
F 值		5.420**		7.553**	
高成就需要	264	6.30	2.415	6.91	1.606
低成就需要	182	4.22	1.768	6.42	1.900
F 值		8.990**		3.782*	
高内控制源	208	6.34	2.515	6.95	1.668
低内控制源	238	4.68	2.002	6.50	1.786
F 值		6.461**		4.632**	
高不确定性容忍度	198	6.03	2.136	6.56	1.706
低不确定性容忍度	248	4.76	2.197	6.38	1.764
F 值		2.181		2.065	
高网络建立能力	258	6.15	2.511	6.91	1.577
低网络建立能力	188	4.50	1.868	6.43	1.924
F 值		4.989**		5.149**	
高网络发展能力	213	6.06	2.521	6.77	1.634
低网络发展能力	233	4.90	2.152	6.64	1.842
F 值		2.350*		4.049**	
高网络维护能力	167	6.19	2.419	7.10	1.818
低网络维护能力	279	5.01	2.241	6.47	1.659
F 值		4.172**		5.795**	

*、**分别代表在 10%、5%水平上显著

分析结果发现：高风险倾向、高成就需要、高内控制源的创业农户，其社会网络规模和强度显著高于低风险倾向者；高不确定性容忍度和低不确定性容忍度的创业农户在社会网络规模和强度上的差异并不显著；高网络建立能力的创业农户其社会网络规模和强度显著高于低网络建立能力的创业农户；高网络发展能力的创业农户的社会网络规模和强度显著高于低社会网络发展能力的创业农户；高网络维护能力的创业农户的社会网络规模和强度显著高于低网络维护能力的创业农户。

（三）回归分析

根据对表 7-3 的分析可知，本书所关注的创业农户的风险倾向、成就需要、内控制源、网络建立能力、网络发展能力和网络维护能力等因素与创业者的社会网络规模和社会网络强度大多呈显著性相关关系。为进一步检验这些变量对创业农户的社会网络特征是否具有直接影响，本书采用计量回归做进一步的检验（表 7-4）。

表 7-4 影响创业农户社会网络构建的结果

	变量	社会网络规模	网络可达性	社会网络密度	社会网络强度
控制变量	性别	−0.086	0.042	0.102	0.016
	年龄	0.118	0.121	0.134	0.002
	学历	0.253**	0.348**	0.321**	−0.060
	创业形式	−0.020	−0.020	−0.020	0.080
	外出务工经历	−0.145*	−0.145*	−0.145*	−0.295**
自变量	风险倾向	−0.066	−0.066	−0.066	0.194**
	成就需要	0.216*	0.216*	0.216*	0.187*
	内控制源	0.029	0.029	0.029	0.048
	不确定性容忍度	−0.092	−0.092	−0.092	−0.010
	网络建立能力	0.085	0.085	0.085	0.299**
	网络发展能力	0.431	0.431	0.431	0.194*
	网络维护能力	0.151**	0.151**	0.151**	0.203*
	R^2	0.532	0.532	0.532	0.456
	F	20.264	20.264	20.264	15.105

*、**分别代表在 10%、5%水平上显著

从表 7-4 的计量结果可以看到，创业农户的学历显著正向影响了其社会网络规模，但是，外出务工经历显著地负向影响了创业农户的社会网络规模和社会网

络强度，主要是因为创业农户返乡创业后，城市的市场网络、产业网络与农村的资源网络产生分离，长期分离甚至会发生断裂，所以外出务工越久，越会弱化本地社会网络。

从主要变量看，成就需要和网络维护能力对创业农户的社会网络规模和社会网络强度均有显著正向影响。同时，与假设结论相反的结论是，内控制源和不确定性容忍度对于社会网络规模和社会网络强度的回归系数均不显著；而风险倾向、网络建立能力和网络发展能力只对社会网络强度的回归方程系数达显著水平，对社会网络规模的回归方程系数并不显著。

因此，以上回归方程分析结果表明，本书 H_{7-3} 和 H_{7-5} 均得到了验证，H_{7-6} 和 H_{7-7} 的预期没有得到支持，H_{7-1}、H_{7-2}、H_{7-4} 的预期得到了部分支持（验证了假设 H_{7-1b}、H_{7-2b}、H_{7-4b}，否定了假设 H_{7-1a}、H_{7-2a}、H_{7-4a}）。

第二节　创业农户的社会网络经营与管理策略

一、网络治理原则

（一）绩效导向

创业的目的是实现良好的经济价值。社会网络既具有社会属性，是社会关系的承载载体，也具有情感导向性。但是，将社会网络与创业行为联合，社会网络的属性更多的是经济性，通过社会网络获得的创业支持，包括情感支持与物质支持。因此，社会网络的经营管理需要坚持绩效导向。建构商业网络时，具有明确的经济目的，因为社会网络规模的扩张需要花费一定的时间成本和经济成本。例如，创业农户参加农展会，会耗费一定的交通成本和展销成本，但是如果创业者能够通过商业洽谈或者农展会获得技术或市场支持，这便是拓展社会网络的机会，如中国杨凌农业高新科技成果博览会借助西北农林科技大学和当地政府的支持，成功开展农业科技展览，并且已经获得国际展览业协会的认证。如果能够通过这种展会平台获得技术支持，对于创业农户而言，成效可观。例如，河南的申先生，从小是果树迷。但他一直没有取得重大进展，正是在西北农林科技大学学习期间，参加了一次中国杨凌农业高新科技成果博览会，认识了"红肉苹果"，决定将其引进河南种植。2013~2019 年，他引入原种芽、瓜果等品种和嫁接、育苗等技术，又开展商业化种植，取得了极大成功。

（二）适用原则

社会的动态变化决定了社会结构的多样性，也决定了社会网络的多样性。根据交往与联系的对象和性质，创业者的社会网络可以分为功能性社会网络和社会构建性社会网络。创业农户积累的社会关系、拓展的商业关系决定了创业者的社会网络类型丰富。为了保持社会网络的动态性与稳定性、异质性与均衡性的平衡，创业农户在网络治理中应该坚持适用原则。在创业机会识别期间，创业农户需要获得更多异质性网络，以判断创业机会的经济性与可行性；在创业发展阶段，应该建构资源网络、市场网络，提升创业竞争力；在创业成长阶段，应该融入产业网络，努力成为产业网络生态体系的有机组成部分。

（三）动态调整

要形成良好的网络生态，必须赋予网络自生长能力，这就需要动态的修正。例如，创业者创业起步时，可能获得的支持来自家庭、亲友，因此总觉得他们是企业的"元老"级功臣，占据企业中的关键位置，但这会形成网络屏障，难以吸引优秀的现代企业发展元素，如人力资本。以农民合作社为例，一个规范的合作社应该具备"三会四部"[①]，但很多合作社会发展为父子社、夫妻社，失去了合作的本源。因此，随着创业成长，应该动态地修剪网络枝条、动态地建构创业过程中需要的社会网络，通过长时期地修正与调整，创业农户的社会网络便具有灵性与自生长的动力。例如，合作社发展成为示范社，加入合作社联盟组织后，就会自动获得更多的优质信息，进而促进合作社的发展。

二、网络治理内容

（一）社会网络节点选择

社会网络是由许多节点交互构成的一种社会关系结构，节点通常是指个人或组织，个人或组织间的联系称为交互，这些社会关系可以把从偶然相识的泛泛之

---

① "三会"指社员代表大会、理事会、监事会；"四部"指信用合作部、购销合作部、土地合作部、房宅合作部。

交到紧密结合的家庭关系的各种人或组织串连起来，通过交互能帮助社会网络中的节点之间形成相对稳定的关系体系，进而影响节点的社会行为。关于社会网络的研究，归根结底，是对组成社会网络的节点和节点之间连接的研究，这些连接就是社会网络的关系，而网络中节点的数目和节点间的距离影响着社会网络的关系和结构。

第一阶段，创业者主要依靠直接关系连接选择网络节点，创业者占据社会网络的中心位置，依靠强关系获得创业资源，开启创业活动。这一阶段的社会网络交互关系主要依据天然的信任关系获得。第二阶段，创业活动进入成长期，创业者主要通过契约关系获得技术支持、创业资本、产品市场及政府的政策支持等，这一阶段创业者主要依靠正式的契约关系拓展社会网络，社会网络的性质逐渐由情感性过渡到工具性。社会网络的节点多是基于交易关系涉及的各类型主体，社会网络稳定，规模不断扩大。第三阶段，创业活动逐渐融入当地稳定的产业体系中，创业者的社会网络在纵向上表现为多个层次，有一般层级的交易性社会网络，中级的产业网络，还有高级别的战略网络；横向上，创业者的社会网络会不断地调整，与产业发展需求协同。社会网络节点选择如图 7-2 所示。

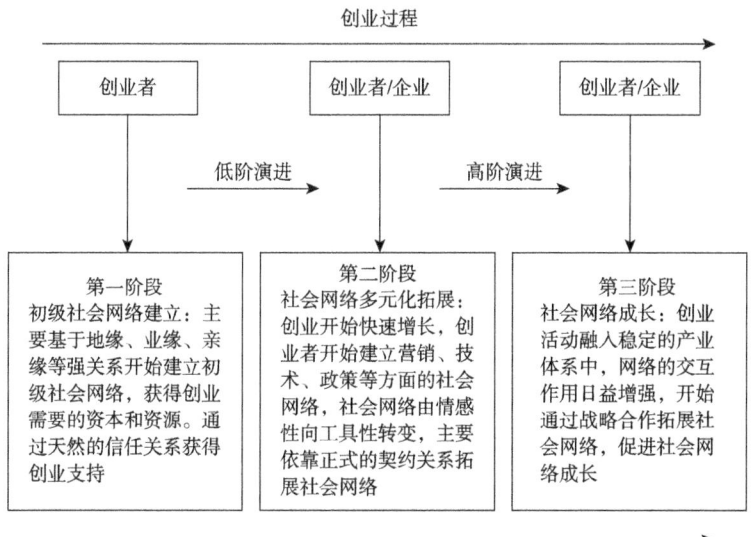

图 7-2 社会网络节点选择

（二）社会网络规模调适

优化与调适社会网络规模的主要目的是社会网络能够满足创业活动需要，根据社会学的理论，需要从两方面着手，一是确定拓展契机，二是确定拓展方式。

1. 确定拓展契机

什么时候进行社会网络构建,从创业推进的过程看,一般会提前于创业需要,因为从社会网络构建到社会网络结构稳定,需要一个沉淀期。因此,创业者可以根据将要拓展的不同社会网络类型提前谋划拓展方式,如表 7-5 所示。

表 7-5 社会网络类型与拓展方式

分类依据	网络类型	拓展方式
与网络对象交流的强度和频率	强关系的社会网络	日常联系、节假日聚会
	弱关系的社会网络	宴会、聚会、节假日问候
与网络对象联结的正式程度	正式社会网络	商业会谈、节假日问候
	非正式社会网络	社会组织、节假日聚会
根据网络对象与企业的关系划分	外部关系网络	商业活动
	内部关系网络	庆典、年会
根据网络对象的属性划分	商业连带社会网络	商业活动、节假日问候
	政府连带社会网络	节假日问候

2. 确定拓展方式

(1) 通过媒介拓展。网络不仅带来了信息、经济等的全球化,也带来了社会网络的全球化。创业农户应学会合理使用网络媒介,通过网络媒介不仅可以关注最新消息,还能结识新朋友,并可以通过社交软件与朋友即时通信,保持常规联系。

(2) 通过强关系拓展。强关系的社会网络的特点之一就是交往频率高,创业者也更易于与强关系的社会网络成员的其他关系产生互动,如跟好朋友聚会的时候结识了朋友的朋友等。霍尔特通过研究发现,在现有基础上结识新关系,以此逐步拓展自己的社会网络,是一个相对有效的拓展方式,这种拓展方式是最自然、最常见的。

(3) 通过商业活动拓展。创业者在日常运营和商业洽谈中,会接触到相关行业的从业人员。积极参加或自己组织商业活动,其所能获得的人际资源和资源的质量远远超过了日常生活中所能获得的。

(4) 通过社会组织拓展。创业农户可以加入一些与创业或行业相关的社会组织,以此扩大社会网络。在一个社会组织中容易找到志同道合的创业者,可以向经验丰富的创业者请教,或者找到更多商业合作伙伴、往来客户。

(5) 通过培训活动拓展。在培训中能通过暂时的共同目标拓展社会网络。培训的时间或长或短,以此形成的社会网络关系只要合理维护、善加利用,也能为创业者提供良好的社会资源和社会支持。

三、社会网络经营策略

（一）融入乡风民俗策略

中国有着几千年的农耕文化，在长期的社会生活中，形成了各种各样的民俗文化，农村作为民俗活动发源成长的土壤，民俗活动的内涵和形式与农村生活密不可分。乡风民俗的形成有其独特的路径，它依靠人们的信念、风俗习惯和社会舆论力量，调整法律未涉及的社会生活问题，具有自觉性的特征。这些民俗教化思想规范人们的生活、维系和调节人们的各种关系，对社会进步起着不可忽视的作用。乡风文明是社会主义新农村建设的重要内容，是构建社会主义和谐社会的重要体现。

农户创业基于适用性原则，要融入当地乡风民俗，应采用融入乡风民俗策略，即包容、共享和责任（王轶和熊文，2018）。包容就是尊重、理解和主动适应。身处不同的文化背景中，创业农户需要包容他人，通过改变自己而不是试图改变对方来融入当地乡风民俗，体现创业者胸怀。创业农户主动了解当地风土人情，积极参与民俗活动，拉近与当地农户的距离，构建创业社会网络。同时，吸纳对方优秀成果为己所用，提高自身整合资源的能力。共享就是坦诚、开放、合作。创业农户要构建创业社会网络，实现与当地的共同发展。融入乡风民俗策略就是一种合作、开放的体现。责任就是创业农户在创业过程中，要做一个好的企业公民，承担起企业应尽的责任，扶弱济困，助农增收。借助融入乡风民俗策略，创业者可以拉近与当地村民的心理距离，获得村民的信任和支持，让村民把创业者当作"村里人"。

（二）参与乡村治理策略

当创业农户的创业行为带来广泛的社会效应时，其可以通过参与乡村治理策略拓展优化社会网络。例如，创业农户可以主动竞选村干部。创业农户具有必要的知识和技能，具有一定的示范效应。创业农户通过竞选成为村干部，积极参与乡村治理，不仅能够提高乡村治理绩效，还能够给农民传递现代农业技术能力、管理能力等技能培训。例如，重庆云阳县的杨先生，毕业后利用家庭积累及向亲友借来的3万多元，开始了梨园的土壤改良、苗木嫁接等创业之路。2011年杨先生成功竞选为副村支书，参与乡村治理，积极为村民谋福利。同时，创业农户可以尝试探索把创业乡贤会打造成村民自治议事平台，利用微信等新媒体平台向在外地的农户推送家乡发展近况，征求他们对家乡发展的意见建议，定期邀请在附近工作、生活的乡贤召开座谈会，通过线上线下各种渠道汇集民意、谋划发展。创业农户通过参与公共治理，给当地村民提供了公共服务，完善了乡村治理的发展思路。享受到公共福利的村民更加愿意提供劳动力资源、土地资源等创业要素，建立起普遍性的信任，创业农户能够有效降低内部交易成本。通过参与乡村公共治理，创业农户可以融入当地社会网络，拓展社会网络规模与节点。

（三）发展乡村公益策略

折晓叶和陈婴婴（2000）指出，与"纯公共品"相比，村级公益事业作为村级"公共品"的重要形式，拥有复杂的社会性。村级公益事业的设计安排参照国家大共同体的公益事业政策，但其遵循村庄小共同体的"集体行动"的地方逻辑（曹海林，2011）。随着城镇化进程中的人口转移，乡村空心化现象严重，治理体系涣散，乡村公益项目随之搁浅，没有得到正确的组织和发展，这就需要农户、村级组织及农户创业企业积极发挥力量，分担乡村公益事业建设的责任。

农户创业扎根农村，需要农村基础设施硬性条件，更需要良好的文明乡村和社会秩序。一是将乡村生活服务设施与创业企业生产设施紧密结合，发挥联动效应。完备的生产设施是创业企业生产的基础，创业农户在完善生产设施的过程中，可以将其与乡村生活的服务设施紧密结合，惠顾乡村农户与创业者双方，使得创业企业形象深入人心，增加创业企业的吸引性和带动性，联合更多力量投入乡村公益事业中。二是在美好生活的追求下，乡村农户更加注重文化、养老和教育等方面。创业企业将盈余进行捐助，建立乡村图书馆、博物馆，设立教育奖励基金、养老保险基金，鼓励农户追求美好的乡村生活。三是通过务工或技术合作，提升当地农户的技术水平和能力。创业企业优先雇用当地农户，或通过公益大讲堂将创业者的经验、种植技术等分享给农户，"授人以鱼，不如授之以渔"，提升农户的水平和能力，反之又能提高创业企业的生产水平和效率。例如，云阳县大果水晶梨专业合作社的创业者杨先生创业成功后，将自己的经验及技术传授给渝北乌牛村建立的合作社，两者之间进行合作，实现了双方共赢。

（四）建立利益共同体策略

遵循协同导向原则，建立利益共同体策略，使各主体共担成本、共享资源和共担风险。在科技高度发达的今天，要实现规模化，还需在打造命运共同体上下功夫。支持村企农建立紧密利益联结关系，建立将每位参与者的利益与企业未来联系在一起的收入分配机制，激发农民的主动性和积极性。2017年，在首届中国农村创业创新论坛上，农业部部长韩长赋指出，"农村双创要让小农户共同分享发展机遇和成果",完善利益联结机制,鼓励农民"参与产业化经营,形成利益共同体,共同分享农村双创成果"。农户创业要重视和建立利益共同体策略,并将两者的利益联结方式由租赁、合同式等半紧密型转为合作社、企业化和股份式等紧密型,从而保证创业企业与农户实现共赢的局面。

农户可以将承包地经营权、四荒地使用权、集体建设用地、政府补贴等折股量化,入股合作社或创业组织,而企业以资金、技术入股,改变原本单纯的产品和要素交换关系,使两者之间形成紧密的利益联结关系,并受到法律和企业章程的约束。在创业企业提升绩效的同时,农户也可以享受股权的增值收益,这在很大程度上会给予农户参与感和获得感,提升主人翁意识,激发农户的积极性。另外,创业企业要选择优先雇用当地农户,将产品以较为优惠的价格提供给农户,增加农户收入。

在实践中,建立利益共同体也存在诸多问题:创业企业组织能力弱,抗风险能力弱,缺乏带动力;出现企业或农户违反合同现象,阻碍创业活动健康发展。因此,创业农户要在与农户有一定关系的基础上科学地建立利益共同体,并将自己的经营活动和财务状况公开,建立相应的监督机制,加强农户的信任,为创业企业建立良好的社会网络关系。

(五)加强客户关系管理策略

客户关系管理是增强企业竞争力的关键因素。客户关系管理最早诞生于20世纪90年代的美国,其前身是80年代的"接触管理"和90年代初的"客户关怀"。这个概念是由Gartner Group公司最早提出的。Hobby(1999)认为,客户关系管理是一种通过对客户关系进行管理以便辨识、吸引和增加顾客保持的管理战略。企业通过全面的客户信息和稳固、完整的客户关系来传递自己的产品或服务,它依据客户的分类情况科学有效地组织、整合企业资源,培养以客户为中心的经营行为及实施以客户为中心的业务流程,并以此为手段来提高企业营利能力、客户满意度及客户忠诚度。冯兵等(2000)认为,客户关系就是在企业与客户的交互中,其中一方对另一方的行为方式及感觉状态。加强客户关系管理,形成长期友好的客户关系对于创业企业来说至关重要,如今,客户关系管理已经成为企业的战略核心。成熟的客户关系管理策略可以运用客户关系管理系统和技术,通过收集到的企业和客户数据,分析企业销售和客户信息,以改进企业服务水平,优化管理方法,提高核心竞争力。由于农产品市场较为充分,农产品创新难度大等,众多农户创业会选择以市场为导向,市场导向战略就要求创业企业让客户满意,关注客户,了解客户需求,满足客户利益,从而进行农业生产,符合市场需求,赢得客户的信任和支持,提高市场竞争优势。

创业农户与客户关系之间的主要联结点包括商品、销售渠道等，管理好农户创业企业与客户之间的关系需要从两者之间的联结点出发，让客户关系更好地发挥其功能效用。首先，抓住市场及客户需求，生产特色优质的产品。农户要抓住政策背景、市场趋势和客户痛点，找到适合的农产品发展路线。从"绿水青山就是金山银山"的生态文明理念和建设美丽中国，到党的十九大报告提出的乡村振兴战略，重庆众多创业企业的农产品转向绿色生态之路，石柱土家族自治县润淑生态农业发展有限公司就是其中之一。随着客户要求的不断提高，创业企业农产品也朝着特色优质的高端水平提升，并打造特色品牌。其次，拓宽创业企业的客户范围。农业生产具有地域性、季节性和周期性等特点，如果能够将农产品销往外地，不仅能缓解销往本地的竞争压力，更能增加收益。同时，农产品的存储成本较大，极易腐烂变质。这就需要农户拓宽农产品的销售渠道，进行多元销售，将传统的"农产品—批发市场""农产品—超市""农产品—供销厂"等销售渠道和新兴的"农产品+电商""农产品+自媒体"等销售渠道结合起来，拓展客户关系的范围。最后，加强创业企业与客户之间的互动。创业农户要积极与客户保持沟通和交流，及时将最新的商品特色和信息告知客户，保证客户能最快接收到产品或服务的新信息。另外，创业者在了解客户特征和偏好的基础上，要学会站在客户的角度看待创业中存在哪些问题需要改进，并倾听客户的意见，让客户成为创业活动不断进步的指引者，提高客户的满意度和信任感，形成良性的客户关系管理体系。

第八章 社会网络演变与农户创业协同的案例透视

社会网络在创业机会识别、资源获取与创业成长方面提供信息、资本、技术等创业要素；随着创业推进，创业者的经营规模、产业业态也悄然改变着创业者的社会网络特征。能够推进两者协同演进的是创业者的经营策略及创业者所处的创业环境。这一判断通过第五章的理论证明与第六章的实证检验基本得到验证。为了能更有趣而翔实地解释这一结论，本章以创业者类型为分类标准，通过三个典型案例翔实地剖析对比，以求生动地揭示两者协同演变的机理，探索农户创业推进与社会网络演变之间的协同规律。

第一节 传统农户的本地创业

中华人民共和国成立后，中国重要的制度变革与伟大实践都起源于乡村，发起于农民。家庭联产承包责任制、乡镇企业发展、民工潮都是最好的实证。其实，发家致富是千百年来中国农民最朴素的愿望，创业活动在乡村大地上随着时代变迁而精彩纷呈。那些长年久居乡村的祖辈，熟悉农村、了解农民，更深爱家园。因此，他们希望通过创业改变家庭境遇、改变故土贫穷落后的面貌。也就是这样朴素的愿望表达，让很多本地传统农民开启了创业致富路。

【案例8-1】

固镇县连城玉鹏蔬菜专业合作社

创业农户：殷先生（1956— ），男，中共党员

访问时间：2016年12月9日

访问地点：安徽省蚌埠市固镇县经济开发区

（一）创业概况

固镇县连城玉鹏蔬菜专业合作社位于安徽省蚌埠市固镇县，成立于2007年8月，注册资本1 200万元，固定资产6 000万元，是国家级合作社示范社，2018年在全国合作社中排名第28位。法定代表人殷先生，2013年成立固镇县玉鹏家庭农场。2015年，该合作社又开始经营蔬菜深加工，是政府指定的蔬菜战略储备基地。该合作社常年种植冬瓜1万亩，自身经营加上带动周边农户经营的蔬菜总规模在5 000亩左右，组织供应销售蔬菜8 000多万吨，年销售额达到4 000万元，销售利润达到430万元。

（二）创业过程

1. 贩卖蔬菜，在落后变通中探索市场

1996年，城南村全村人均纯收入只有502元。大部分农田都被用来种植粮食，蔬菜的种植很少能带来经济收入。殷先生家族世代居住于此，家庭的贫困与家乡的落后激发了他的创业意愿。通过走访和调查，他看到了贩卖蔬菜的商机，效益要比种田高出很多倍。说干就干，殷先生四处联系菜农，收集买家信息，了解最新市场行情，一点点开始了属于自己的事业。

2. 成立合作社，租赁大棚创新合作模式

经过几年的艰苦努力，殷先生的经济状况逐渐好转。但是他觉得仅凭自己一个人，规模很难做大，一个人的力量有限，也管理不过来。于是，2003年，经过多方实地考察，他组织当地村民种植蔬菜，并给予保护价统一收购。随着国家对农业政策的不断调整，2007年，殷先生审时度势，成立了蚌埠市第一家农民专业合作社——固镇县连城玉鹏蔬菜专业合作社。

殷先生知道种蔬菜投入高、风险大，因此，想要扩大合作社的发展规模，要加大投入，找到与农民合作的利益均衡点。所以合作社决定投资蔬菜大棚，提升蔬菜种植收益。合作社投资建设了100亩钢架大棚，总投资大约80万元，建成后，一个大棚按照2 000元/年租给合作社社员，由合作社做好种植规划、负责田间管理和蔬菜销售，农户按照技术规程操作，蔬菜收获时，农户按照规定的数量、质量将蔬菜卖给合作社，这就解决了单个农户投资难、销售难的问题。

3. 蔬菜加工融入市场，提升产业的经济效益

2009年，该合作社引进最新农业生产技术，开始蔬菜的深加工，形成集种植、加工、销售的综合性产业。近年来，该合作社还积极参加各地举办的农业博览会，与多家超市成功对接，并签订了供货合同，每年提供大约8 000吨优质蔬菜进入超市，销售额超过2 000万元。该合作社常年种植各类蔬菜5 000亩以上，农产品加工年产值1 000万元以上，先后有60 000多人参与到合作社经营中来，带动农户36 321户，人均年收入提高到16 247元。

在此基础上，该合作社还投资修建了农业博物馆，拓展出大约2亩地，一半用于规划农耕生活体验区，如压水井、水磨、农家灶等儿童体验馆等，用于农耕文化体验，另外一半展示传统农具、家庭生活用具，如20世纪80年代开始兴起的老三件——缝纫机、手表和电视机。"玉鹏牌"农家菜被"第十届中国（寿光）国际蔬菜科技博览会"中国农村专业技术协会展团评为"优秀产品奖"。殷先生个人也被选举为当地县级人大代表、创业致富先进个人等。

（三）社会网络拓展分析与网络经营策略

1. 开始创业——强关系的社会网络的支持

蔬菜贩运生意基本来自家庭致富的驱动。殷先生做这个生意，得到妻子和父母的全力支持，妻子承担了所有的农田劳作，父母年龄还不大，农忙时，父母和亲戚都会过来帮忙，初始贩运时的2 000元启动资金还是通过一个在农村信用社工作的妻舅贷的款。从这一过程可以看出，殷先生的初始创业过程主要得到了创业者强关系的社会网络的支持，无论是家庭分工、初始资本获得都是通过血缘、姻缘关系获得。这一阶段的社会网络获得主要基于情感支持获得，通过提升家庭财富维护这一支持。其实，多数普通创业农户都是基于家庭亲缘网络的支持开始的创业起步。

2. 成立合作社——社会网络的本地化拓展

蔬菜贩卖始终是一个人单打独斗，并且随着市场机制的不断完善，个体户式的商贩面临的市场竞争压力更大，生在农村长在农家的殷先生开始转向蔬菜的规模种植。抱团发展、带领老百姓共同致富，这是固镇县连城玉鹏蔬菜专业合作社成立的初衷。2007年也恰逢《中华人民共和国农民专业合作社法》颁布，成立蔬菜合作社也得到当地农业管理部门的大力支持。凭借着蔬菜贩运过程中积累的敏锐市场感知能力和良好的客户关系，殷先生根据市场导向做好蔬菜种植规划，再加上个人创业致富的示范效应，当地老百姓很相信"跟着他干行"，故初次加入合作社的农户就有80多户，一共有400多亩蔬菜，但因为是露地种植，所以蔬菜生

产受到气候等自然风险影响较大,而大棚是应对农业生产中自然风险最为有效的措施。如果让农民自己投资建大棚,一是投入大,二是建设水平参差不齐难于管理。因此,固镇县连城玉鹏蔬菜专业合作社决定自己投资建设大棚,然后租赁给农户使用,100多亩的蔬菜大棚,年产值大约是300万元。合作社组织规范、经营管理科学、带动效应明显,2018年营业收入达到4 053万元,盈利752万元,在全国合作社的排名为第28位。

这一时期,创业者社会网络由基于血缘关系的强关系的社会网络逐渐拓展到基于产业发展的社会网络。从网络结构维度看,合作社成员成为创业者的主要社会网络,创业者的网络规模得到极大提高,但由于都是本地的普通农民,网络同质化明显,农户的社会资本也较低,网络的达高性不足。从网络的关系维度看,由于入社社员都是本村村民,网络成员之间较熟悉,而且长久处于同一生活圈,网络成员之间相互信任,这就极大降低了合作社的内部交易成本。

这一阶段,创业者主要采用资源依赖路径拓展社会网络:一是通过成立合作社,获得土地资源的规模化经营;二是建设蔬菜大棚,加大对合作社的固定资产投资,通过土地资产和资金投入拓展创业网络。创业者的社会网络拓展主要是采用利益共同体策略,以合作社为组织载体,将普通农户纳入合作社成员,通过提升农户的组织化程度,提高与市场对接的竞争能力。同时,强关系的社会网络也逐渐退出组织,合作社制定了组织章程,通过选举成立了"监事会、理事会与社员代表大会",通过公开竞争或社会聘用方式确定了技术部、营销部、种植部、财务部的成员。

3. 农业三产融合——产业网络的市场化融入

由蔬菜种植向蔬菜加工、农业博物馆的拓展是农业一、二、三产业融合的示范。这一时期,固镇县连城玉鹏蔬菜专业合作社已经成长为具有市场竞争力的经济性组织。该合作社主要通过参与博览会、展览会建立与超市、农业企业之间的正式合作。同时,作为一名乡村创业者,殷先生能够深刻感受到传统农耕文化的珍贵和特殊,因此专门留出场地传承与创新农耕文化。这一时期,殷先生的社会网络主要由社会交往性网络向产业网络发展,网络节点主要是企业组织,入社社员也主要依据商业规则,加强与合作社的联系。从社会网络结构维度看,创业者的网络规模由本地生产者拓展到全国性的商业性网络,网络规模和网络节点的地域范围都在不断扩大,网络成员之间的联系频率差异较大,如本地的商超、政府部门会联系得更加紧密,因为合作社创造的良好经济价值和社会效益,社会网络的层次也因社会声望更高的群体加入而更高。从社会网络关系来看,网络成员之间的关系由社会关系产生的天然性信任逐渐转变为基于合同的契约性信任,网络治理的重心转向了市场导向的合同管理。

这一时期,创业者主要通过利益依赖路径,建立合作社与超市、供应商及当地政府的利益关系。采用的网络经营策略主要有建立利益共同体策略与发展乡村公益策略。一是建立与当地农户、商业组织及政府管理部门之间的利益共同体，通过"双培双带"项目、"创业致富"项目促进了安徽固镇的现代农业发展，带动了农户增收，做出了实实在在的民生政绩。二是建立农民博物馆，发展乡村公益事业。从企业家角度看，这是一名创业企业家践行了社会责任。当地群众都十分支持，农民博物馆的很多老物件都是从农民家里免费搜集来的。在这一公益性事业发展过程中，创业者的社会美誉度进一步提升，普通农户与合作社之间的关系从经济利益拓展到了社会利益，联结机制更加紧密。

殷先生的社会网络演变与创业推进脉络见图8-1。

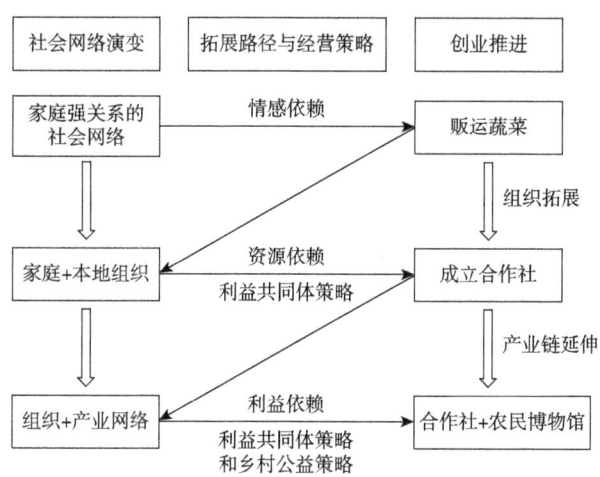

图8-1　殷先生的社会网络演变与创业推进脉络

第二节　大学生回乡创业

昔日孔雀东南飞，如今金凤返巢忙。李子柒通过创作乡村情景的自媒体内容，在YouTube网站拥有百万粉丝，2019年注册了属于自己的5个品牌，在传播中国传统饮食文化的过程中，收获了经济财富。类似的全国十佳创业农民中的回到黔西南大山里奋斗的女羊倌毛文娅、凝心聚力振兴乡村的好支书张佃壮都是大学生回乡创业的代表。

大学生作为受到良好教育的群体，日益成为农村青年创业的主力军。尤其是农村生源地的大学生，通过大学生村干部、下乡支教、大学生"三下乡"等活动，走入乡村、融入乡村,以至识别出创业机会,开展创业活动。2015年国务院印发《国务院关于大力推进大众创业万众创新若干政策措施的意见》,鼓励农村青年返乡创业;2017年国家部署实施乡村振兴战略,农村创业环境进一步优化、创业政策密集布局农村。因此,大学生回乡创业的动力更强,创业效果也更好,不仅收获了家庭财富,更拥有了精彩的人生。

【案例8-2】

云阳县大果水晶梨专业合作社

创业农户:杨先生(1974—　),男,中共党员,中国共产党第十八次、第十九次全国代表大会代表

访问时间:2018年12月5日

访问地点:重庆市云阳县双土镇无量村

(一)创业过程

重庆市云阳县大果水晶梨专业合作社成立于2005年,2011年被评为国家合作社示范社。发起人杨先生,1974年生,1999年从四川大学毕业后怀着帮助家乡脱贫致富的梦想与妻子回乡创业,通过土地流转专业从事水晶梨和特色果树种植,同时因带动村民致富成效显著,当选为无量村副村支书。2005年,他创建了云阳县水晶梨专业合作社。经过13年的发展,2018年入社农户476户,种植面积3 200亩,年销售额2 000多万元,72户入社农户年收入2万元以上,无量村也由当时的贫困村变为重庆生态农业建设示范村,杨先生在获得良好利润回报的同时,也当选为中国共产党第十八次、第十九次全国代表大会代表。

1. 初识桃花源,辞职返乡种梨忙

1999年从四川大学毕业的杨先生,所学专业是电子工程,在成都一家通信企业工作。但受到家族三辈人种植梨果的影响,一直情系家乡的果农。由于读书期间多次到龙泉驿游玩,那里的桃产业带动的百姓富裕与云阳县老家果园的贫瘠对比鲜明,他深感回乡责任重大:种好果树,带领乡亲致富。2000年,带着丰富的知识积累和建设家乡的热情,杨先生回到无量村,当时云阳县是国家级贫困县,土地贫瘠、交通困难,与其他村一样,年轻人都外出务工了,村里缺乏生机和活力。在当时大家都想办法涌向城市的时候,杨先生回乡开垦这片贫瘠土地上果园的事情并不为乡亲们所理解。但武汉大学农学院毕业的爷爷十分支持杨先生,他们家的果园也是村上经营最好的。因此,杨先生拿出了家里的全部积蓄,又加上亲友借款,总计3万多元,开始了梨园的土壤改良、苗木嫁接、果苗培育等,2002

年9月,3万多斤①圆黄梨销售收入将近6万元,杨先生的梨园创业路在乡村的田野上播下了致富的希望。

2. 成立合作社,注册品牌闯市场

杨先生没有满足于个人致富。"是党员,就不能只顾自家富,而要闯出一条乡亲们都能致富的路子来!"杨先生走村入户,带领村民种梨致富。为消除村民的疑虑,杨先生与村民签订协议:不仅提供种苗给村民,而且提供"三包"服务——包成活、包技术、成熟后以高于市场批发价包回购。后来,他还成立云阳县大果水晶梨专业合作社,实行"合作社+基地+种植户"运行模式,共同抵御市场风险。为了提升圆黄梨的知名度和经济附加值,他经过标准化种植、规范化管理,通过了国家的"三品一标"认证,还注册了"大可水晶梨"特色鲜果商标。为了做到经济发展与生态保护的协同,杨先生采取了"山上种树、树下种草,草地养畜、畜粪肥地,养蜂授粉、农业观光"的立体生态循环经济模式,取得了良好的经济效益和社会效益。2011年该合作社获得了国家合作社示范社称号,杨先生也当选为无量村副支书,并且当选为中国共产党第十八次全国代表大会代表。

3. 结识村支书,异地创业业更广

2018年5月,杨先生作为乡村振兴报告团的成员,在重庆市农业农村委员会的一次报告中,遇到了聆听报告的乌牛村村支书,该村支书也是一位创业者,乌牛村有着仙桃李的种植传统,但由于不懂技术,园区管护差,300多亩的仙桃李只卖了80万元。报告会后,该村支书多方打听找到杨先生,说起了自己村里产业发展遇到的困难。2018年11月,6位乡村振兴报告团的成员来到乌牛村,经过多方考察,成立了重庆聚牛兴农业发展有限公司,乌牛村从此开启了"企业+合作社+农户"模式,村集体股份社与该公司按照4:6的股份分红。乌牛村迎来了乡村发展新篇章,杨先生的产业也从重庆市云阳县拓展到重庆市渝北区古路镇乌牛村,他本人也被推选为中国共产党第十九次全国代表大会代表。

(二)社会网络拓展分析与网络经营策略

1. 创业起步——考察异地产业网络萌发创业意愿

作为20世纪90年代的大学毕业生,杨先生谋得了一份好的职业,当时电子通信行业在国内处于起步阶段。但在外出游玩期间,龙泉驿的桃产业已初具规模,果园兴旺、百姓富裕。通过多次考察,杨先生发现这种春天赏花、夏天摘果,农

---

① 1斤=500克。

户联合生产、抱团对接市场的模式具有可借鉴的价值。经过可行性分析后,杨先生决定辞职回乡创业,在农村人都涌向城镇谋求就业机会的时候,他选择逆行,选择农业创业。

这一时期,通过异地的产业网络考察,杨先生成功地识别出创业机会,但真正开始从事这一行业时,摆在面前的困难超出想象:如何选择好品种,如何解决技术支持,如何进行土地整治、土壤改良等,当时国家和重庆地区都还没出台诸多的创新创业政策。资金的匮乏依然需要依靠家庭积蓄和亲友借贷获得发展的启动资金。杨先生考察云南、四川、贵州、河北等地,引入试种70多个新品种,终于获得圆黄梨的成功。这一时期杨先生的网络策略主要是依靠高等教育获得的信息搜索能力。虽然通过乡村游玩,杨先生发现了兴旺的桃产业,但同样来体验的游客,为何没有想到发展桃产业呢?由于杨先生具有家庭种植经验,但是更为重要的是,杨先生能够科学地分析这一创业机会的可行性。这需要考察品种、产地、市场、成本等,对于受到良好的教育的杨先生而言,他能够通过各种渠道搜集信息,在2000年,计算机互联网还不是十分普及的时候,他就可以通过互联网获得有用信息,极大地降低了创业机会识别的成本。

2. 资源获得——本地社会组织网络支持成立新组织

经过几年拼搏,杨先生的创业获得了父亲的赞许,政府也报道了杨先生的事迹,乡亲们也觉得有知识有能力的大学生,到哪里都会发光。最主要的是杨先生本人,他掌握了水果种植的全套技术,也更加有信心动员乡亲们一起种植水果,带领乡亲们致富。因此,杨先生也想扩大规模,带领乡亲们一起发家致富。他承诺乡亲们"包成果、包挂果、包销售",看到这种稳定无风险的合作模式,老百姓的疑虑没有了,也佩服这位扎根乡村的大学生,都主动把缓坡地整治改良、加入合作社,规范化、科学化种植圆黄梨。经过三年时间,看到荒坡变果园,老百姓的收入增加了,甚至外地务工的人像杨先生一样,春节回家后留在家乡,和杨先生一起发展产业。通过这一发展方式,合作社的规模逐渐扩大,云阳水晶梨也注册了商标,乡村也多了其他的特色种植、养殖业。

这一时期,杨先生的社会网络产生了两个重要变化,一是家庭网络更加支持他的创业行为,主要是因为创业过程的韧性、坚持,碰到困难时的勇气,让家人觉得更加需要支持他的创业。二是本地村民看到创业取得的经济绩效后,逐渐相信这是一条家庭致富之路,愿意加入合作社一起发展产业。从网络结构上看,社会网络规模逐渐扩大,加入合作社后大家的利益联结更加紧密,通过技术指导、果品交易,乡亲们之间的交流从生活到了产业发展,社会网络密度更大了。从网络关系上看,杨先生获得周边人的普遍性信任,一是家庭情感性的信任,二是乡亲们基于利益的工具性信任。

这一时期，杨先生的社会网络建构主要是在本地拓展，通过创新合作模式，与乡亲们建立紧密的利益合作关系，杨先生的社会网络获得家庭强关系的社会网络和社会弱关系的社会网络的双向成长。

3. 异地再创业——政府网络带来产业扩张

从无量村到乌牛村，杨先生的团队成长了，产业扩张了。正是这样一次报告会的机会，创业企业家与村支书一拍即合，由产业联姻、利益联结，杨先生的产业实现了异地扩张。为了能够发展好产业、实现产业增效、百姓增收，杨先生摸准村情、找准困难，通过走访调查，发现当地百姓对产业发展的态度差异很大，一是失去了信心，任其荒废；二是还在跟着村支书谋求发展。种植李子虽然与圆黄梨不同，但水果产业差异不大。杨先生计划先整治核心园300亩，如果有成效后，再综合治理。经过一年的时间，一个崭新的仙桃李诞生了，如同它的名字一样美丽，2019年上市后的仙桃李采取5斤168元顺丰包邮的方式，上市后很快被一抢而空。除了提供村里百姓务工、分享土地入股分红之外，杨先生还成立销售公益基金，每卖出一盒仙桃李就拿出2元钱，作为村内公益基金。这样仙桃李产业很快就在当地扎下了根。产业成长与政府网络支持、异地网络融合相得益彰。

这一时期，杨先生的社会网络得到很大发展。从社会网络结果看，杨先生作为乡村振兴报告团的成员和全国人大代表，具有良好的社会声望，融入的社会网络层次更高，认识了更多的媒体成员、高校智库，为产业技术支持、品牌宣传、市场扩张获取了更多的社会资本。从网络关系看，杨先生严格遵守商业的契约理念，通过合同建立与社会各个组织稳定而公平的合作关系。这一时期杨先生的社会网络主要依靠商业性的客户关系策略，与市场组织、技术支持、高校合作等通过良好的商业关系拓展产业网络。综上分析，杨先生的社会网络演变与创业推进脉络见图8-2。

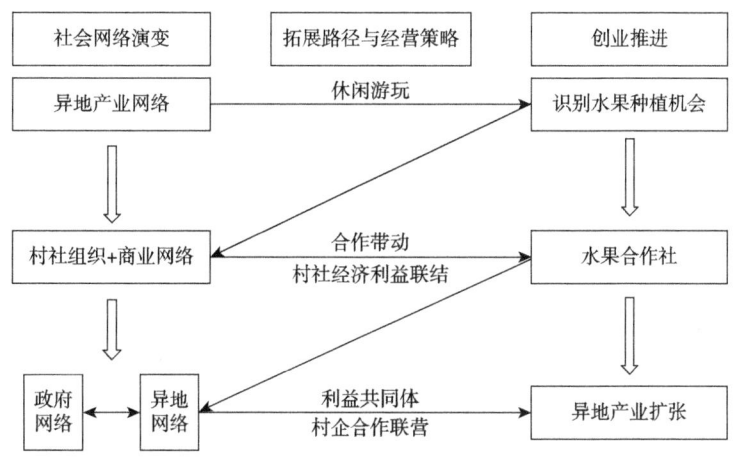

图8-2 杨先生的社会网络演变与创业推进脉络

第三节　城市青年下乡创业

党的十九大报告提出实施乡村振兴战略，乡村振兴关键在人，尤其是青年人，而青年人助力乡村振兴的一条重要途径就是下乡创业。由于城乡发展不均衡，农村青年渴望离开传统乡村进入现代城市。农村青年来到现代城市增长见识、追逐梦想，通过一系列体验后获得回乡谋生的后续生存资本。这种回流有别于老一代，不仅是数量意义上的回归，更是质量意义上的回流，他们在回流乡村创业的过程中，推动城市资本、技术、信息等要素向农村聚集，在实现"回流一人，致富一家"的加法效应的同时，也产生了"创业一人，致富一方"的乘法效应。

【案例 8-3】

重庆红曼农业开发有限公司

创业农户：魏女士（1980——　），女，中共党员
访问时间：2019 年 6 月 10 日
访问地点：重庆市南川区河图乡骑坪村二社

（一）创业概况

重庆红曼农业开发有限公司（简称红曼公司）成立于 2013 年 12 月 4 日，位于重庆市南川区河图乡骑坪村二社，主要经营农业开发、农村电商、乡村旅游，旗下创立了"图个吉栗""南川土鸡在线""淘乡村"等品牌，从 2015 年 8 月 1 日上线以来，三个品牌的线上线下交易额近亿元，注册会员 2 万余人，年点击量达 30 余万次。其后，在国家"精准扶贫"战略背景下，魏女士打造了全产业链合作共赢模式（合作社+公司+加工厂、个体农户+公司、个体农户+公司+加工厂），2019 年利用村民闲置房屋，以农户宅基地入股 10%，村集体占股 10%，企业入股 80%的投资比例开发田园综合体休闲旅游产业（包含住宿、游玩、餐饮等服务项目）。红曼公司曾获"优秀民营企业""十佳书香企业""区农业产业化龙头企业"等荣誉。

（二）创业过程

1. 客户服务中发现商机，辞职创立"淘乡村"

魏女士受过良好的高等教育，聪慧努力。毕业后在重庆一家五星级酒店从事酒店服务工作，5年的时间就成为酒店中高层管理者，拥有了别人羡慕的薪水和社会荣誉。在酒店管理中，魏女士发现在酒店的餐饮部，顾客经常会问有没有"农村土鸡、土鸭"，或者在与一些客人的聊天中，经常会谈到"周末去哪里耍吗，城头空气哪个差……"，魏女士似乎领悟到，农村蕴藏一些商业机会，能否提供一些正宗的农村土特产？能否给城里人一片碧水蓝天？能否把家乡村民带动起来脱贫致富？一连串问题萦绕在脑海，让魏女士波澜不惊的生活有了更多想象的空间，恰好2013年国家提出"精准扶贫"，其中产业扶贫是重要扶贫路径，恰是这个重要战略成就了魏女士不一样的人生历练。

想起老家重庆市南川区仍然山高路陡，老奶奶卖药草、腌菜生活，她觉得自己有责任去为乡亲做些什么。就这样魏女士辞职后在江北创业园区落脚，创建了"淘乡村"电商平台。创业后魏女士才知道起步有多难，服务器租赁、工作人员、集货、包装，曾经为了一只土鸭跑了三个村，她要找到真正的农村土特产，上门收老乡家里的鸡蛋，磨坏了几双鞋。遇到价格战，顾客不下单，她就从以前的顾客那里开始线下营销，后来魏女士认识到，电商平台，其实线上主要是展示，走货还是靠线下。从卖土特产到卖南川大米、金佛山方竹笋、金佛山蜜，"淘乡村"逐渐成了南川特产的网上代言人。魏女士的事迹很快流传开来，她于2015年被重庆市商务委员会评为农村电商带头人，2016年获得重庆市五四青年奖章荣誉。

2. 回乡扎根农村干农业，产业链向纵深延伸

重庆市南川区河图镇骑坪村村民1997年开始种植板栗，共3 000亩，自然资源条件良好，但是20多年来无人管理，村民也不懂技术，都是靠天吃饭。2018年魏女士当选为骑坪村乡村振兴第一书记。她根据产业兴旺的要求，提出村里的板栗要"产业化"这一想法，这样才能提升质量、提高产量，带领村民创收。"什么是'产业化'？"村民正在田间讨论时，魏女士就请来了西南大学农学与生物科技学院的教授来为村民讲解如何科学种植板栗。科学嫁接、扬花时的注意事项、挂果后的管理等培训课程，为村民打开了一扇窗。魏女士认为单纯的产业化还不够，要形成品牌，只有品牌化才能提升板栗的经济价值，这也是村里的一种无形资产。品牌是看重质量的，因此魏女士严格把控板栗种植端的质量。2015年，"图个吉栗"品牌应运而生，2018年通过线上渠道销售板栗3万斤。除了形成品牌，魏女士也为骑坪村板栗申请了全国绿色食品认证，提高了村里的板栗在全国消费

者心中的知名度和美誉度。

除了"图个吉栗",魏女士还创立了"南川土鸡在线"品牌,养殖过程中引进"土鸡溯源"管理系统,从源头到顾客餐桌上,实施每个环节以文字、图片、视频等方式进行有效监控,喂养让顾客真正放心的南川土鸡。除了种养端的严格把控外,红曼公司的产业链也向加工端延伸,其自主品牌"图个吉栗"新型系列休闲食品有熟制板栗仁、无糖板栗酥、板栗罐头三个系列。

3. 打造"田园综合体",产业融合发展效益高

随着乡村旅游业的发展,魏女士也开始了三产融合发展之路,创办了"漫居·有点田"乡村民宿。民宿覆盖面积8 000亩,核心区域360亩。其为四合院民宿构造,于2019年8月试营业,11月正式开展运营,包含农业体验、餐饮住宿、生态渔业、儿童之家、阅读书屋、板栗加工等特色项目。民宿共有亲子套房、星空阁楼房、景观套房、景观单间等27个房间,森林覆盖率将近70%,周边小山峦星罗棋布,站在露台上放眼望去,皆是美丽的景观。阅读书屋里大片玻璃代替墙面,望出去就能看到"无边际"的水池,各个区域没有明显区分,游客可以在这里喝茶、看书。游客还可以购买或者品尝南川地区各种土特产品,如金山挂面、金佛山方竹笋、高山土豆、金佛山蜜等。游客也可以和魏女士一起摆弄多肉,抑或是与管家一起制作石磨豆花、打糍粑、打板栗、摘青菜,也可以亲自采摘食材一展厨艺。

"漫居·有点田"民宿是三变民宿典型案例(农户宅基地入股10%,村集体占股10%,企业全额投资占80%),成功开辟了一套融入农村、农业、农民的发展模式,有力带动了农副产品、旅游观光、绿色种植等产业的融合发展。村民靠着"漫居·有点田"民宿,收房租、挣工资、卖特产、入股分红。

(三)社会网络拓展分析与网络经营策略

1. 辞职创业——弱关系的社会网络中发现商机

魏女士大学毕业后,选择在大城市打拼,经过多年学习积累,从最底层的餐厅服务员逐渐成为重庆一家星级酒店的总经理,有着丰厚的收入和优越的生活。魏女士在服务客户时发现很多客人偏爱农村土特产,喜欢到乡村体验绿色静谧的自然生活,加之政府对乡村的扶持政策,魏女士感到乡村会大有可为。因此,她毅然决然辞掉工作,回乡开始创业,当时家里并无一人支持。后来魏女士找到出资人,成立了红曼公司。创业机会识别由此开始。从这一过程可以看出,魏女士在识别商机开始创业阶段主要依赖的是弱关系的社会网络,这一阶段的网络获得

和提升主要基于资源和利益依赖路径,通过资源的交换和配置并获得良好收益来维护和发展这一支持。这也是城市青年下乡创业和传统农户本地创业的区别所在,城市青年更多的是利用社会资源、资本开始下乡创业。

2. 建立电商平台——融入互联网支持的产业网络

通过优势资源、稀缺资源交换构建的社会网络虽为企业的发展提供了充足的资金,但这并不是魏女士下乡创业的初衷。农村电商能有效解决农村生鲜源头"最先一公里"和末端流通"最后一公里"物流问题,由此,魏女士创建了"南川好礼""淘乡村""京东南川馆"等电商平台,覆盖重庆市南川区21个乡镇、36个村、50余家农业公司和合作社,以溢价10%~30%的价格收购家庭困难村民的农产品,2016年,其线上农产品的总销售额达到1 000余万元。魏女士将"线上+线下"结合,第一家带有扶弱性质的"南川好礼旅游商品展销中心"在南川名润时代广场成立,各种土特产吸引了城市居民购买。2019年,她已在金佛山、大观高速路服务区等地开了8家线下店,并布局重庆T3航站楼和洪崖洞民俗风景区的线下店。

这一时期,创业者的社会网络逐渐由基于资源的社会网络拓展到基于产业链的社会网络。从网络结构维度看,作为货品供应商的当地村民和产品加工商成为创业者的主要社会网络,创业者的网络规模迅速扩展。网络成员在领域和目标上的高度相似性及功能上的差异构成了异质化的社会网络,其所拥有的网络资源跨度和控制社会资源的能力都较大。从网络的关系维度看,本地村民和寻找到的加工合作伙伴非常信任魏女士,网络关系强度较大,极大节省了信息成本。

这一阶段,创业者主要采用了情感依赖路径拓展社会网络,通过搭建电商平台、开设线下实体店增加收益,从而增加了村民和其他合作伙伴的信任度和忠诚度,在这个网络中凝结了更多的情感。创业者的社会网络拓展主要是采用参加乡村治理和发展乡村公益策略,魏女士在2018年被重庆市南川区委组织部任命为骑坪村第一书记,参与乡村治理工作,魏女士因地制宜,确立了一条发展本地乡村旅游的思路,她亲自设计的"漫居·有点田"乡村民宿已正式营业,入住游客纷纷称赞。魏女士在乡村治理中带领村民有秩序地致富。同时,2019年1月5日,在"牵手脱贫、南川礼好"——重庆市南川区第四届金佛山年猪文化节暨农村电商服务乡村振兴到田间活动当天,魏女士现场募集到约10万元的爱心捐款,成立了"圆梦"关爱儿童基金会。通过参与乡村治理和发展乡村公益,魏女士所处的社会网络中的节点联系更加紧密了。

3. 创办田园综合体——建构生态化成长的社会网络

由农产品种植、加工与销售向乡村旅游的拓展是农业三产融合的典型。这一时期,主要是借助于现有的农业农村资源,结合农副产品的种植、养殖特色,将绿色种植、产品加工、休闲旅游等有机融合。在这一阶段，魏女士的社会网络得到很大的拓展：一是本土网络的拓展。在促进产业融合发展时，进一步拓宽了与当地村民建立的本土网络。二是商业网络的拓展。在发展中融合了更多的产业，在此期间结识了更多的商业伙伴。三是正式网络的拓展，魏女士当选第五届重庆市人大代表，曾获重庆市五四青年奖章、五一劳动奖章、三八红旗手标兵等荣誉，融入了当地政府组织的社会网络中。

在这一阶段，社会网络关系和规模随着企业的发展而不断进化。魏女士整合、协调资源，将最初阶段的社会交往行为转向信任基础，逐步弱化社会关系网络的工具性，强化其情感性，通过"强关系优势"建立网络节点间的信任支持机制获取资源，在此阶段，参与其中的村民也在不断拓展自身的社会网络，节点与节点的联系更密切、更频繁，社会网络的社会资本功能得到充分体现。

这一时期，创业者主要通过利益依赖路径，建立企业与村民、商业伙伴及当地政府的利益关系。采用的网络经营策略主要是建立利益共同体策略。建立企业与村民、商业伙伴及政府部门的利益共同体，通过"田园综合体"的发展，带动村民致富，推动现代农业发展，促进地区经济增长。在这一阶段，本土网络与商业网络和正式网络是有最直接联系的，故本土网络起桥梁作用，联结商业网络和正式网络，商业的合作促进了当地经济的发展，当地政府也支持企业的合作与发展，两者都能保障村民的利益，有利于本土网络的拓展，因此商业网络和正式网络互相支撑又都对本土网络起支撑作用。

魏女士的社会网络演变与创业推进脉络见图 8-3。

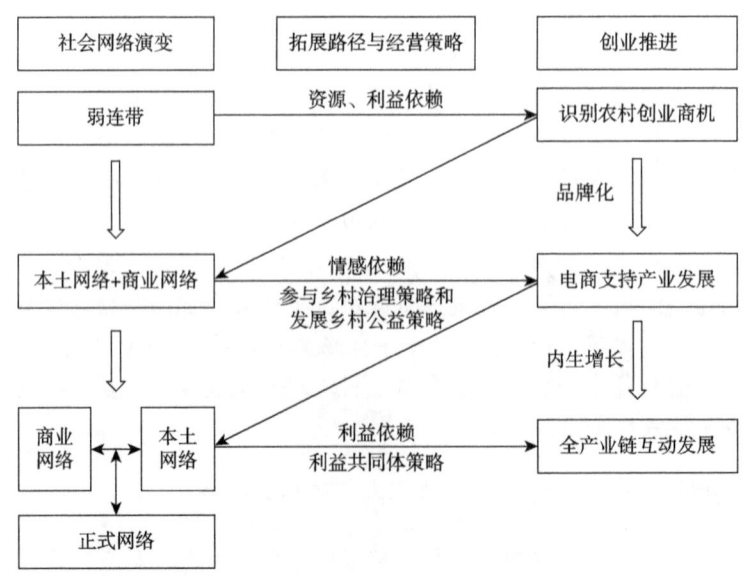

图 8-3　魏女士的社会网络演变与创业推进脉络

第四节 农民工返乡创业

支持农民工返乡创业,是党中央、国务院大众创业、万众创新重大战略部署的重要组成部分,是实体经济发展新常态,深化农业结构调整,为"三农"发展增添新动能的重要举措。国家大力支持农民工返乡创业,先后出台《关于支持农民工等人员返乡创业的意见》《国务院办公厅关于推进农村一二三产业融合发展的指导意见》《国务院办公厅关于建设第二批大众创业万众创新示范基地的实施意见》等政策文件,人力资源和社会保障部数据显示,2018年我国返乡创业人员已超过700万人,有10.9%的人员选择了创业,平均每名返乡创业者能带动4人新就业,推动农民工返乡创业,发展"归雁经济",正在成为推动地方经济增长的新引擎。

其中,家庭农场是农民工创业的一种重要形式。从2013年中央一号文件第一次提出鼓励发展家庭农场,到2019年中央一号文件首次强调家庭农场经营模式,每年的中央一号文件中都有关于促进家庭农场发展的内容,中央鼓励培育家庭农场等新型经营主体,强调突出农民主体地位。2019年3月,中共中央办公厅、国务院办公厅发布《关于促进小农户和现代农业发展有机衔接的意见》,该意见提出,启动家庭农场培育计划。规模适度、生产集约、管理先进、效益明显的农户家庭农场成为农户创业目标。农户发挥依托农业资源及行业进入门槛低等比较优势,逐渐推动家庭农场成为农户创业的重要形式。

【案例8-4】

重庆市万州区张绍勇家庭农场

创业农户:张先生(1966—),男,中共党员
访问时间:2018年12月12日
访问地点:重庆市万州区天城镇茅谷村1组

(一)创业概况

重庆市万州区天城镇茅谷村张绍勇家庭农场于2000年12月创建成立,位于茅谷村1组,占地250亩,是一个以桃树种植为主、农家乐为辅的家庭农场。户主张先生,男,1966年8月出生,家住重庆市万州区城郊的天城镇茅谷村1组,

现有家庭人口3人，夫妻俩从事桃果生产已近16年。

张先生将生产的桃果注册了"茅山牌"商标，生产基地和产品均获得了"无公害"认证。其生产的"茅山贡桃"2012年被重庆市万州区农业农村委员会等部门评为"名牌农产品"。桃果生产不仅促进了重庆市万州区贡桃产业的发展，也提升了重庆市万州区作为贡桃基地的知名度，重庆市万州区生产的贡桃已销往重庆、上海、北京等地。同时，该家庭农场已在重庆市万州区内的熊家、长岭、五桥、分水、天城等镇，以及邻近的重庆市梁平区、湖北省利川市等地推广桃树品种，带动发展种植户400多户，种植面积3 500多亩，年产值合计1 500多万元，带动农户户均增收3万元以上。

经过多年的努力，张先生被重庆市农业局评为"示范产业大户"，被中国科学技术部评为"星火科技致富带头人"，多次被重庆市万州区天城镇党委评为"优秀共产党员"。

（二）创业过程

1. 琢磨种植，探索提高土地收益

2000年10月的一个晚上，张先生从电视节目里获知某果业公司在龙宝镇吉安村大规模种植晚熟"南参贡桃"的信息。"一斤桃子可以卖到七八块，这可真是一条好门路！"第二天上午，他便和妻子一起来到吉安村的桃园考察。了解到当地不少村民都靠种桃子发家致富。"大家都是农民，他们可以种桃致富，我也可以。"张先生下定了决心。

张先生出生在贫困家庭。他看到的除了生活的艰难，还有父辈艰苦的劳作。虽然年龄幼小，但他很懂事，很小就知道帮着务农的母亲做些家务活。他还幻想自己长大后能成为一个好劳力，通过劳动过上好日子。然而，长大后的张先生渐渐发现，大部分人依然像过去那样困难。他为此琢磨了好一阵子，得出的结论很简单：除了土地相对贫瘠外，主要是村里人总是采取广种薄收的方式，完全靠天吃饭，没有一点技术含量。"我热爱家乡这块土地，一定要想办法让它变得富有起来！"张先生说。

2. 返乡创业，建起家庭农场种植贡桃

国家不断强化对农业的支持和保护，加大各类农业补贴，并且一直强调要形成农业增效、农民增收的良性互动格局，支持优质农产品生产和特色农业发展，促进农产品的深加工，通过非农就业收入，提高乡镇企业、家庭工业和乡村旅游的发展水平，增强县域经济的发展活力，改善家乡的创业环境。这些对于类似张

先生的农村创业者来说,无疑是雪中送炭,大大激发了农村创业的热情。从桃园考察后,张先生当即向村支书汇报,得到村支书的支持后,张先生当月就投入 3 万多元,租赁了村里 30 亩荒地,全部种上南参贡桃。随后,在镇政府的大力支持下,张先生还与某果业公司签订了产品回收合同。此后,张先生便和妻子、儿子一起悉心经营自己的"家庭农场"。

当第一年到了收果时节,30 亩桃树仅摘果 800 多斤,卖了 4 000 多元,他连工人的工资都不能按时发放。找人借钱时,亲朋好友都不相信他,还拐弯抹角地讥讽他;到银行贷款,没人愿意出面担保。在一系列困难面前他没有气馁,非常"顽固"地坚守着自己的桃园。一年四季,除了精心护理自己的桃树外,他还奔赴外地向果树专家和种桃大户求教。经过两年的不断尝试、总结,张先生不仅摸索出一套适合本地土质和气候的种桃技术,还嫁接出新品种,缩短了挂果时间。

3. 融入市场,自建品牌和销售渠道

2004 年,随着产量的大增,张先生意识到有可能会出现销售困难。于是,他和本村几家种植大户商量后,决定建立自己村贡桃的品牌,拓展和稳定销售渠道。2004 年 9 月,"茅山牌"商标在工商部门成功注册。张先生很清楚,如果不向外宣传,"茅山牌"就只能在茅山村这个小地盘打转,不会引起更多人的关注。因此,他投入资金,通过当地报纸、电视、网站和户外广告等多种形式,全面宣传推介茅山贡桃。当年 10 月,在天城镇人民政府举办的贡桃节活动中,"茅山牌"贡桃一炮走红,产品供不应求。

4. 拜访专家,学习提升贡桃种植水平

1984 年,张先生高考失败之后,初入社会的他先后做过玻璃厂工人,当过中医学徒,开过副食店,做过水果生意。这些经历,让他积累了一定的资金和人脉,也积累了相应的人生经验。在自己种的贡桃获得政府及相关部门肯定后,为了提升品质和拓展销路,2004 年 11 月,张先生拜访了著名油桃专家、中国农业科学院郑州果树研究所研究员朱更瑞,并与该研究所在种植技术和新品种研发方面建立了长期合作关系,社会网络关系进一步拓展。

5. 扩大产品竞争力,实行多元化战略

由于品质和销售出现问题,大量集中上市的重庆市万州区南参贡桃开始出现危机。张先生根据市场需求,逐年引进并筛选了适应本地土质和气候环境的早熟、中熟桃品种,从而降低了单一品种集中上市带来的市场风险。此后几年,张先生先后成功引进了"春蜜""春美""玫瑰红""千年红",以及中油系列品种(4 号、

5号、7号、8号)等20多个新品种。产品还远销到成都、恩施、达州等地,售价每千克高达八九元。张先生家的桃园2017年总产量达到了15万千克,实现销售收入200多万元。他成了远近闻名的致富能人。

6. 组团发展,成立专业合作社

张先生不仅眼界宽,还特别敢想敢干。为了做大重庆市万州区的桃产业,张先生主动与该区的种桃大户抱团发展。因为他很清楚,在竞争激烈的市场环境下,单打独斗没有出路,只有抱团出击才能走得更远。经过精心谋划筹备,2007年7月,张先生在茅谷贡桃协会的基础上,带头成立了重庆市首个在工商部门取得执照的专业合作社——茅谷桃果专业合作社。他在合作社全力推行规范化管理运作,坚持"分户种植生产,统一购销服务"的"统分结合"运行机制,采取"合作社+基地+农户"的生产经营模式,对社员开展"五统一"服务(统一技术指导,统一质量标准,统一物资采购,统一品牌、包装,统一签订销售订单)。

(三)社会网络拓展分析与网络经营策略

1. 机会识别——弱关系的社会网络下获取信息与政策优势

创业之初,张先生通过电视新闻看到了贡桃种植的可观前景,并且仔细研究了国家对于农户创业,推动农民增收的相关政策支持。做过玻璃厂工人、当过中医学徒、开过副食店、做过水果生意的他,积累了一定的资金和人脉,也积累了相应的人生经验。在返乡后便找到了村支书,通过合理表达自己的想法获取村支书肯定,并且获得了土地和资金支持。这一阶段,张先生创业的社会网络获得主要是基于弱关系下的信息支持,以及相关的政策支持。

2. 返乡创业——强关系的社会网络下识别和开发创业机会

张先生出身贫寒,创业的内部原因主要是争取财富,谋求幸福生活;外部原因主要是国家不断强化对农业的支持和保护,加大对农民的补贴力度,改善在城市就业的农民工回到家乡的创业环境。在思考研究了传统的种植方式导致低土地收益的原因,以及发现了贡桃潜在的商机后,张先生开始建设家庭农场。初期的家庭农场主要由他和妻子、儿子共同经营。三个人亲自打理村里30亩荒地,负责南参贡桃种植、培育、采摘的整个过程。家庭的强关系的社会网络在张先生的创业初期为他提供了大量的支持,包括在情感和资金上帮助他识别机会、抓住机会,建设开发。这一阶段的网络获得主要基于家庭情感支持获得。

3. 融入市场——拓展宣传网络与销售渠道

"茅山牌"贡桃一炮走红后，产品供不应求。然而，由于品质和销售出现问题，大量集中上市的南参贡桃开始出现危机。张先生也敏感地意识到这一风险，开始大力打造茅山贡桃的宣传网络与销售渠道，主要包括开发"春蜜""春美""玫瑰红"和"千年红"，以及中油系列品种（4号、5号、7号、8号）等20多个新品种，开发成都、达州等销售渠道，寻求大型零售网络及通过商标注册、广告宣传打造品牌影响力。该时期，张先生的社会网络主要由社交性网络向产业网络发展，创业者的网络规模由本地生产者拓展到全国性的商业网络，社会网络的规模和网络节点的地域范围都在不断扩大，社会网络的达高性也因社会声望更高的群体加入而网络层次更高。张先生因为自身商业能力及地区经济影响，成为地方优秀共产党员、致富带头人等，这也使得他在各地与商界、政界的交流中扩大了自己的社会网络，进一步推动自己的产业发展。从社会网络的关系分析，网络成员之间的关系由社会关系产生的天然性信任逐渐转变为基于合同的契约性信任，网络治理的重心转向了市场导向的合同管理。

这一时期，创业者主要通过社会组织及商业活动来拓展社会网络规模，通过利益依赖路径来提升农户创业网络能力。一是通过与零售商、物流供应链的商业活动来加强自己在商业合作方面的资源基础；二是通过参与一些社会组织，以及因为农户创业带头致富等荣誉获得一定的社会地位，主动或者受邀加入一些商业组织，如产业联合会等，壮大社会网络。同时，坚持现代企业经营原则，通过利益维护商业伙伴之间的关系，通过企业、政府、合作社的利益联结机制实现多方共赢。

4. 建立合作社——抱团发展构建新网络

为了做大重庆市万州区的桃产业，张先生主动与该区的种桃大户抱团发展。一方面，张先生选择抱团发展，深化桃产业发展，取得规模经济效益。另一方面，带动农户增收，服务于地方经济，作为致富带头人、中共党员等尽到自己的社会责任，实现多方共赢。在他的带动下，周边100多户农户种植茅山贡桃。为了改良品种，帮助果农增收致富，张先生先后到上海、北京、山东、成都等地考察引种，并在自己的果园里试点试验，2009年，试验出中桃2号、3号、4号和中油4号、5号、12号等适合本地种植且经济效益好的品种，亩产1 000斤，主销重庆市万州区及云阳、开县（现为开州区）等周边地区，年收入60多万元。2013年农场产桃40万斤，收入150万元左右。为了提高桃树的综合效益，2006年，张先生投资30万元，修缮了位于桃园中的农家房屋，开辟观光便道，办起桃园农家乐，协助当地政府每年举办一次天城茅谷桃花节、贡桃采摘节，较好地满足了城区广大市民赏花品果、休闲游玩的消费需求。张先生的桃园农家乐年接待游客近万人次，收入10万元以上。在这十几年里，张先生从事桃果生产获得了成功，家庭农场初具规模，得到了政府及有关部门的肯定，2011年获得农户万元增收奖补资金3万元。

这一时期，创业者的社会网络由基于利益关系的弱关系的社会网络逐渐拓展到基于产业发展的社会网络。张先生在这一时期采用建立利益共同体策略及融入乡风民俗策略经营社会网络。例如，建立农户专业合作社，以自己已有的品牌和财富效应吸引农户入社，同时，努力帮助农户创收，在创收之后建立农家乐，和当地政府合作推广当地文化，开展桃花旅游，都使张先生不仅在社会网络上经营绩效显著，在产业经营中也获得较多收益。从网络结构维度看，合作社成员成为创业者的主要社会网络，创业者的网络规模得到极大提高，但由于都是本地的普通农民，网络同质化明显，农户的社会资本也较低，网络的达高性不足。

这一阶段，创业者主要采用资源依赖路径拓展社会网络，主要包括：通过成立合作社获得周边大量土地的规模化经营；建设农家乐，拿到政府每年的举办文化旅游节的订单，实现政府、农家乐、市民的共赢。主要的资源直接来源于土地与政府。创业者的社会网络拓展主要采用利益共同体策略，以合作社为组织载体，将普通农户纳入合作社成员，通过提升农户的组织化程度，提高与市场对接的竞争能力。同时，基于强关系的社会网络也逐渐退出组织，合作社通过提升专业能力和规范管理不断打造专业化的利益共同体。

张先生的社会网络演变与创业推进脉络见图8-4。

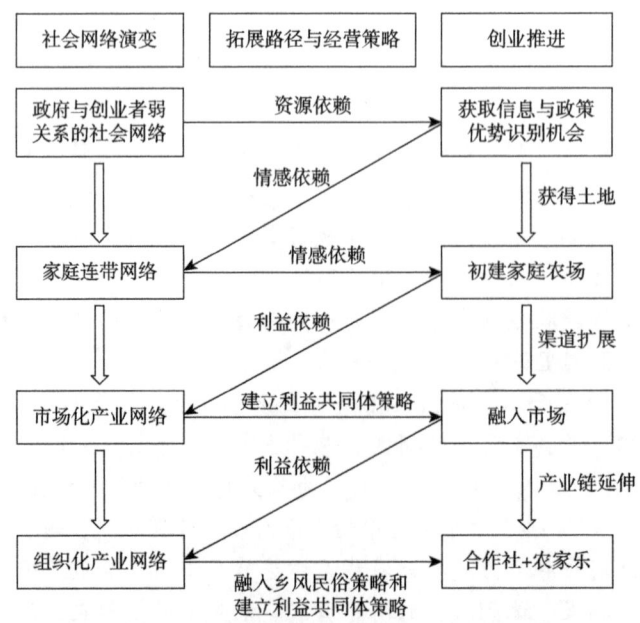

图8-4　张先生的社会网络演变与创业推进脉络

经验总结：该家庭农场在发展桃果产业、带动农户增收方面做得比较好，运作方式有三点值得肯定和学习。一是将特色产业与休闲农业有机结合发展家庭农场。张先生选择城郊 5 千米内的天城镇发展桃果产业，可以观花尝果，立足特色农业、效益农业、休闲观光农业多方面思维做家庭农场，并依托自身的家庭劳动力和自由资金，着眼于市场效益，通过有效的组织管理模式，降低生产成本、提升品质、拓展销售市场，是该家庭农场成功发展的基础。二是高度重视科技应用。张先生在桃果产业的种植技术方面已经成为重庆市万州区有名的"土专家"，这得益于他本人对科学技术的执迷学习和不断实践。通过在全国各地考察学习和邀请中国科学院专家到他的基地现场指导培训后，他的果园成功引进了四大品系 28 个优质桃果品种，每年 5~11 月都有鲜桃上市，打破了传统农业弊端，实现了"人无我有，人有我优"的产业科技优势。三是带动农户共同增收。该家庭农场发挥了在桃果产业的排头兵和领路人的作用。自身建园 250 亩，带动全区发展 3 500 亩，形成了桃果规模发展的产业优势和抱团共赢的组织优势。

在桃树种植过程中，张先生不断总结经验，向本地及邻近的其他地区推广品种，带动发展种植户 400 余户，种植面积 3 500 多亩，年产值 1 500 多万元，户均增收 3 万元以上，带动效应相当明显。

值得一提的是，该家庭农场不拘于单一农业经营方式，深入挖掘农业功能，将农家乐这一休闲农业形式融入桃果种植特色产业，依托桃果产业特点和现代城市、城郊人们的休闲需求，将二者有机结合在一起，使其相互促进、相辅相成，以此拓展了销售渠道，成为该家庭农场成功发展的关键所在。该家庭农场的成功经验及未来道路的探索在新型生产经营主体中具有典型性，不仅值得其他家庭农场学习，更应该成为专业合作社、龙头企业等其他经营主体经验借鉴的对象。

第五节　退役军人回乡创业

自党的十九大报告提出乡村振兴以来，党中央和各地方政府积极探索路径，整合资源促进乡村发展。对于乡村振兴来说，人才振兴是第一位，一切资源开发、政策落实、科技进步都需要乡村人才来实施。退役军人作为走出乡村，接受部队锻炼的高素质人才，应当在乡村振兴事业当中展现更多的风采。退役军人具有返乡创业的许多必备条件，他们在部队拓展见识与增长知识，拥有坚韧不拔的品格、一定的资本积累和强烈的社会责任感，这些特质都促使退役军人成为乡村振兴事业的积极推动者，以及乡村创新创业的实干者。

【案例 8-5】

退役军人的乡村田园创业

创业农户：翁先生（1983—   ），男
访问时间：2020 年 11 月 2 日
访问地点：福建省莆田市

（一）创业概况

曾经从军 8 年的翁先生，因为一次意外受伤离开了部队，退伍回到家乡涉足农业种植，2014 年引进了一种水果玉米，经过技术改良，他将这种只能跻身菜市场的身价低廉的玉米，卖到了水果市场，让其身价上涨了好几倍。2015~2018 年 4 年时间中，他先后遭遇 3 次挫折，面对挫折他没有气馁，另辟蹊径，在全国各地的种植基地解决行业难题，在国内各个玉米产区开发超过万亩鲜食水果玉米基地，解决了 1 万多名农民的就业问题。从最开始无人问津到如今填补市场空白，创立属于自己的品牌，他用了 7 年的时间，打造了过亿元产业。

（二）创业过程

1. 走出大军营，投身广阔天地

翁先生出生在福建省莆田市一户农家。高中毕业后，他参军入伍成了一名保家卫国的军人。入伍 8 年后，因为腰椎意外受伤，翁先生不得不结束自己的军旅生涯，于 2013 年惜别军营回到莆田老家。

彼时，翁先生的父亲承包了几百亩土地种植西红柿，带着军人不抛弃不放弃的秉性回到家乡后，翁先生接手了父亲的生意，打算从脚下这片土地开始，打拼属于自己的精彩人生。然而，带着满满的期望，翁先生与父亲辛苦一年到了收获季节时却遭遇了产品滞销。那年种植西红柿的菜农比较多，品种太过集中，产品附加值低，市场饱和，供大于求导致西红柿销售价格大幅下跌，千辛万苦将地里收获的产品卖出去后，竟然亏损了 80 万元。这个挫折对于初次创业的翁先生来说，无疑是一个沉重的打击。

之后一个无意的发现，让翁先生找到了创业的新模式，看到了转型的希望。2013 年底，在一场农产品交易会上，翁先生遇到一位台湾地区商人带着一种能生吃的白甜水果玉米种子参加农产品交易会。翁先生与其攀谈后得知，这种水果玉米吃起来不像玉米，更像水果，口感好、甜度高。在市场上，水果玉米的价格是普通玉米的两三倍，因其产量小，差异化明显，受市场行情波动的影响也较小。

该商人的介绍让一直在寻找转型契机的翁先生动心了。于是他和对方达成合作协议，该商人提供种子，翁先生负责种植。

2014年1月，翁先生找了两个朋友投资，在莆田承包了2 000亩土地用来种植水果玉米。当年5月底，水果玉米成熟了，但不是那么令人满意，70%的水果玉米要么外观参差不齐，要么重量达不到每根200克的标准，剩下的30%在销售上也遇到了难题。翁先生走的销售渠道还是传统的蔬菜批发市场。但水果玉米属于娇嫩型果品，种植、保鲜、运输成本都比普通玉米要高，卖得贵无人问津，卖得便宜又亏本，而且因为水果玉米太过娇嫩，不能磕碰，运输过程中损耗率非常高。因为包装太过简陋，采用的是传统的运输方式，水果玉米在运往上海的路上，差不多全烂掉了。到最后，他种出来的水果玉米亏了300多万元。

2. 失败中汲取经验，再创业收获成功

创业再次遭受挫折，翁先生没有气馁。他积极从失败中寻找原因，改进种植技术，拓展销售渠道。为了解决种植技术问题，他找到福建省农业科学院的专家进行指导。在专家的指导下，考虑到倒春寒对玉米幼苗的伤害，翁先生将成品率很低的植播方式改为大棚育苗，大棚育好苗后，再移栽到户外田地里。这样培育的幼苗不仅保证了充分的营养和水分，还能保持种到地里的禾苗长短一致，以及采摘季节成熟度一致。

功夫不负有心人，经过改良种植方式的水果玉米成熟后，成品率达到了95%。为了做好产品的包装、分级，翁先生与人合作成立了加工厂，将采摘后的玉米进行加工，去头、去尾、分级、复检和包装，然后将经过处理的水果玉米运到市场进行销售。

在对产品进行分级的时候，翁先生根据不同的渠道，把自家产品分为A、B、C三个等级。A级产品主要供给百果园、永辉、盒马、山姆会员店等中高端渠道，这类渠道对产品品质的要求比较高。B级产品走对单价要求比较低的渠道，如批发商、电商、社区团购等；C级产品则走蔬菜类的商超、菜市场或餐饮店，能接受产品稍微有点小瑕疵的销售渠道。

为了让水果玉米跻身水果市场，卖出好价格，翁先生和连锁水果店合作，把加工包装好的玉米直接运输到水果店，让对方试卖，并表示卖不出去不收钱。这一独特的销售方式，有效地打开了市场，2015年底，翁先生在厦门市水果批发市场开了一个档口，水果玉米一上市就受到了消费者的欢迎，单根玉米的价格卖到6~8元。玉米的亩产量降低了，但是亩产值反而提高了30%以上。通过销售渠道的不断摸索和调整，水果玉米受到了新零售渠道及消费者的喜爱和追捧。2016年，水果玉米的销售额达到了1 000多万元。

3. 产业布局全国，打造特色品牌

然而，还没有来得及品尝成功的喜悦，翁先生就遭遇了接二连三的挫折。2016年，因和台湾地区的合伙人理念不同，加之对方种子并非自主研发，存在很大隐患，二人终止了合作，辛苦创立的品牌就此化为乌有。

屋漏偏逢连夜雨，接下来的一场天灾，更是让翁先生的农场遭遇了灭顶之灾。2017年9月，莫兰蒂台风突袭福建，他的种植基地损失惨重，成熟的水果玉米被吹倒在地，泡进水里。几百亩的种植基地几乎全军覆没，导致经济损失300多万元。

地处沿海的福建多台风，这次事件过后，翁先生开始思考如何规避自然灾害风险，减少种植方面的损失，保证水果玉米全年供货的问题。出于气候的原因，莆田的水果玉米每年能种植两季，每季收获后只能销售2个月，一年中大部分时间处于销售的"空窗期"，无法做到产品的全年供货。为此，翁先生设想，如果能在气候不同的省（区、市）种植水果玉米，就能在不同月份采摘、销售，有效延长上市时间，解决水果玉米的常年供货问题。

水果玉米对气候的变化非常敏感，怕冷也怕热，一旦没有管理好，将会颗粒无收。基于此，翁先生和他的团队在全国各地寻找适合种植水果玉米的基地时特别谨慎，他们根据种植地的气候差异，专门确定了不同地区的种植时间。经过不懈努力，翁先生用了两年的时间，把这种合作种植水果玉米的模式推广到十几个省（区、市），在全国布局了20多个种植基地，种植面积达到1万多亩，靠着较为完善的产销协同机制，有效带动了当地1万多名农民就业。仅福建、湖北、陕西、山东、江苏、云南、海南、广西八大种植基地就能够保证全年不间断供应水果玉米。

产能增加了，销售渠道的拓展也要跟上。要打开销售渠道，使自己的产品得到消费者的认可，就要有属于自己的品牌。为此，2017年，翁先生自立门户，成立了厦门微玉生态农业有限公司，顺势推出了自己的全新品牌"微玉"，并将该品种命名为"冰糖玉"商标。公司成立了品牌事业部，通过产品及翁先生的个人形象宣传、参加行业内的论坛、会展等渠道，进行品牌的营销活动。2018年，翁先生在一次行业论坛上结识了一位深圳地区水果销售企业的负责人，该企业在全国拥有4 000多家水果销售门店。达成合作协议后，翁先生又拥有了4 000多家水果门店的销售渠道。

2020年初以来，受新型冠状病毒肺炎疫情影响，线下门店销售业绩惨淡。为了将疫情造成的影响降到最低，翁先生开始走线上销售渠道，除了在知名电商平台开店销售水果玉米之外，还与网络红人合作直播带货销售水果玉米。靠着精心布局，其公司的销售额得到了爆发式的增长。据统计，2020年前7个月，翁先生

公司的销售额超过了 4 500 万元。7 年的时间，翁先生和他的团队打造了过亿元的产业。

（三）社会网络拓展分析与网络经营策略

1. 退伍创业——弱关系的社会网络下从家庭经营到合伙投资的转变

翁先生高中毕业后参军入伍成为一名解放军战士，圆了多年的军人梦。然而，入伍 8 年后的一次训练，翁先生的腰椎意外受伤，经过一年多的治疗，虽然恢复到能正常行走和生活，却再也不能适应部队的高强度训练。2013 年，翁先生告别军营回到莆田老家。

军旅生涯锻造了翁先生不服输的个性，他立志要打拼出一番事业。翁先生的父亲当时承包了几百亩土地种植西红柿，翁先生怀着满腔热情接手了父亲的生意，可是到了第二年，西红柿市场供大于求，价格大幅下跌，一年时间就损失了 80 万元。遭遇种植西红柿的打击，翁先生意识到种植传统农产品受市场行情影响很大，同行太多，竞争激烈。要想避免这样的情况，就需要找到一种抗风险能力强、差异化较大的品种进行种植。

翁先生的朋友向他推荐了水果玉米。翁先生品尝后发现，水果玉米吃起来不像玉米，更像水果，口感好、甜度高。在市场上，水果玉米的价格是普通玉米的两三倍，因其产量小，差异化明显，受市场行情波动的影响也较小。翁先生觉得种植水果玉米大有可为。

2014 年 1 月，翁先生找了两个朋友投资，在莆田承包了 2 000 亩土地用来种植水果玉米。当年 5 月底，水果玉米成熟了，可是由于缺乏种植技术和销售经验，这一季的水果玉米以全军覆没告终——70% 的水果玉米要么外观参差不齐，要么重量达不到每根 200 克的标准；另外 30% 可以出售的水果玉米采摘下来后被装进麻袋里，在运往上海的路上差不多全部烂掉了。

2. 建立全国种植基地——构建多地互动生产的产业网络

2017 年 9 月，翁先生又一次遇到了挫折——他的种植基地在一场台风中损失惨重，成熟的水果玉米被吹倒在地，泡进水里。来不及叹息人生多艰，翁先生马上投入恢复生产的工作当中。经过这次事件，翁先生有了新的想法，就是要规避台风风险，还要解决水果玉米全年供货的问题。翁先生想到了一个解决办法——在气候不同的地区种植水果玉米，就能在不同月份采摘、销售，从而延长上市时间。

翁先生开始在全国各地寻找适合种植水果玉米的地区，并且有意避开了台风高发区。根据气候的差异，他专门确定了不同地区的种植时间。2020年，翁先生已经把合作种植水果玉米的模式推广到十几个省（区、市），建立了20多个种植基地，种植面积达到1万多亩，带动1万多名农民就业。

3. 扩大市场——品牌营销与电商互促的产业网络

随着产能的增加，销售渠道必须跟着进行拓展。2017年，翁先生的公司专门成立了品牌事业部，开展营销活动，宣传产品和翁先生的个人形象。翁先生自己也经常参加行业的论坛、会展，宣传产品和品牌。

2018年，这些营销手段收到了效果。翁先生在一次行业论坛上结识了一位深圳地区水果销售企业的负责人，该企业在全国拥有4 000多家水果销售门店。这位负责人到翁先生的种植基地参观后，决定与他合作，翁先生一下子打开了4 000多家水果门店的销售渠道。

2020年，翁先生开始在知名电商平台销售水果玉米，并且开展起直播带货的销售模式。经过这样的销售布局，尽管2020年初由于疫情，传统销售渠道受到了影响，但是水果店、电商和直播带货的销售却有了爆发式的增长。2020年前7个月，翁先生公司的销售额就超过了4 500万元。

翁先生的社会网络演变与创业推进脉络见图8-5。

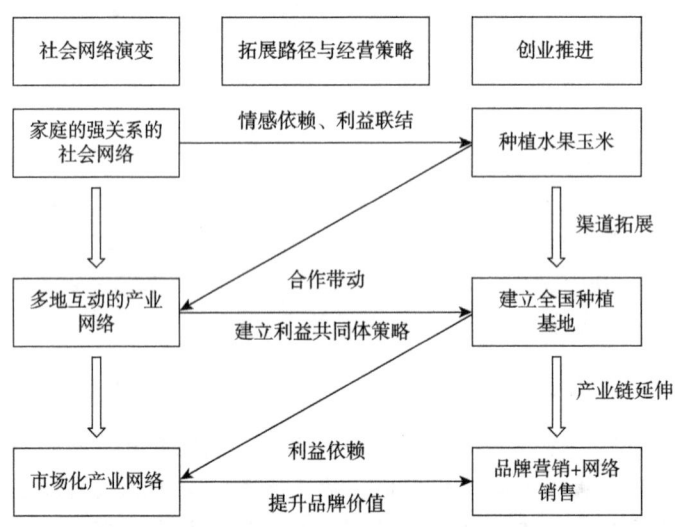

图8-5 翁先生的社会网络演变与创业推进脉络

第九章　研究结论与启示

本章首先对本书进行总结，提出政策建议。在前文理论研究、实证研究、案例研究的基础上，从社会网络促进农户创业进展，农户创业对社会网络的演变机理，农户创业与网络演变的协同推进三个方面总结研究结论。其次，从提升创业农户网络能力，帮助创业农户获取初始创业资源，创业农户应积极调整自身社会网络以适应创业推进，社会组织为创业农户搭建认识高层次人士平台，重点关注创业成长阶段的政策支持提出政策启示，以期为相关部门提供智力支持和学者智慧。

第一节　研　究　结　论

一、社会网络促进农户创业进展

本书从网络结构、网络关系和社会资本三个维度测量社会网络，用创业机会识别、创业资源获取与创业成长来衡量农户创业，通过实证分析发现：①在创业机会识别上，农户的社会交往越广泛，社会网络规模越大，接触的信息就越多，识别创业机会的可能性也就越大；而社会网络中的关系越亲密、信任、熟悉，越能够有效地传递有价值的信息，也有助于农户识别创业机会。②在创业资源获取上，创业农户的社会网络越亲密、熟悉和信任，越容易获得土地资源、创业资本，以及生产技术、人力资源与创业信息等创业资源；创业农户随着网络规模的拓展和延伸，对于各种创业资源的获取产生正向影响；当前农户创业群体主要是30~50岁的中年男性，中年人在自身发展过程中积累了一定的社会网络资源，因此，在各种创业资源的获取上更具有优势；参加过某类培训的创业者也相对更容易获得各种资源。③在创业成长方面，创业农户的社会交往越广泛、网络规模越大、网络成员之间的关系越亲密、信任、熟悉,嵌入其中的资源也就越丰富,就越有可能获得更多的支持。并通过与网络成员的互动交往,来撬动网络中企业创建和运营所必需的资源支持,进而提高新企业绩效、促进创业成长。总的来说,网络规模正向影响农户创业,网络关系越亲密、信任和熟悉,越有利于农户创业,中年男性更容易获取网络资源和信息,且培训对创业者创业成功也有一定推动作用。

二、农户创业对社会网络的演变机理

诚然社会网络会影响农户创业,同时,创业也会对创业农户的社会网络形成影响。本书通过理论分析和案例,展示了农民创业过程中,其网络规模、网络关系、网络中心性、网络异质性会随着创业而变动。主要内容包括以下几方面:①农户在创业过程中为了获取资金、政策、技术等支持,就必须与银行、政府、技术人员等接触,主动扩大自己的网络规模;另外,随着农户创业取得一定成效,会有一些追随者来学习经验,或者一些企业单位主动来寻求合作,甚至当地政府等部门闻名而来加强对其的扶持和宣传,主动帮助农民创业者扩大网络规模。②随着农户创业的成功,农民创业者会逐渐选择性地削弱或者断绝一部分原有的"强关系"社会网络。③随着创业农户社会网络的发展,其构建和管理社会网络的能力也会随之增强,从而农户会主动提高自己在社会网络的中心性或者被周围人提高到社会网络的中心位置。④农户为了获取更多的信息,降低创业环境的不确定性,会主动进入新的社会网络,提升自己的网络异质性,主要包括网络规模的拓展,在某一领域结识新的社会关系。⑤对于创业者而言,年龄对于社会网络产生负向影响,而学历、良好的创业精神及培训对其构建社会网络产生正向影响。

三、农户创业与网络演变

社会网络是创业农户初期识别创业机会、获取创业资源、获取创业信息的重要渠道,而随着创业的推进,创业农户产业链条延伸或者业务范围扩大,其自身能力增强,所拥有的社会网络也会发生相应变化。通过理论与调研发现,农户创业与社会网络之间呈现双螺旋上升趋势。创业推进和社会网络演变过程互相作用,一方的升级带动另一方的发展,随着时间的推移,二者在不断互推互生的影响下,促进了创业的成熟和成功,也有利于社会网络的扩大和升级。在农户创业中,社会网络演变和创业推进恰似两条双螺旋主链，互相平行并且走向相反地围绕时间这一主轴不断延伸，不同的是，创业的每个阶段不同，社会网络内容不同，而创业环境、创业者特质和创业者网络能力就如双螺旋结构的内链，同时作用于创业过程和社会网络过程，既稳定了两条外链，又催生了内链自身的发展，进一步推进整个链条向上延伸，两条交叉的链条代表创业推进和社会网络演变的过程，推进创业和社会网络演变协同的主要动力包括创业环境、创业者网络能力、创业者特质。其呈现为 DNA 式的双螺旋演进脉络。

第二节 政策启示

一、提升创业农户网络能力

社会网络对农户创业有推动作用，农户创业过程中社会网络不断发展，而在农户创业与社会网络中起着重要作用的创业农户网络能力同样十分关键。创业农户的网络能力包括网络建立能力、网络发展能力和网络维护能力。在创业的不同阶段，农户所需的网络能力构建重点不同。在创业初期，创业者需要网络建立能力；在成长期，需要网络发展能力；进入成熟期，需要网络维护能力。政府对创业农户的支持和培训也应当根据其企业所处阶段，提供相适应的能力培训。对于刚创业的农户，政府为其提供建立网络能力的培训，告诉新创业农户如何有效建立社会网络；对于处于成长期的创业者，政府可为其提供认识其他社会网络人员的平台等。

二、帮助创业农户获取初始创业资源

农户创业与社会网络之间呈螺旋上升的趋势，对于创业农户而言，最难的便在于创业初期，而顺利迈过创业初期的坎，后续创业和社会网络之间互相支撑，更有助于创业成功。创业者在创业初期，缺乏初始资源，社会网络规模小，且以家人亲戚等"强关系"为主，而创业资源的主要来源为前期积累和"强关系"支持，且所获资源难以满足创业发展。政府可通过直接提供政策支持、降低农户创业贷款门槛、提供创新信息支持、能力培训等方式，为其提供初始创业资源，助

农户顺利度过创业初期，等创业农户度过初期，具备了在市场上立足的能力，能够通过自身创业与社会网络的循环不断强大，此时政府退出，不会影响企业发展。因此，政府不应该仅仅帮助成功企业让其变大，更应该帮助初创企业助其度过艰难的初创期。如此，有助于形成良好的创业环境，降低创业门槛，吸引更多的农户走上创业之路。

三、创业农户应积极调整自身社会网络以适应创业推进

研究发现，在中国国情下，拥有更大规模，更亲密、熟悉、信任的社会网络有助于农户创业机会识别、创业资源获取与创业成长。社会网络与创业之间的关系不是简单的单箭头指向，而是两者之间协同发展。创业者的社会网络也应当随着创业的进程而不断调整。如创业初期，缺乏创业资本，此时以亲戚朋友组成的强关系的社会网络更有助于创业者获取初始创业资本；随着企业的发展，规模增加，此时创业信息的来源对于创业者来说更为关键，窄而小的"强关系"便不再适应企业发展，创业者需要不断拓展自己的社会网络规模，认识其他领域的人才，并与之构建弱关系，更有助于企业获取不同的新鲜信息。因此，创业农户自身对于企业发展的阶段也应当有清晰地认识，并积极主动调整自身社会网络的结构和关系来适应企业发展。

四、社会组织为创业农户搭建认识高层次人士平台

参与创业的农户主要为30~50岁的中年男性，学历以初高中为主，整体素质不高，且社交圈子层次较低，难以认识诸如高校教授、科研机构技术人员等高层次人才。其虽然有创业想法，也有创业精神，但更多凭借过往经验，缺乏科学方法，故创业失败的概率远高于其他创业者。社会组织，如行业协会、高校、科研机构等，可通过培训、交流、考察等方式与创业农户接触。对于社会组织而言，能够将自身的所学传授并得以实践，对于创业农户而言，获得科学的方法，先进的技术，更有助于其创业成功。

五、重点关注创业成长阶段的政策扶持

创业农户面临跨越创业成长的门槛，面临创业失败的风险和损失，尤其是创

业失败后的农户缺乏社会支持，也缺乏政策扶持，因此在创业成长阶段，跨越成长门槛将成为政府在农户创业政策制定上的重点，主要包括创业保险、鼓励第二次创业等。

参 考 文 献

宝贡敏，余红剑. 2005. 关系网络与创业互动机制研究[J]. 研究与发展管理，（3）：46-51.

边燕杰. 2004. 城市居民社会资本的来源及作用：网络观点与调查发现[J]. 中国社会科学，（3）：136-146，208.

边燕杰，丘海雄. 2000. 企业的社会资本及其功效[J]. 中国社会科学，（2）：87-99，207.

边燕杰，张磊. 2006. 网络脱生：创业过程的社会学分析[J]. 社会学研究，（6）：74-88，244.

布朗 L. 1999. 原始社会的结构与功能[M]. 潘蛟译. 北京：中央民族大学出版社.

蔡莉，汤淑琴，马艳丽，等. 2014. 创业学习、创业能力与新企业绩效的关系研究[J]. 科学学研究，32（8）：1189-1197.

曹海林. 2011. 村级公益事业投入机制创新的社会动因及实践策略[J]. 农村经济，（12）：20-23.

曹瓅，罗剑朝. 2019. 社会资本、金融素养与农户创业融资决策[J]. 中南财经政法大学学报，（3）：3-13，158.

陈聪，庄晋财，程李梅. 2013. 网络能力对农民工创业成长影响的实证研究[J]. 农业经济问题，34（7）：17-24，110.

陈向明. 2000. 从一个到全体——质的研究结果的推论问题[J]. 教育研究与实验，（2）：1-8，72.

池仁勇. 2002. 美日创业环境比较研究[J]. 外国经济与管理，（9）：13-19，49.

范钧，王进伟. 2011. 网络能力、隐性知识获取与新创企业成长绩效[J]. 科学学研究，29（9）：1365-1373.

费尔普斯 E. 2013. 大繁荣：大众创新如何带来国家繁荣[M]. 余江译. 北京：中信出版社.

费孝通. 1998. 乡土中国 生育制度[M]. 北京：北京大学出版社.

冯兵，罗新星，龚克. 2000. 客户关系的不确定性分析与理性思考[J]. 技术经济，（3）：68-70.

高静，张应良. 2013. 农户创业：初始社会资本影响创业者机会识别行为研究——基于518份农户创业调查的实证分析[J]. 农业技术经济，（1）：32-39.

高静，张应良，贺昌政. 2013. 农户初始社会资本影响创业机会识别的实证研究[J]. 华中农业大学学报（社会科学版），（1）：47-52.

高秀丽，孟飞荣. 2013. 物流业发展对产业结构优化的实证分析——基于空间面板杜宾模型[J]. 热带地理，33（6）：703-710.

郭红东，丁高洁. 2012. 社会资本、先验知识与农民创业机会识别[J]. 华南农业大学学报（社会科学版),11(3):78-85.

郭红东,周惠珺.2013.先前经验、创业警觉与农民创业机会识别——一个中介效应模型及其启示[J].浙江大学学报(人文社会科学版),43(4):17-27.

郭军盈.2006.中国农民创业问题研究[D].南京农业大学博士学位论文.

郭云南,张琳弋,姚洋.2013.宗族网络、融资与农民自主创业[J].金融研究,(9):136-149.

韩海浪.2001.家族研究中的几个概念问题[J].学海,(3):72-76.

韩庆龄.2013.人情变迁与农民关系网的嬗变——以东北地区的两地缘村落为例[D].华中科技大学硕士学位论文.

韩炜,杨俊,包凤耐.2013.初始资源、社会资本与创业行动效率——基于资源匹配视角的研究[J].南开管理评论,16(3):149-160.

韩炜,杨俊,张玉利.2014.创业网络混合治理机制选择的案例研究[J].管理世界,(2):118-136.

郝朝艳,平新乔,张海洋,等.2012.农户的创业选择及其影响因素——来自"农村金融调查"的证据[J].中国农村经济,(4):57-65,95.

何婧,李庆海.2019.数字金融使用与农户创业行为[J].中国农村经济,(1):112-126.

胡贝贝,王胜光,任静静.2016.互联网时代创业活动的新特点——基于创客创业活动的探索性研究[J].科技创业月刊,29(18):27-32.

胡金焱,张博.2014.社会网络、民间融资与家庭创业——基于中国城乡差异的实证分析[J].金融研究,(10):148-163.

黄洁,买忆媛.2011.农民创业者初始社会资本对机会识别类型的预测能力研究[J].农业技术经济,(4):50-57.

黄利华,李永馨,张挺,等.2018.创新型社会背景下高职院校学生创业能力培养途径的可行性分析[J].教育教学论坛,(30):247-249.

黄艳,陶秋燕,任成梅.2016.小企业创业基地运营效率差异研究[J].科技管理研究,36(19):136-140.

姜红玲,王重鸣,倪宁.2006.基于因子分析的创业特质探索研究[J].心理科学,(4):919-921.

蒋剑勇,郭红东.2012.创业氛围、社会网络和农民创业意向[J].中国农村观察,(2):20-27.

蒋剑勇,钱文荣,郭红东.2014.农民创业机会识别的影响因素研究——基于968份问卷的调查[J].南京农业大学学报(社会科学版),14(1):51-58.

金迪,蒋剑勇.2014.基于社会嵌入理论的农民创业机理研究[J].管理世界,(12):180-181.

金耀基.1993.中国社会与文化[M].英国:牛津大学出版社.

晋洪涛.2015.家庭经济周期理性:一个农民理性分析框架的构建[J].经济学家,(7):55-64.

拉德克利夫-布朗 A R.1999.原始社会的结构与功能[M].潘蛟,王贤海,刘文远,等译.北京:中央民族大学出版社.

李清凌.1990.文书契约租佃制的产生、发展和作用[J].西北师大学报(社会科学版),(2):85-87.

李树茁,任义科,靳小怡,等.2008.中国农民工的社会融合及其影响因素研究——基于社会支持网络的分析[J].人口与经济,(2):1-8,70.

李伟铭, 黎春燕, 杨丹. 2013. 新企业网络能力的高阶维度结构及对创业成长影响的实证研究[J]. 科学学与科学技术管理, 34（3）：116-125.

李文金. 2012. 创业者社会网络的演化过程研究[D]. 吉林大学博士学位论文.

李颖, 赵文红, 薛朝阳. 2018. 创业导向、社会网络与知识资源获取的关系研究——基于信号理论视角[J]. 科学学与科学技术管理, 39（2）：130-141.

林南. 2005. 社会资本：关于社会结构与行动的理论[M]. 张磊译. 上海：上海人民出版社.

刘常勇. 2002. 创业者必备哪些能力[J]. 中外管理,（1）：68.

刘丹丽, 汪侠, 吴小根, 等. 2018. 全球贫困国家旅游竞争力与经济发展的耦合协调度及时空变化[J]. 地理科学进展, 37（10）：1381-1391.

刘梦超. 2018. 中国情境下社会网络关系对连续创业者成长的影响机理研究[D]. 武汉理工大学硕士学位论文.

刘小童, 李录堂, 薛继亮. 2018. 新生代农民工创业进入路径中的社会网络分析[J]. 西北农林科技大学学报（社会科学版）, 18（3）：12-21.

刘振华. 2007. 创业者特质对新创企业绩效的影响研究[D]. 吉林大学硕士学位论文.

刘祖云. 1986. 论社会学中的群体范畴[J]. 社会学研究,（3）：96-103.

卢旭. 2013. 农民工创业行为发生的影响因素研究[D]. 西南大学硕士学位论文.

鲁兴启. 2009. 基于社会网络的科技创业机会识别[J]. 企业经济,（9）：22-25.

罗明忠, 陈明. 2015. 人格特质对农民创业绩效影响的实证分析——兼议人力资本的调节作用[J]. 华中农业大学学报（社会科学版）,（2）：41-48.

马鸿佳. 2008. 创业环境、资源整合能力与过程对新创企业绩效的影响研究[D]. 吉林大学博士学位论文.

苗莉, 何良兴. 2015. 草根创业者社会网络对创业机会识别的影响及机理[J]. 财经问题研究,（8）：117-123.

彭华涛. 2006. 创业企业社会网络的理论与实证研究[D]. 武汉理工大学博士学位论文.

彭华涛. 2008. 创业企业社会网络进化及其成效[J]. 企业改革与管理,（7）：7-8.

彭华涛. 2014. 连续创业者的社会网络传承及作用机理研究[J]. 管理世界,（4）：179-180.

彭艳玲. 2016. 我国农户创业选择研究[D]. 西北农林科技大学博士学位论文.

任胜钢, 舒睿. 2014. 创业者网络能力与创业机会：网络位置和网络跨度的作用机制[J]. 南开管理评论, 17（1）：123-133.

萨伊 R B. 1803. 政治经济学概论[M]. 赵康英, 符蕊, 唐日松, 等译. 北京：华夏出版社.

宋晶, 陈劲. 2019. 创业者社会网络、组织合法性与创业企业资源拼凑[J]. 科学学研究, 37（1）：86-94.

孙红霞, 孙梁, 李美青. 2010. 农民创业研究前沿探析与我国转型时期研究框架构建[J]. 外国经济与管理, 32（6）：31-37.

孙立平. 1996. "关系"、社会关系与社会结构[J]. 社会学研究,（5）：22-32.

王飞绒, 胡祝琳, 李亦晨. 2014. 影响小微企业社会网络构建因素的实证研究[J]. 中国科技论坛,

（9）：63-68.

王铭铭. 2015. 当代民族志形态的形成：从知识论的转向到新本体论的回归[J]. 民族研究，（3）：25-38，123-124.

王倩. 2011. 社会网络对创业机会识别的影响：信息获取的中介作用[D]. 吉林大学博士学位论文.

王庆喜，宝贡敏. 2007. 社会网络、资源获取与小企业成长[J]. 管理工程学报，（4）：57-61.

王思斌. 1996. 中国人际关系初级化与社会变迁[J]. 管理世界，（3）：184-191.

王维成，朱欣民. 2015. 基于创新双螺旋理论的战略性新兴产业应用创新研究[J]. 科技管理研究，35（16）：106-109，128.

王轶，熊文. 2018. 返乡创业：实施乡村振兴战略的重要抓手[J]. 中国高校社会科学，（6）：37-45，154-155.

韦吉飞. 2010. 新形势下农民创业问题研究[D]. 西北农林科技大学博士学位论文.

魏峰，李燚，张文贤. 2005. 国内外心理契约研究的新进展[J]. 管理科学学报，（5）：86-93.

吴昌华，戴天放，魏建美，等. 2006. 江西省农民创业调查分析及对策研究[J]. 江西农业大学学报（社会科学版），（2）：29-32.

项国鹏，潘凯凌，张文满. 2018. 网络关系、创业机会识别与创业决策——基于浙江新创企业的实证研究[J]. 科技管理研究，38（22）：169-177.

谢雅萍，黄美娇. 2014. 社会网络、创业学习与创业能力——基于小微企业创业者的实证研究[J]. 科学学研究，32（3）：400-409，453.

谢雅萍，黄美娇. 2016. 创业学习、创业能力与创业绩效——社会网络研究视角[J]. 经济经纬，33（1）：101-106.

解春艳. 2013. 创业环境对农民创业意愿的影响研究[D]. 江西农业大学硕士学位论文.

邢小强，仝允桓. 2006. 网络能力：概念、结构与影响因素分析[J]. 科学学研究，（S2）：558-563.

徐金发，许强，王勇. 2001. 企业的网络能力剖析[J]. 外国经济与管理，（11）：21-25.

徐勇. 2007. "行政下乡"：动员、任务与命令——现代国家向乡土社会渗透的行政机制[J]. 华中师范大学学报（人文社会科学版），（5）：2-9.

徐志强. 2015. 高校创业型人才培养的双螺旋模式[J]. 教育发展研究，35（5）：30-34.

许珺，裴韬，姚永慧. 2010. 地学知识图谱的定义、内涵和表达方式的探讨[J]. 地球信息科学学报，12（4）：496-502，509.

阎云翔. 2012. 中国社会的个体化[M]. 上海：上海译文出版社.

杨建梅. 2010. 复杂网络与社会网络研究范式的比较[J]. 系统工程理论与实践，30（11）：2046-2055.

杨俊，张玉利. 2004. 基于企业家资源禀赋的创业行为过程分析[J]. 外国经济与管理，26（2）：2-6.

杨宜音，胡琳丽，张曙光. 2016. 社会变迁适应性视角下的自我与孝道[J]. 中国社会心理学评论，（1）：44-64，5.

杨玉宏. 2013. "差序格局"思想的现代诠释[J]. 学术界，（2）：145-156，284-285.

杨震宁，李东红，范黎波. 2013. 身陷"盘丝洞"：社会网络关系嵌入过度影响了创业过程吗?[J].

管理世界,（12）：101-116.

于晓宇, 蔡莉, 陈依, 等. 2012. 技术信息获取、失败学习与高科技新创企业创新绩效[J]. 科学学与科学技术管理, 33（7）：62-67.

袁晓劲, 郭斯萍. 2017. 中国人人际情感的差序格局关系：来自 EAST 的证据[J]. 心理科学, 40（3）：651-656.

张宝建, 孙国强, 裴梦丹, 等. 2015. 网络能力、网络结构与创业绩效——基于中国孵化产业的实证研究[J]. 南开管理评论, 18（2）：39-50.

张宝建, 张丽波, 孙国强. 2018. 中国科技创新扩散的链式耦合评价研究[J]. 软科学, 32（9）：9-13.

张兴宇, 季中扬. 2020. 新乡贤：基层协商民主的实践主体与身份界定[J]. 江苏社会科学,（2）：156-165, 243-244.

张益丰, 郑秀芝. 2014. 企业家才能、创业环境异质性与农民创业——基于 3 省 14 个行政村调研数据的实证研究[J]. 中国农村观察,（3）：21-28, 81.

张玉利, 李乾文, 陈寒松. 2004. 创业管理理论的最新评述及研究趋势[J]. 预测,（4）：20-25, 32.

张玉利, 王晓文. 2011. 先前经验、学习风格与创业能力的实证研究[J]. 管理科学, 24（3）：1-12.

张玉利, 杨俊, 任兵. 2008. 社会资本、先前经验与创业机会——一个交互效应模型及其启示[J]. 管理世界,（7）：91-102.

张梓榆. 2018. 农户创业与金融服务创新的协同机理及有效性测度[D]. 西南大学博士学位论文.

赵观兵, 梅强, 万武. 2010. 基于环境宽松性的创业者特质对创业机会识别影响的实证研究[J]. 中国科技论坛,（8）：109-113, 133.

赵晓东, 王重鸣. 2008. 产业集群背景下创业者社会网络构建影响因素实证研究[J]. 浙江大学学报（人文社会科学版）,（2）：143-150.

折晓叶, 陈婴婴. 2000. 产权制度选择中的"结构—主体"关系[J]. 社会学研究,（5）：64-81.

钟涨宝, 陶琴. 2010. 外来务工人员子女和本地学生的社会距离研究——基于双向度社会距离测量[J]. 南京社会科学,（8）：76-84.

周冬梅. 2011. 创业资源获取与创业网络关系动态演化研究[D]. 电子科技大学博士学位论文.

周晓虹. 1998. 流动与城市体验对中国农民现代性的影响——北京"浙江村"与温州一个农村社区的考察[J]. 社会学研究,（5）：60-73.

朱红根, 康兰媛. 2013. 金融环境、政策支持与农民创业意愿[J]. 中国农村观察,（5）：24-33, 95-96.

朱明芬. 2010. 农民创业行为影响因素分析——以浙江杭州为例[J]. 中国农村经济,（3）：25-34.

朱秀梅, 陈琛, 蔡莉. 2010. 网络能力、资源获取与新企业绩效关系实证研究[J]. 管理科学学报, 13（4）：44-56.

朱秀梅, 费宇鹏. 2010. 关系特征、资源获取与初创企业绩效关系实证研究[J]. 南开管理评论, 13（3）：125-135.

朱秀梅, 于晓宇, 杨隽萍. 2011. 国外创业网络理论演进及未来研究进展[J]. 现代管理科学,（2）：

103-105.

祝振铎,李非. 2017. 创业拼凑、关系信任与新企业绩效实证研究[J]. 科研管理, 38(7): 108-116.

庄晋财,芮正云. 2014. 农民工社会网络关系对其新创企业竞争优势的影响——基于网络资源观的结构方程模型分析[J]. 中南大学学报(社会科学版), 20(6): 94-101.

庄晋财,尹金承,王春燕. 2015. 农民工创业资源获取的网络渠道及其差异研究[J]. 软科学, 29(5): 140-144.

Aldrich H, Zimmer C. 1986. Entrepreneurship through social networks[C]//Sexton D, LSmilor R W. The art and science of entrepreneurship. Cambridge: Ballinger Publishing Company: 3-23.

Aldrich H, Zimmer C, Jones T. 1986. Small business still speaks with the same voice — a replication of the voice of small business and the politics of survival[J]. Sociological Review, 34(2): 335-356.

Allport G W. 1963. Pattern and Growth in Personality[M]. New York: Holt, Rinehart & Winston.

Alvarez S A, Barney J B. 2004. Organizing rent generation and appropriation: toward a theory of the entrepreneurial firm[J]. Journal of Business Venturing, 19(5): 621-635.

Alvarez S A, Barney J B. 2005. How do entrepreneurs organize firms under conditions of uncertainty?[J]. Journal of Management, 31(5): 776-793.

Alvarez S A, Barney J B. 2007. Discovery and creation: alternative theories of entrepreneurial action[J]. Strategic Entrepreneurship Journal, 1(1/2): 11-26.

Annika R. 2001. Assessing the functionality of an Innovation system[C]. Aalborg: Nelson and Winter Conference.

Arthurs J D, Busenitz L W. 2006. Dynamic capabilities and venture performance: the effects of venture capitalists[J]. Journal of Business Venturing, 21(2): 195-215.

Audretsch D B. 2003. Standing on the shoulders of midgets: the US small business innovation research program (SBIR) [J]. Small Business Economics, 20(2): 129-135.

Audretsch D B, Thurik A R. 2001. What's new about the new economy? Sources of growth in the managed and entrepreneurial economies[J]. Industrial and Corporate Change, 10(1): 267-315.

Audretsch D B, Thurik A R. 2004. A Model of the entrepreneurial economy[R]. Papers on Entrepreneurship, Growth and Public Policy.

Baker W E. 1990. Market networks and corporate behavior[J]. American Journal of Sociology, 96(3): 589-625.

Barnes J A. 1954. Class and committees in a Norwegian Island Parish[J]. Human Relations, 7(1): 39-58.

Barney J. 1991. Firm resources and sustained competitive advantage[J]. Journal of Management, 17(1): 99-120.

Barney J B. 2001. Is the resource-based "view" a useful perspective for strategic management research? Yes[J]. Academy of Management Review, 26(1): 41-56.

Batjargal B. 2007. Internet entrepreneurship: social capital, human capital, and performance of internet ventures in China[J]. Research Policy, 36 (5): 605-618.

Birley S. 1985. The role of networks in the entrepreneurial process[J]. Journal of Business Venturing, 1 (1): 107-117.

Blau P M, Duncan O D. 1965. Some preliminary findings on social stratification in united-states[J]. Acta Sociologica, 9 (1/2): 4-24.

Bourdieu P. 1980. Is sociology a science[J]. Recherche, 11 (112): 738-743.

Brass D J, Burkhardt M E. 1993. Potential power and power use: an investigation of structure and behavior[J]. Academy of Management Journal, 36 (3): 441-470.

Bratkovic T, Antoncic B, Ruzzier M. 2009. Strategic utilization of entrepreneur's resource-based social capital and small firm growth[J]. Journal of Management & Organization, 15 (4): 486-499.

Brüderl J, Preisendorfer P. 1998. Network support and the success of newly founded businesses[J]. Small Business Economics, 10 (3): 213-225.

Brush C G, Chaganti R. 1999. Businesses without glamour? An analysis of resources on performance by size and age in small service and retail firms[J]. Journal of Business Venturing, 14 (3): 233-257.

Brush C G, Greene P G, Hart M M. 2001. From initial idea to unique advantage: the entrepreneurial challenge of constructing a resource base[J]. Academy of Management Executive (1993-2005), 15 (1): 64-78.

Burt R S. 1982. Testing a structural model of perception: conformity and deviance with respect to journal norms in elite sociological methodology[J]. Quality & Quantity, 16 (2): 109-150.

Burt R S. 1983. Firms, directors and time in the directorate tie market[J]. Social Networks, 5 (1): 13-49.

Burt R S. 1992. The social structure of competition[J]. Networks and Organizations: Structure, Form, and Action, 27 (8): 57-91.

Burt R S. 2002. Bridge decay[J]. Social Networks, 24 (4): 333-363.

Bygrave B. 1998. Building an entrepreneurial economy: lessons from the United States[J]. Business Strategy Review, 9 (2): 11-18.

Cantillon R. 1755. An Essay on Economic Theory[M]. Seattle: Createspace Independent Publishing Platform.

Casson M. 1982. Multinationals beyond the market-intra-firm trade and the control of transfer pricing[J]. Journal of Development Studies, 18 (3): 391-392.

Casson M, Giusta M D. 2007. Entrepreneurship and social capital: analysing the impact of social networks on entrepreneurial activity from a rational action perspective[J]. International Small Business Journal-Researching Entrepreneurship, 25 (3): 220-244.

Charmaz K. 2000. Grounded theory: objectvist and constructivist methods[J]. The Handbook of Qualiative Research, (2): 509-535.

Charmaz K. 2006. Constructing Grounded Theory: A Practical Guide through Qualitative Analysis[M]. London: Sage Publications.

Child J. 1972. Organizational structure, environment and performance: the role of strategic choice[J]. Sociology, 6 (1): 1-22.

Coleman J S. 1988. Social capital in the creation of human-capital[J]. American Journal of Sociology, 94: 95-120.

Coleman J S. 1990. Social institutions and social-theory-commentary[J]. American Sociological Reviews, 55 (3): 333-339.

Desai M, Gompers P, Lerner J. 2003. Institutions, capital constraints and entrepreneurial firm dynamics: evidence from Europe[R]. National Bureau of Economic Research.

Duncan O D, Featherman D L, Duncan B. 1972. Socioeconomic Background and Achievement[M]. New York: Seminar Press.

Elfring T, Hulsink W. 2003. Networks in entrepreneurship: the case of high-technology firms[J]. Small Business Economics, 21 (4): 409-422.

Ellis P D. 2011. Social ties and international entrepreneurship: opportunities and constraints affecting firm internationalization[J]. Journal of International Business Studies, 42 (1): 99-127.

Fiet J. 1996. The information basis of entrepreneurial discovery[J]. Small Business Economic, 8: 419-430.

Francis D H, Sandberg W R. 2000. Friendship within entrepreneurial teams and it's association with team and venture performance[J]. Entrepreneurship Theory and Practice, 55 (1): 35-80.

Freeman L C. 1977. Set of measures of centrality based on betweenness[J]. Sociometry, 40 (1): 35-41.

Ganzeboom H B G, Degraaf P M, Treiman D J, et al. 1992. A standard international socioeconomic index of occupational-status[J]. Social Science Research, 21 (1): 1-56.

Gartner W B. 1985. A conceptual framework for describing the phenomenon of new venture creation[J]. Academy of Management Review, 10 (4): 696-706.

Gartner W B, Shane S A. 1995. Measuring entrepreneurship over time[J]. Journal of Business Venturing, 10 (4): 283-301.

Gasson R. 1982. Rural employment - trends, options, choices[J]. Sociologia Ruralis, 22 (1): 74-75.

Glaser B G. 1966. Disclosure of terminal illness[J]. Journal of Health and Social Behavior, 7 (2): 83-91.

Glaser B G, Holton J. 2007. Remodeling grounded theory[J]. Historical Social Research-Historische Sozialforschung, 5: 47-68.

Glaser B G, Strauss A. 1967. The Discovery of Grounded Theory: Strategies for Qualitative Research[M].

Chicago: Aldine Publishing Company.

Gnyawali D R, Fogel D S. 1994. Environments for entrepreneurship development: key dimensions and research implications[J]. Entrepreneurship Theory and Practice, 18: 43-62.

Granovetter M S. 1973. The strength of weak ties[J]. American Journal of Sociology, 78（2）: 1360-1380.

Granovetter M S. 1985. Economic action and social structure: the problem of embeddedness[J]. American Journal of Sociology, 91: 481-510.

Grasmick H G. 1976. The occupational prestige structure: a multidimensional scaling approach[J]. Sociological Quarterly, 17（1）: 90-108.

Greve A, Salaff J W. 2003. Social networks and entrepreneurship[J]. Entrepreneurship Theory and Practice, 28（1）: 1-22.

Gulati R, Nohria N, Zaheer A. 2000. Strategic networks[J]. Strategic Management Journal, 21（3）: 203-215.

Hakansson H. 1987. Technological Development: A Network Approach[M]. New York: Croom Helm.

Hakansson H, Ford D. 2002. How should companies interact in business networks[J]. Journal of Business Research, 55（2）: 133-139.

Haken H. 1976.Transient ultrashort laser pulses[J]. Physics Letters A, 59（4）: 261-263.

Hanifan. 1916. The Rural School Community Center[J]. Annals of the American Academy of Political and Social Science, 67（1）: 130-138.

Hansen E L. 1995. Entrepreneurial networks and new organization growth[J]. Entrepreneurship Theory & Practice,（19）: 7-19

Hansen M T. 1999. The search-transfer problem: the role of weak ties in sharing knowledge across organization subunits[J]. Administrative Science Quarterly, 44（1）: 82-111.

Haucap J, Klein G J. 2012. How regulation affects network and service quality in related markets[J]. Economics Letters, 117（2）: 521-524.

Hills G E, Lumpkin G T, Singh R P. 1997. Opportunity recognition: perceptions and behaviors of entrepreneurs[J]. Frontiers of Entrepreneurship Research, 17: 168-182.

Hite J M, Hesterly W S. 2001. The evolution of firm networks: from emergence to early growth of the firm[J]. Strategic Management Journal, 22（3）: 275-286.

Hoang H, Antoncic B. 2003. Network-based research in entrepreneurship: a critical review[J]. Journal of Business Venturing, 18（2）: 165-187.

Hrebiniak L G, Joyce W F. 1985. Organizational adaption-strategic choice and environmental determinism[J]. Administrative Science Quarterly, 30（3）: 336-349.

Ireland R D, Hitt M A, Sirmon D G. 2003. A model of strategic entrepreneurship: the construct and its dimensions[J]. Journal of Management, 29（6）: 963-989.

Kallinikos J. 1995. Cognitive foundations of economic institutions: markets, organizations and networks revisited[J]. Scandinavian Journal of Management, 11（2）: 119-137.

Karl P. 1944. The Great Transformation: The Political and Economical Origin of Our Time[M]. Boston: Beacon Press.

Kirzner I M. 1973. Competition and Entrepreneurship[M]. Chicago: The University of Chicago Press.

Kirzner I M. 1997. Entrepreneurial discovery and the competitive market process: an Austrian approach[J]. Journal of Economic Literature, 35（1）: 60-85.

Krackhardt D.1992. The Strength of Strong Ties: The Importance of Philos in Organizations[M]. Cambridge: Harvard Business School Press.

Krackhardt U, Streibl N. 1989. Design of dammann-gratings for array generation[J]. Optics Communications, 74（1/2）: 31-36.

Lans T, Biemans H, Mulder M, et al. 2010. Self-Awareness of mastery and improvability of entrepreneurial competence in small businesses in the agrifood sector[J]. Human Resource Development Quarterly, 21（2）: 147-168.

Larson A. 1992. Network dyads in entrepreneurial settings a study of the governance of exchange relationships[J]. Administrative Science Quarterly, 37（1）: 76-104.

Larson A, Starr J. 1993. A network model of organization formation [J]. Entrepreneurship: Theory and Practice, 17（2）: 5-15.

Lenski G. 1988. Rethinking macrosociological theory[J]. American Sociological Review, 53（2）: 163-171.

Liao J W, Welsch H. 2005. Roles of social capital in venture creation: key dimensions and research implications[J]. Journal of Small Business Management, 43（4）: 345-362.

Lin N. 1982. Social Resources and Instrumental Action[M]. Beverly Hills: Sage Publications.

Lin N. 1990. Social Resources and Social Mobility: A Structural Theory of Status Attainment. New York: Cambridge University Press.

Lin N. 2002. Social Capital: A Theory of Social Structure and Action[M]. London: Cambridge University Press.

Man T. 2012. Developing a behaviour-centred model of entrepreneurial learning[J]. Journal of Small Business & Enterprise Development, 19（3）: 549-566.

Mitchell J C. 1969. Social Networks in Urban Situations[M]. Manchester: Institute for Social Research, University of Zambia.

Mitchelmore S, Rowley J. 2013. Growth and planning strategies within women-led SMEs[J]. Management Decision, 51（1/2）: 83-96.

Mitton D G. 1997. Entrepreneurship: one more time: non-cognitive character that make the cognitive click[R]. Entrepreneurship Research.

Morrison E W. 2002. Newcomers' relationships: the role of social network ties during socialization[J]. Academy of Management Journal, 45（6）: 1149-1160.

Murray H A. 1938. Explorations in Personality[M]. London: Oxford University Press.

Nahapiet J, Ghoshal S. 1998. Social capital, intellectual capital, and the organizational advantage[J]. Academy of Management Review, 23（2）: 242-266.

Ostgaard T A, Birley S. 1996. New venture growth and personal networks[J]. Journal of Business Research, 36（1）: 37-50.

Pfeffer J, Salancik G R. 1978. The External Control of Organization: A Resource-dependence Perspective[M]. New York: Harper & Row.

Porter-O'Grady T. 1998. The making of a nurse entrepreneur[J]. Seminars for Nurse Managers, 6（1）: 34-40.

Portes A, Sensenbrenner J. 1993. Embeddedness and immigration-notes on the social determinants of economic-action[J]. American Journal of Sociology, 98（6）: 1320-1350.

Putnam R. 1993. The prosperous community: social capital and public life[J]. The American Prospect, 13（4）: 35-42.

Ritter T. 1999. The networking company: antecedents for coping with relationships and networks effectively[J]. Industrial Marketing Management, 28（5）: 467-479.

Ritter T, Gemünden H G. 2003. Network competence: its impact on innovation success and its antecedents[J]. Journal of Business Research, 56（9）: 745-755.

Schumpeter J A. 1934. Capitalism, Socialism and Democracy[M]. New York: Harper & Row.

Sexton D L, Bowman-Upton N. 1990. Female and male entrepreneurs: psychological characteristics and their role in gender-related discrimination[J]. Journal of Business Venturing, 5（1）: 29-26.

Shane S. 2000. Prior knowledge and the discovery of entrepreneurial opportunities[J]. Organization Science, 11（4）: 448-469.

Shane S, Locke E A, Collins C J. 2003. Entrepreneurial motivation[J]. Human Resource Management Review, 13（2）: 257-279.

Shane S, Stuart T. 2002. Organizational endowments and the performance of university start-ups[J]. Management Science, 48（1）: 154-170.

Shane S, Venkataraman S. 2000. The promise of entrepreneurship as a field of research[J]. Academy of Management Review, 25（1）: 217-226.

Shou Z G, Guo R, Zhang Q Y, et al. 2011. The many faces of trust and guanxi behavior: evidence from marketing channels in China[J]. Industrial Marketing Management, 40（4）: 503-509.

Singh R P. 2001. A comment on developing the field of entrepreneurship through the study of opportunity recognition and exploitation[J]. Academy of Management Review, 26（1）: 10-12.

Slotte-Kock S, Coviello N. 2010. Entrepreneurship research on network processes: a review and ways forward[J]. Entrepreneurship Theory and Practice, 34（1）: 31-57.

Stathopoulou S, Psaltopoulos D, Skuras D. 2004. Rural entrepreneurship in Europe: a research framework and agenda[J]. International Journal of Entrepreneurial Behaviour & Research, 10（6）:

404-425.

Stevenson H H, Roberts M J, Grousbeck H I. 1987. New Business Ventures and the Entrepreneur[M]. Boston: Irwin.

Strauss A. 1987. Qualitative Analysis for Social Scientists[M]. Cambridge: Cambridge University Press.

Su C, Yang Z, Zhuang G, et al. 2008. Interpersonal influence as an alternative channel communication behavior in emerging markets: the case of China[J]. Journal of International Business Studies, 40(4): 668-689.

Thomas W Y W, Theresa L. 2000. Entrepreneurial competencies of SEM owners/managers in the Hong Kong services sector: a qualitative analysis[J]. Journal of Enterprising Culture, 8(3): 235-254.

Thompson J L. 2004. The facets of the entrepreneur: identifying entrepreneurial potential[J]. Management Decision, 42(2): 243-258.

Tichy N, Fombrun C. 1979. Network analysis in organizational settings[J]. Human Relations, 32(11): 923-965.

Timmons J A. 1999. New Venture Creation: Entrepreneurship for the 21st Century[M]. New York: McGraw-Hill Education.

Timmons J A. 2005. New Venture Creation: Entrepreneurship for the 21st Century[M]. 7th. Newwork: McGraw-Hill Education.

Timmons J A, Spinelli S. 1994. New Venture Creation: Entrepreneurship for the 21st Century[M]. Boston: Irwin.

Treiman D J. 1976. Standard occupational prestige scale for use with historical data[J]. Journal of Interdisciplinary History, 7(2): 283-304.

Tsui A S, Farh J L L. 1997. Where guanxi matters - Relational demography and guanxi in the Chinese context[J]. Work and Occupations, 24(1): 56-79.

Uzzi B. 1996. The sources and consequences of embeddedness for the economic performance of organizations: the network effect[J]. American Sociological Review, 61: 674-698.

Uzzi B. 1997. Social structure and competition in interfirm networks: the paradox of embeddedness[J]. Administrative Science Quarterly, 42(1): 35-67.

Walter A, Auer M, Ritter T. 2006. The impact of network capabilities and entrepreneurial orientation on university spin-off performance[J]. Journal of Business Venturing, 21(4): 541-567.

Watson J. 2007. Modeling the relationship between networking and firm performance[J]. Journal of Business Venturing, 22(6): 852-874.

Watts D J, Strogatz S H. 1998. Collective dynamics of "small-world" networks[J]. Nature, 393(6684): 440-442.

Wernerfelt B. 1984. A resource-based view of the firm[J]. Strategic Management Journal, 5(2):

171-180.

White J W. 1970. The Sokagakkai and Mass Society[M]. Palo Alto: Stanford University Press.

Williamson J. 1985. More on choosing the right rules for exchange-rate management[J]. World Economy, 8 (1): 81-83.

Wortman M S. 1990. Rural entrepreneurship research: an integration into the entrepreneurship field[J]. Agribusiness, 6 (4): 329-344.

Zhao L M, Aram J D. 1995. Networking and growth of young technology-intensive ventures in China[J]. Journal of Business Venturing, 10 (5): 349-370.

Ziggers G W, Henseler J. 2009. Inter-firm network capability: how it affects buyer-supplier performance[J]. British Food Journal, Faculty of Management, 111 (8): 794-810.

附　　录

附　录　1

问卷编号_____

创业农户问卷调查

您好！
　　我们是西南大学的在校教师及学生，正在做一项关于农户创业的问卷调查，我们只会对您的资料进行研究使用，并且会保证您的资料不外泄，请您如实填写，谢谢您的配合支持！

调查时间：_____　　调查地点：_____
组织名称：_____　　调研人员：_____
您是本村人员吗？_____

一、创业者基本情况

1. 创业时间：_____
2. 创业形式：_____
   （1）家庭农场　（2）合作社　（3）农业企业
   （4）种养大户　（5）其他_____

　　（一）人口统计学特征

3. 您是不是本村人：_____　（1）是　（2）否
4. 您的性别：_____　（1）男　（2）女
5. 您的年龄：_____　（岁）
6. 您的民族：_____　（1）汉族　（2）少数民族

7. 您创业时学历：_____
   （1）没有受过教育　（2）小学　　　（3）初中
   （4）职业高中　　　（5）普通高中　（6）大专
   （7）技校　　　　　（8）本科　　　（9）研究生及以上
8. 您的政治面貌：_____　（1）共产党员　（2）民主党派　（3）群众
9. 您的婚姻状况：_____　（1）在婚　（2）不在婚
10. 您的家庭情况：
    a 您家总共有_____人
    b 其中需要赡养的老人有_____人
    c 需要负担的子女有_____人

（二）创业者成长特征

11. 您是否加入某一组织（如某类协会）？_____　（1）是　（2）否
12. 您是否有外出务工经历？_____　（1）是　（2）否
13. 您是否有非农工作经验？_____　（1）是　（2）否
14. 您是否拥有特定的技术？_____　（1）是　（2）否
15. 这个技术与您目前的创业相关吗？_____　（1）是　（2）否
16. 您是否参加过某类培训？_____　（1）是　（2）否
17. 您创业期间是否进行了学历教育？_____　（1）是　（2）否

（三）创业者特质

	风险倾向	不同意──▶同意				
D_1	我愿意承担更大的风险去追求创业中的利益	1	2	3	4	5
D_2	我更偏向于采取大胆的、非常规的行动来应对创业环境带来的风险	1	2	3	4	5
	成就需要	不同意──▶同意				
D_3	我渴望创业这种生活方式	1	2	3	4	5
D_4	我喜欢承担具有挑战性的工作	1	2	3	4	5
D_5	我具有勤奋、吃苦耐劳的精神	1	2	3	4	5
	内控制源	不同意──▶同意				
D_6	我在压力下依然状态良好	1	2	3	4	5
D_7	创业的成功与否取决于我自己	1	2	3	4	5
D_8	我的目标与我的创业行为相符	1	2	3	4	5
	不确定性容忍度	不同意──▶同意				
D_9	当决策存在不确定性时，我会朝好的方面去想，积极对待	1	2	3	4	5
D_{10}	我喜欢创业不确定性带来的刺激	1	2	3	4	5
D_{11}	当创业活动的实际情况与原计划存在较大偏差时，我会适时采取措施，而不是等等看	1	2	3	4	5

（四）创业者网络能力

网络建立能力		不同意————同意				
D_{12}	我会在日常生活中从事互惠性活动	1	2	3	4	5
D_{13}	我会通过多种途径搜寻潜在的合作伙伴信息	1	2	3	4	5
D_{14}	我能主动与政府部门建立良好关系	1	2	3	4	5
网络发展能力		不同意————同意				
D_{15}	我能通过集体活动或已有的网络关系来拓宽网络规模	1	2	3	4	5
D_{16}	我能主动延长或终止已有网络关系	1	2	3	4	5
D_{17}	我能顺利加入其他社会组织的网络（如行业协会、政府部门、网络平台）	1	2	3	4	5
网络维护能力		不同意————同意				
D_{18}	我会主动解决与网络同伴间的冲突	1	2	3	4	5
D_{19}	我会定期与网络合作伙伴交流	1	2	3	4	5
D_{20}	我有经济能力拓展社会网络关系	1	2	3	4	5

二、创业行为

18. 您创业的目的主要是_____
   （1）让家庭致富　　　　（2）提高家庭社会地位
   （3）实现个人人生价值　（4）带领乡亲致富
19. 创业意愿_____
   （1）早有计划　　　（2）一时兴起
   （3）一般　　　　　（4）生活所迫
20. 创业绩效

运营绩效		不同意————同意				
D_{21}	与同行相比，我的产品（或服务）具有良好的竞争力	1	2	3	4	5
D_{22}	与同行相比，我的创业净收益增长较快	1	2	3	4	5
D_{23}	我预计本组织（或企业）的规模将继续扩大	1	2	3	4	5
利益相关者诉求		不同意————同意				
D_{24}	大多数股东（成员）对组织的营利能力满意	1	2	3	4	5
D_{25}	组织的管理、薪资等能够得到员工的认同	1	2	3	4	5
D_{26}	顾客对我们的产品及服务有较高的满意度	1	2	3	4	5

21. 在创业过程中，社会网络资源是否满足您的创业需求？_____（1）是（2）否
22. 您的社会网络，随着创业推进，规模在扩大_____（1）是（2）否
    社会网络成员的社会地位在提高_____（1）是（2）否

（一）创业机会识别

以下描述用来了解您的创业机会数量性、经济性。

数量性	不同意————→同意				
D_{27} 过去2~3年，我发现了较多的创业机会	1	2	3	4	5
D_{28} 日常生活中，我总能看到身边存在的创业机会	1	2	3	4	5
D_{29} 我识别出的创业机会相互之间是独立的	1	2	3	4	5
D_{30} 我识别出的创业机会具有一定的创新性	1	2	3	4	5
经济性	不同意————→同意				
D_{31} 我的创业市场前景好	1	2	3	4	5
D_{32} 我提供的产品品质好，销路好或不愁销路	1	2	3	4	5
D_{33} 我所在行业的市场风险性小	1	2	3	4	5
D_{34} 明显带动当地农户增收	1	2	3	4	5
D_{35} 改善当地农业经营方式	1	2	3	4	5
D_{36} 明显带动当地就业	1	2	3	4	5
D_{37} 我提供的产品比较有创新性	1	2	3	4	5

（二）创业资源获取

23. 创业时您的土地资源是如何获取的_____
    （1）通过基层村委、党组织等　　（2）通过中介组织、经纪人、合作社
    （3）亲朋介绍等　　　　　　　　（4）自己和流转方直接谈的

24. 创业时您的创业资本是如何获取的_____
    （1）向亲戚朋友借贷　（2）合作伙伴投资　（3）民间集资
    （4）高利贷　　　　　（5）商业银行　　　（6）政府支持
    （7）其他_____

25. 创业时您的生产技术是如何获取的_____
    （1）自己学习获得　　（2）员工培训　　　（3）引进技术人员
    （4）政府提供指导　　（5）其他_____

26. 创业时组织的人力资源是如何获取的_____
    （1）来自亲戚朋友　　　　　　（2）熟人介绍
    （3）人才市场公开招募　　　　（4）其他_____

27. 创业时您的创业信息是如何获取的_____
    （1）亲戚朋友提供　　（2）社交过程中获得　　（3）从媒体中获取
    （4）政府提供　　　　（5）其他_____

（三）创业成长

28. 您认为下列因素对您企业成长的影响程度如何？（选择最重要的）
    （1）人员增长率：您创业时人员有____人，截至2015年，您的员工有____人
    （2）土地增长率：您创业时土地有____亩，截至2015年，您的土地有____亩
    （3）资本扩张率：您创业时投入资金____万元，截至2015年，您的资本总

投入为____ 万元
（4）2015年，您组织的销售额是_____（万元）
（5）2015年，您组织的税后净利润是_____（万元）

（四）创业挫折

29. 您在创业过程中是否遇到过挫折或失败_____（1）是 （2）否
    如果选择是，则继续回答。

挫折类型及解决方式			
挫折类型	对应处请划"√"	解决方式选择	解决方式选项
（1）失去创业信心			A. 自我消化
（2）资金链断裂			B. 亲友帮助
（3）技术严重落后			C. 购买保险
（4）找不到合适的员工			D. 基金支持
（5）内部管理不好			E. 创业扶持
（6）产品销路不好			F. 政府兜底
（7）其他			G. 放弃创业

三、创业环境

（一）硬环境

30. 您对乡村道路建设的评价如何？_____
    （1）非常满意 （2）比较满意 （3）一般 （4）不太满意 （5）很不满意
31. 您对农田水利设施的评价如何？_____
    （1）非常满意 （2）比较满意 （3）一般 （4）不太满意 （5）很不满意
32. 您对土地质量评价如何？_____
    （1）非常满意 （2）比较满意 （3）一般 （4）不太满意 （5）很不满意
33. 您对当地农产品物流市场建设情况评价如何？_____
    （1）非常满意 （2）比较满意 （3）一般 （4）不太满意 （5）很不满意

（二）软环境

34. 您认为当地政府对农民创业的支持力度大吗？_____
    （1）非常大 （2）比较大 （3）一般 （4）比较小 （5）非常小
35. 您对农村一般公共服务整体评价如何？_____
    （1）非常满意 （2）比较满意 （3）一般 （4）不太满意 （5）很不满意
36. 您认为您所在地区的法律制度环境（法律保障农民权益的程度）如何？____

　　　　（1）很好　（2）较好　（3）一般　（4）较差　（5）很差
37. 融资的难易程度如何？_____
　　　　（1）很好　（2）较好　（3）一般　（4）较差　（5）很差
38. 您认为本地或周围农民的创业意识（创业氛围）如何？_____
　　　　（1）很强　（2）较强　（3）一般　（4）较弱　（5）很弱

四、社会网络情况与测度

　　认识：可以相互认识或叫出对方的名字。如果只有您能叫出对方的名字，但对方叫不出您的名字，就不算认识。如果认识某类职业的人有多个，请以最先想到的那人为准。

39. 在创业过程中，您直接联系或对您有帮助的约有_____人？

职业	C_1是否认识	C_2你和他/她认识几年了	C_3他/她与你的关系	C_4性别	C_5关系机制（分值为1~3，越高表示程度越深）		
					a 亲密程度	b 熟悉程度	c 信任程度
	是（1）否（0）	直接填年数	（见表尾）	男（1）女（0）			
经济学家（　）							
投资人（　）							
企业主（　）							
高校老师（　）							
政府要员（　）							
公务员（　）							
律师（　）							
技术人员（　）							
警察（　）							
媒体人员（　）							
营销人员（　）							
电商（　）							

　　注：由受访者主观认定最主要的关系，单选；C_3的关系代码：①家庭成员；②亲属；③朋友；④政府官员；⑤社会组织；⑥企业合作伙伴

问卷调研完毕，感谢您的支持！

附 录 2

社会职业声望表

职业	经济地位	政治影响力	社会声望	综合职业值	排序
政府要员	78.63	93.97	89.32	87.31	1
经济学家	84.11	81.10	84.11	83.11	2
投资人	89.86	70.41	83.29	81.19	3
企业主	89.04	71.51	80.82	80.46	4
高校老师	73.15	72.6	83.56	76.44	5
律师	78.63	73.15	76.44	76.07	6
公务员	63.84	76.99	76.99	72.61	7
警察	62.47	68.77	70.96	67.40	8
技术人员	69.32	57.26	65.48	64.02	9
媒体人员	66.58	58.63	64.38	63.20	10
电商	72.33	53.15	60.27	61.92	11
营销人员	67.67	54.25	56.71	59.54	12

后 记

　　本就是来自农村的我，无疑与"三农"问题研究有着天然的联系，其中包括一个既传统而又时尚的话题"返乡创业"。在中国乡村，政府支持农民工返乡创业、引导大学生回乡创业、城市青年下乡创业、鼓励退伍军人回乡创业等。乡村创业正在成为推进乡村振兴战略的有力抓手，也正成为一种新的乡村生活。

　　诚然，影响创业前行的因素很多，如资本、技术、人力、创业者及国家的宏观政策等。但相比城市，乡村制度下家庭生活和生计交织，由此形成的家族互助、邻里守望的乡土社会，社会网络密集而丰富；尤其是改革开放以来的40多年，城乡深入融合、产业一体化、人口流动频繁，由此形成的社会网络更加多维而复杂，正是这独特的社会网络，带给创业者启动资金、经营土地、劳动力支持等，开启了创业之旅。因此，社会网络对推进农户创业有着独特的轨迹和规律。同样，在创业规模扩大、业态升级的过程中，创业者的社会网络也逐渐由乡村层面的熟人网络延展到商业网络、政府网络和产业网络，社会网络更加多维丰满，姿态万千，愈加呈现生命的张力。正是乡村创业中社会网络与创业推进的协同演进过程的神秘与奥妙，激发了我研究探索的兴趣。因此，通过团队三年的研究，现将研究成果与同仁分享，期待能在经典的理论框架下，展现中国乡村变迁中的社会网络与创业推进协同研究的脉络，讲好中国农户创业的故事，以期为国家重大战略部署提供学界智慧和实践参照，为推进乡村创业撒下快乐的种子。

　　本书的出版依托国家社会科学基金一般项目"返乡创业赋能乡村产业振兴的长效机制与政策研究"的支持。在研究过程中，我们深入贵州、四川、云南、重庆等地实地调研，看到了乘贵州"三变"改革的契机，创业者吴先生返乡如何将城市积累的市场网络与本地的社会网络相互融合；重庆的青年农民魏女士下乡创业，通过电商平台的创建，将城市的消费网络链接到乡村的生产网络；看到了异地创业的杨先生将产业网络融入乌牛村。诸多案例不一一悉数，但我们能深刻地感受到那份浓郁的桑梓情怀，浓烈的创业热情，他们都用行动诠释着民族复兴梦，也逐渐成长为乡村振兴的主力军，这也正是激励我们研究乡村创业的动力源泉。

　　本书的出版得到诸多朋友和同仁的支持。首先，感谢重庆市农业农村委员会